中小学综合实践活动课程设计研究

（上）

主　编　郭永昌　杨广超　赵　蓉
副主编　孙　亮　付丽霞　赵　兵

图书在版编目（CIP）数据

中小学综合实践活动课程设计研究. 上册 / 郭永昌，杨广超，赵蓉主编. -- 成都：西南交通大学出版社，2023.11
　ISBN 978-7-5643-9588-9

Ⅰ. ①中… Ⅱ. ①郭… ②杨… ③赵… Ⅲ. ①活动课程－课程设计－教学研究－中小学　Ⅳ. ①G632.3

中国国家版本馆 CIP 数据核字（2023）第 229778 号

Zhongxiaoxue Zonghe Shijian Huodong Kecheng Sheji Yanjiu (Shang，Zhong，Xia)
中小学综合实践活动课程设计研究（上、中、下）
主编　　郭永昌　　杨广超　　赵　蓉

策 划 编 辑	罗在伟　周媛媛
责 任 编 辑	周媛媛
封 面 设 计	GT 工作室
出 版 发 行	西南交通大学出版社 （四川省成都市金牛区二环路北一段 111 号 西南交通大学创新大厦 21 楼）
营销部电话	028-87600564　028-87600533
邮 政 编 码	610031
网　　　址	http://www.xnjdcbs.com
印　　　刷	成都勤德印务有限公司
成 品 尺 寸	170 mm × 240 mm
总 印 张	38.75
总 字 数	656 千
版　　　次	2023 年 11 月第 1 版
印　　　次	2023 年 11 月第 1 次
书　　　号	ISBN 978-7-5643-9588-9
套价（全 3 册）	194.00 元

图书如有印装质量问题　本社负责退换
版权所有　盗版必究　举报电话：028-87600562

编 委 会

主　　编：郭永昌　杨广超　赵　蓉
副 主 编：孙　亮　付丽霞　赵　兵
分册编委：韩凤华　何玉华　胡　苇
　　　　　黄　鑫　贾　琳　姜　辣
　　　　　李　琴　李　苑　孙溦娜
　　　　　王成霞　王　欢　吴欣芸
　　　　　向清华　徐　蓉　袁　坤
　　　　　张勤英

前言

　　2017 年教育部《中小学综合实践活动课程指导纲要》印发以来，综合实践活动课程性质、目标、内容、活动方式基本明确，全国中小学校及各类校外综合实践教育基地等单位在纲要指导下对如何高质量实施综合实践活动课程进行了广泛实践，并取得了不俗成就。但作为一门还在不断探索和完善当中的年轻课程，还需要我们在顺应基础教育课程改革和教育教学实际需求的基础上继续强化课程研究。

　　本书在结合广元市中小学综合实践活动教育教学工作实际和成功经验基础上编撰而成，目的在于指导中小学校有计划地、系统地展开综合实践活动课程，为中小学校教师进行综合实践活动课堂教学提供理论和实践示范，进一步促进综合实践活动全面育人功能发挥，更好地培养学生的社会责任感、创新精神和实践能力。

　　本书遵循"课程内容面向学生生活世界，具体活动引导个性开放"编写原则，分为上、中、下三册，涵盖了生存体验、农事体验、食育课程、艺术美育、素质拓展、科学实践、专题教育七大板块，内容丰富多彩，旨在从学生的真实生活和发展需要出发，从生活情境中发现问题，转化为活动主题，通过探究、服务、制作、体验等方式，培养学生综合素质的跨学科实践能力。课程还将引导学生综合运用各学科知识，认识、分析和解决现实问题，提升综合素质，着力发展核心素养，特别是社会责任感、创新精神和实践能力，从个体生活、社会生活及与大自然的接触中获得丰富的实践经验，形成并逐步提升对自然、社会和自我之内在联系的整体认识，具有价值体认、责任担当、问题解决、创意物化等方面的意识和能力，以适应快速变化的社会生活、职业世界和个人自主发展的需要，迎接信息时代和知识社会的挑战。

  本书在编写过程中难免有不足之处，真诚希望大家提出宝贵意见，我们将集思广益，不断修订，力求使本书更加完善。

  最后我们由衷地感谢为本书提供课程资料来源的老师们，是他们对课程的研究成果为本书的编撰提供了参考和借鉴。

《中小学综合实践活动课程设计研究》编写组

2023 年 3 月

目 录

单元一　生存体验 ···001

　　第一课　消防安全 ···002

　　第二课　创伤救护 ···011

　　第三课　防震减灾科普 ··020

　　第四课　心肺复苏 ···027

单元二　农事体验 ···037

　　第一课　家校协作——植绿、护绿 ·································038

　　第二课　大蒜栽培 ···045

　　第三课　快乐收货人 ···053

　　第四课　无花果的栽培 ··059

　　第五课　七里香的扦插栽培 ···067

　　第六课　无土栽培 ···074

　　第七课　玉米播种 ···081

单元三　食育课程 ……………………………………………… 089

　　第一课　水果拼盘制作 ………………………………… 090

　　第二课　包汤圆 ………………………………………… 097

　　第三课　女皇蒸凉面 …………………………………… 105

　　第四课　葡式蛋挞制作 ………………………………… 110

　　第五课　包子的制作 …………………………………… 117

　　第六课　月饼的制作 …………………………………… 123

　　第七课　蛋糕的制作 …………………………………… 132

　　第八课　手作剑门豆腐 ………………………………… 140

　　第九课　制作枣花馍 …………………………………… 148

　　第十课　太守麻花制作 ………………………………… 154

附件·课程资料来源 ………………………………………… 160

单元一

生存体验

第一课　消防安全

一、主题说明

"消防安全"即预防和解决（扑灭）火灾的安全措施。消防安全工作也是一项知识性、科学性、社会性很强的工作，涉及各行各业、千家万户，与经济发展、社会稳定和人民群众安居乐业密切相关。

所以只有在全社会普及消防法规和消防科技知识，提高全民消防意识，增强全民防范与扑救能力，才能有效地预防和减少火灾的危害，保护生命安全。

二、课程目标

- 价值体认：通过课程讲解和模拟体验，认识到消防安全的重要性，引起对火灾隐患的高度警惕和重视，培养学生关爱生命、尊重生命、敬畏生命、热爱生命、保护生命和珍惜生命的意识。
- 责任担当：通过对灭火器和消防栓水带使用方法的理论知识讲解与实操，树立防火意识，规劝他人，同时提高学生火灾应急处理的参与意识，培养学生对社会的责任心和使命感。
- 问题解决：通过理论知识讲解与体验，使学生掌握火场逃生自救的基本方法，提高学生的自救能力，增强自我保护意识和防护能力。
- 创意物化：通过对消防知识的了解与学习，体会消防工作者的劳动艰辛，大胆提出自己的新观点、新思路，结合现代科技，培养创新精神。

三、适用学段

小学、初中。

四、实施条件

教具清单：模拟灭火器、快插式水带、灭火毯、课堂记录表。

五、安全措施

- 所有进馆人员须严格遵守本馆规章制度，服从工作人员管理，自觉遵守和维护公共秩序；
- 非开放时间除工作人员外，任何人不得擅自进入消防安全体验馆；
- 带队教师进入体验馆要主动登记，在规定的出入口出入，在未了解设备设施操作规程前不得擅自用设备设施；
- 学生在带队老师的带领下由指定入口有序入馆，入馆后要自觉遵守管理规定，不得随意走动；
- 严禁携带易燃、易爆、易腐蚀等危险物品入内，严禁动用明火、吸烟、擅自触动设备设施等；

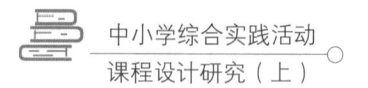

- 严禁在馆内乱刻乱画、乱扔垃圾；
- 爱护馆内设备设施，轻拿轻放，严禁随意挪动馆内器材，损坏按价赔偿；
- 禁止大声喧哗，禁止吐痰，禁止在馆内吃零食；
- 严禁随意触摸电源开关。

六、教学设计

（一）教学重点

消防安全知识和灭火求生技能。

（二）建议课时

2课时。

（三）教学过程

1. 消防安全基础知识教育讲座

讲解火灾的定义、火灾预防的基本概念、灭火的方法、火灾的种类、灭火器、灭火毯、水带的使用方法；认识消防标志、家庭用电用气安全常识及火场的基本逃生术。

2. 参观消防安全体验馆

消防安全体验馆是进行消防安全教育的有效资源，将消防安全的相关法律知识的学习融入生动活泼的互动活动中，寓教于乐，贴近生活，贴近实际。

（1）前言部分：介绍体验馆的区域构成，强调进入场馆需要遵守的纪律、注意事项及活动形式，先集体讲解后分组活动。

（2）认识消防标志牌，并普及消防安全常识：

● 火灾的定义：火灾是在时间或空间上失去控制的燃烧所造成的灾害，凡是失去控制并造成人身或财产损害的燃烧现象均可称为火灾。

● 消防工作的目的：预防火灾和减少火灾的危害。保护公民人身、公共财产安全，维护公共安全，保障社会主义现代化建设的顺利进行。

● 消防的方针："预防为主，防消结合"，坚持专门机关与群众相结合的原则。

● 燃烧的基本条件：一定物质燃烧的温度（引火源）、助燃物（氧或氧化剂）、可燃物。

（3）灭火的基本方法：

● 冷却法：降低燃烧物的温度，使温度低于燃烧点，火就会熄灭。

● 隔离法：使火物与火源隔离，即将燃烧物或燃烧物附近的可燃物质隔离或移开，不使火势蔓延而终止其燃烧，从而使火熄灭。

● 窒息法：阻止空气流入或用不燃烧的物质冲淡空气，使燃烧物得不到足够的氧气而熄灭。

● 抑制法：往火物上直接喷射气体干粉等灭火剂覆盖火焰，中断燃烧链

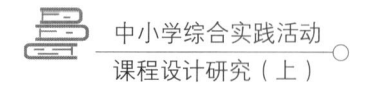

式反应。

（4）火灾的分类：

● 固体物质火灾：如木材、棉、麻、纸张等燃烧的火灾。

● 油类液体和可熔化的固体物质火灾：如汽油、煤油、原油、甲醇、乙醇、沥青石蜡等燃烧的火灾。

● 气体火灾：如煤气、天然气、甲烷、乙烷、氢气等导致的火灾。

● 金属火灾：如钾、钠等燃烧的火灾。

● 带电燃烧火灾。

● 家用油脂类火灾。

（5）灭火器的分类：按移动方式分为手提式与推车式；按灭火剂种类分为泡沫、干粉、卤代烷、清水等。

（6）灭火器的储存：灭火器应放置在通风、干燥、阴凉并取用方便的地方，避免高温、潮湿和有严重腐蚀的场所。

（7）灭火器的使用：提起灭火器—拔下保险销—用力下压握把—对准火源根部左右均匀扫射。

注意事项：经常检查灭火器压力阀，指针应指向绿色区域，红色区域代表压力不足，黄色代表压力过高；灭火器必须竖立使用。保险销拔掉后，喷管口禁止对人，以防伤害。

（8）消防栓与水带的使用：

● 拉开防火栓门，取出水带、水枪；

● 检查水带及接头是否良好，如有破损，禁止使用；

● 向火场方向铺设水带，注意避免扭折；

● 将水带与消防栓连接，将连接扣准确插入滑槽，并按顺时针方向拧紧；

● 连接完毕后，至少有 2 名操作者紧握水枪，对准水源（严禁对人，避免高压伤人），另外一名操作者缓慢打开消火栓阀门至最大，对准火源根部喷射进行灭火，直到将火完全扑灭。消防水带灭火后，须打开晒干水分，并经检查确认没有破损，才能折叠到消防栓内。

（9）灭火毯的使用方法：灭火毯又叫消防毯。它是由耐火性较好的玻璃纤维经过特殊处理编织而成，具有一定的抗拉强度。它能起到隔热和扑灭初期火焰的作用。它利用本身的不燃性，覆盖在可燃物上，从而阻断燃烧物获取空气中的氧气的能力，达到燃烧窒息的目的，自然而然火就灭了。

（10）消防标志：由以图像为主要特征的图形符号或文字、安全色、边框构成的标志，用来表达与消防有关的安全信息。安全色分为四种颜色：红色表示禁止、停止的意思；黄色表示注意、警告的意思；蓝色表示指令、必须遵守的意思；绿色表示通行、安全和提供信息的意思。按材质分类，消防标志有电光源型消防安全标志、蓄光型消防安全标志、逆向反射消防安全标志、荧光消防安全标志、搪瓷消防安全标志。

（11）家庭火灾隐患：火炉旁不要放置易燃物；定期清洗抽油烟机油垢；燃气软管定期检查更换；检查电线有无故障；不要在插座上连接多个大功率电器，人不在切断电源；易燃易爆物品安全存放，烟头要及时熄灭；及时清理杂物，不要堆积可燃物；防盗窗加装逃生门；不能挪用消防设施，随时保持消防通道畅通。

（12）家庭发生火灾时应该怎么办：迅速拨打 119；报警时讲清楚详细地址、起火部位、着火物质、火势大小、报警人姓名及电话号码，并派人到路口等候消防车；沉着、冷静，如果火势不大，应迅速利用家中备有的灭火器采取有效措施控制和扑救火灾；如果油锅起火，不能泼水灭火，应关闭炉灶燃气直接盖上锅盖或用湿抹布覆盖；燃气罐着火要用浸湿的被褥、衣物捂盖灭火并迅速关闭阀门。

（13）家用电器或线路着火先切断电源再用干粉等灭火器灭火。

（14）高层建筑发生火灾如何正确逃生自救：保持头脑冷静是正确逃生的关键；逃离时随手关门，这样可以控制火势，延长逃生的时间；不要贪恋财物、不要乘坐电梯；按疏散指示标志从最近的安全出口逃离火场；当逃离人员众多一定要有序撤离，千万不要争先恐后、互相拥挤，以免发生踩踏事故；穿过浓烟区时应用湿毛巾捂住口鼻，弯腰、扶墙沿正确的逃生路线逃生，也可匍匐前进；在逃出着火带时，应把全身浇湿或用浸湿的棉被、毯子裹住身体，屏住呼吸迅速果断冲过着火带；当向下的逃生通道被浓烟或烈火封堵时，可沿疏散通道逃向天台等待消防云梯或直升机的救援；如果身上着火，先设法把衣、帽、裤脱掉，也可卧倒在地上打滚，把身上的火苗压熄或跳入就近的水池、水缸、小河中把身上的火熄灭。

七、总结评价

学习了本节课的知识后,谈谈你的感想与收获吧,并说说你对消防员工作有什么新的理解与认识。

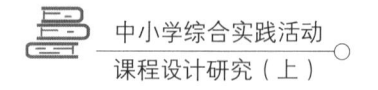

八、拓展延伸

（1）我们了解了火灾的成因，学习了救火常识，想一想身边还有哪些安全隐患，我们应该如何科学地避免并防患于未然呢？

（2）本节课我们学习了灭火的相关知识与方法，请课后查阅资料，学习一下如何进行火场的创伤自救与急救吧！

第二课 创伤救护

一、主题说明

意外伤害事故时有发生,各种"天灾人祸"如地震、火灾、水灾、车祸、战争等事故中易产生各种创伤,掌握创伤救护技能可以有针对性地及时救护,挽救生命。

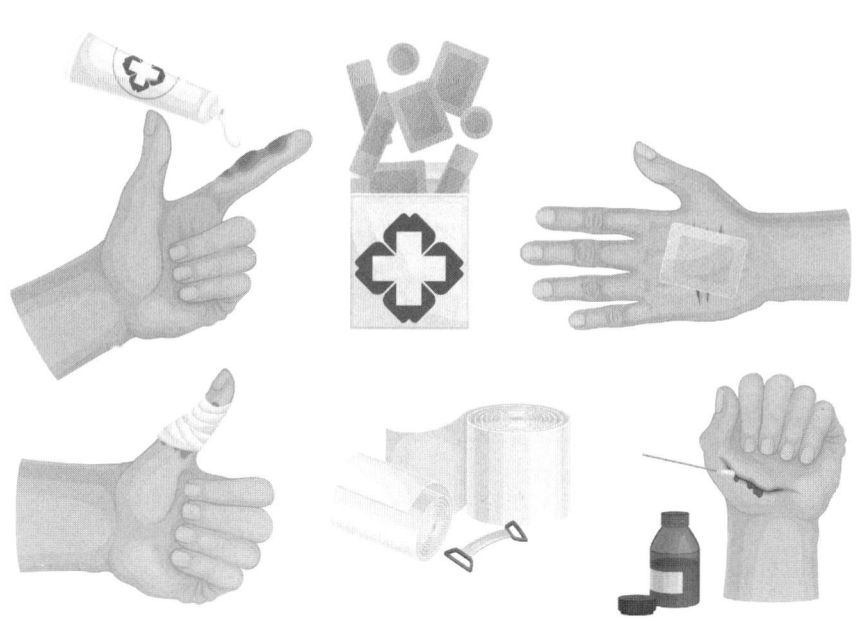

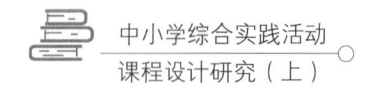

二、课程目标

- 价值体认：通过理论知识与操作体验，认识到创伤救护的重要性，培养学生关爱生命、尊重生命、敬畏生命、热爱生命、保护生命和珍惜生命的意识。
- 责任担当：了解什么是红十字运动，初步掌握现场急救的基本原则、顺序和原因，掌握心肺复苏的基本概念和操作要领，培养学生助人为乐的精神与对社会的责任心和使命感。
- 问题解决：通过学习掌握现场救护的各种实践操作技术，提高应急处理的参与意识，并能主动运用所学知识理解并解决问题。
- 创意物化：通过对创伤救护知识的了解与学习，体会医务工作者的劳动艰辛与责任，在学习中学会思考，结合现代科技，培养创新精神。

三、适用学段

初中、高中。

四、实施条件

教具清单：绷带、三角巾、模拟假人、无菌敷料。

五、安全措施

- 馆内严禁烟火，禁止携带一切易燃易爆物品进入馆内；
- 学习期间不得打闹、追逐、喧哗，服从老师安排，分组有序体验；
- 全体学生不得损坏馆内公共设备，严禁乱按电源开关。

六、教学设计

（一）教学重点

掌握现场创伤急救的知识和技能。

（二）建议课时

2课时。

（三）教学过程

1. 了解创伤救护

创伤救护应突出"先救命，后治伤"的原则。现场救护的主要内容有止血、包扎、固定、搬运等。

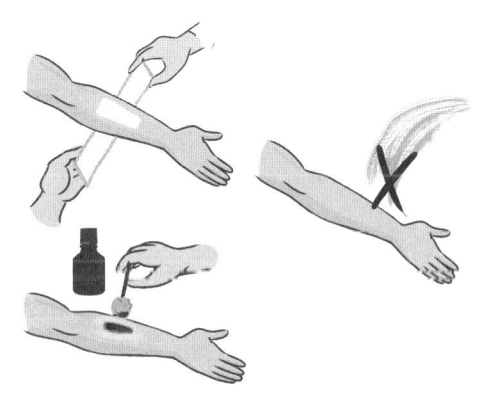

2. 认识绷带、三角巾、止血带、无菌敷料

老师现场展示相关急救医疗物品。

3. 创伤救护的基本操作

（1）绷带基本包扎方法：

① 环形包扎法：绷带包扎中最常用的方法，适用于身体粗细较均匀的伤口包扎。

- 伤口用无菌或干净的敷料覆盖，固定敷料；
- 将绷带打开，一端稍倾斜环绕第一圈，将第一圈斜出一角压入环形圈内，环绕第一圈；

图 1-2-1　环形包扎法

● 加压绕肢体环形缠绕 4~5 层，每圈盖住前一圈，细带缠绕范围要超出敷料边缘。

● 最后用胶布粘贴固定，或将绷带尾端从中央纵行剪成两个布条，两布条先打一结，然后再缠绕肢体打结固定。

② 螺旋包扎法：适用于粗细相等的肢体、躯干部位的包扎。

● 用无菌或干净的敷料覆盖伤口；

● 先环形缠绕两圈；

● 从第三圈开始，环绕时压住前一圈的 1/2 或 1/3 处；

● 最后用胶布粘贴固定。

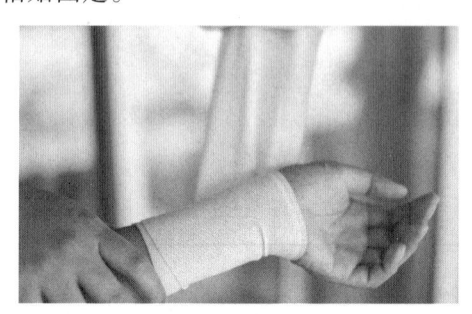

图 1-2-2　螺旋包扎法

③ "8"字形包扎法：适用于手掌、手背、踝部和其他关节处伤口。

● 用无菌或干净的敷料覆盖伤口；

● 包扎手时从腕部开始，先环形缠绕两圈；

● 然后经手和腕"8"字形缠绕；

● 最后绷带尾端在腕部固定；

● 包扎关节时绕关节上下"8"字形缠绕。

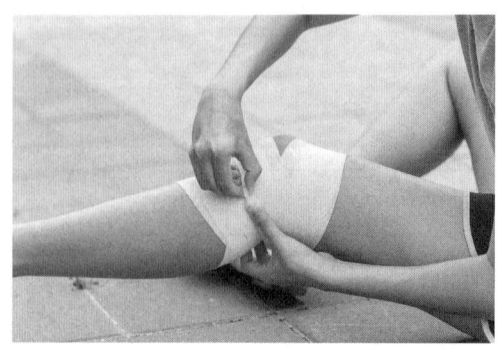

图 1-2-3　"8"字形包扎法

（2）三角巾包扎方法：

头部包扎（头顶帽式）：

● 将三角巾的底边折叠 1~2 横指宽，边缘置于伤员前额齐眉处，顶角向后；

● 三角巾的两底经两耳上方拉向头后部，在枕骨下方交叉并压住顶角；

● 绕回前额齐眉打结；

● 顶角拉紧，折叠后卷入头后部交叉处内。

（3）基本止血方法：

① 直接压迫止血法：该方法是最直接、快速、有效、安全的止血方法，可用于大部分外出血的止血。

● 救护员快速检查伤员伤口内有无异物，如有表浅小异物可将其取出；

● 将干净纱布或手帕或其他干净布料作为敷料覆盖到伤口上，用手直接压迫止血，注意必须是持续用力压迫；

● 如果敷料被血液湿透，不要更换，再取敷料在原有敷料上覆盖，继续压迫止血，等待救护车到来。

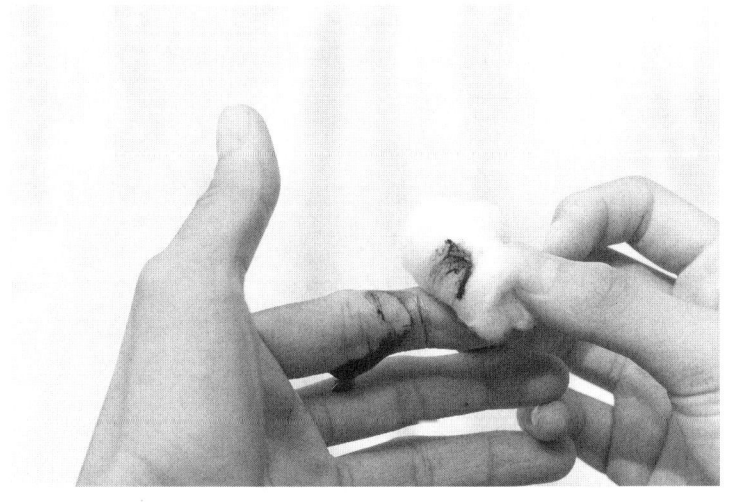

图 1-2-4　直接压迫止血法

② 加压包扎止血法：在直接压迫止血的同时，再用绷带（或三角巾）加压包扎。

● 救护员首先直接压迫止血，压迫伤口的敷料应超过伤口周边至少 3 cm，用绷带（或三角巾）环绕敷料加压包扎；

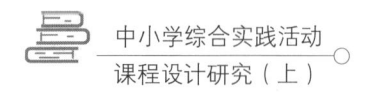

● 包扎后检查肢体末端血液循环，如包扎过紧影响血液循环，需重新包扎。

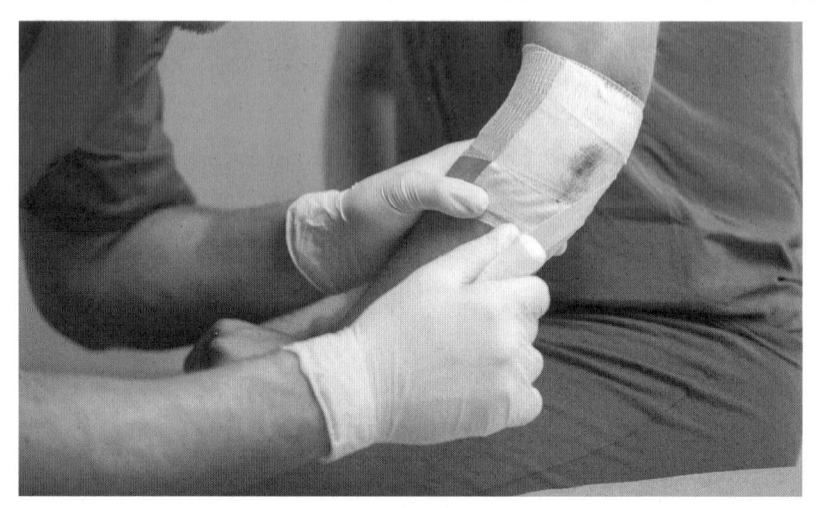

图 1-2-5　加压包扎止血法

（4）基本固定方法：

根据现场的条件和骨折的部位采取不同的固定方式。

注意事项：固定要固定牢，不能过松或过紧。在骨折和关节突出处要加衬垫，以加强固定和防止皮肤损伤。根据伤情选择固定器材，也可以根据现场条件就地取材。

● 置伤员于适当位置，就地施救；

● 夹板与皮肤、关节、骨突出部位之间加衬垫，固定时操作要轻；

● 先固定骨折的上端（近心端），再固定下端（远心端），绑带不要系在骨折处，骨折两端分别固定至少两条绑带；

● 前臂、小腿的骨折部位，尽可能在损伤部位的两侧放置夹板固定，以防止肢体旋转及避免骨折断端相互接触；

● 应露出指（趾）端，便于检查末梢回血情况。

（5）基本搬运方法：

根据伤员病情选择适当的搬运方法，常用的搬运方法有徒手搬运和器材搬运，徒手搬运法适用于伤病较轻、无骨折的伤员搬运；器材搬运则适用于伤病较重，不宜徒手搬运的伤员。

- 搬运前先做伤病处理（如止血、包扎、固定）；
- 根据伤员的情况和现场条件选择适当的搬运方法；
- 搬运护送中，应保证伤员安全，防止发生二次损伤；
- 注意伤员伤病变化，及时采取救护措施。

4. 学生实践，协作救护

根据设置的场景，以小组为单位，学生现场轮流进行伤员和救护员角色扮演，教师及时帮助纠正学生不规范的操作。

七、总结评价

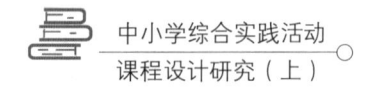

(1)学习完本节课程后,试着完成下列表格,检验下自己的学习成果吧!

包扎方法	
止血方法	
固定方法	
搬运方法	

(2)说说学习了本节课后,你有什么收获与感悟。

八、拓展延伸

课后了解一下生活中常见的溺水、触电、烧烫伤、骨折等急救常识,并试着将主要步骤或注意事项整理出来,普及给同学或家人吧!

第三课 防震减灾科普

一、主题说明

地震，又称地动、地振动，是地壳快速释放能量过程中造成的振动，期间会产生地震波的一种自然现象。在海底或滨海地区发生的强烈地震，能引起巨大的波浪，称为海啸。在大陆地区发生的强烈地震，会引发滑坡、崩塌、地裂缝等次生灾害。所以防震减灾科普教育是中小学教育的重要内容。

通过组织防震减灾科普体验，可以达到"教育一个孩子，影响一个家庭，带动整个社会"的效果，对减少因公众防震意识淡薄、防震知识欠缺和防震技能低下而造成的生命财产损失具有重要意义。

本次主题学习以普及防震减灾知识、倡导科学避震方法为目的，采用体验式学习方法，通过平面、立体及多媒体的形式，对"了解地震、认识地震、体验地震、监测地震、有效避震"五大内容进行组织学习，有别于传统课堂，着重加强学习的趣味性，特别设计地震宏观观测球和体验平台，突破板块运动教学的抽象性，增强地震危害的直观感受，提高学习者对防震减灾工作的参与意识，增强防御地震和避险能力。

二、课程目标

● 价值体认：通过对地震危害的认识，培养勇敢坚强的品质和珍惜生命的意识。

● 责任担当：掌握地震紧急避险逃生技能和自救互救方法，提高学习者对防震减灾工作的参与意识，培养学生对社会的责任心和使命感。

● 问题解决：通过学习防震减灾知识、体验科学避震方法，采用体验式学习方法，培养积极主动去探索的意识，激发探究问题的欲望，增强防御地震和避险能力。

● 创意物化：通过对地震的了解与学习，体会防震减灾工作者的艰辛劳动，大胆提出自己的新观点、新思路，结合现代科技，培养创新精神，引导学习者产生积极的劳动体验。

三、适用学段

初中。

四、实施条件

教具清单：地动仪模型、地震波演示模型、地球内部结构模型；板块构造理论系统、电子触控电子沙盘、地震宏观观测球；地震体验平台、地震知识抢答系统；知识展板。

五、安全措施

● 提前检查场馆内各种仪器设施的通电情况和安全稳定情况；

● 参观时，不能随意触碰和搬动场馆内的仪器和设备；

● 人多拥挤时，依次排队参观、体验；

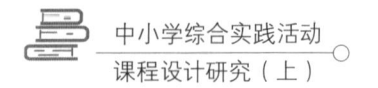

● 如遇紧急突发状况，一切行动听从教师指挥。

六、教学设计

（一）教学重点

增强防震减灾意识；掌握不同场景地震紧急避险方法和震后自救互救方法。

（二）建议课时

2课时。

（三）教学过程

1. 情景导入

带领学生参观"候风地动仪"并讲解其历史由来，引出地震领域研究现状及重要意义。

2. 地震波学习

（1）利用地震波模型演示横波、纵波的传播方式，直观了解地震波引起地动的形式。

（2）小组讨论地震波的特点。

● 横波：传播速度较慢，为3~4千米/秒，引起地面左右摇晃，振幅大，破坏力大。

● 纵波：传播速度较快，为5.5~7千米/秒，引起地面上下振动，破坏性较弱。

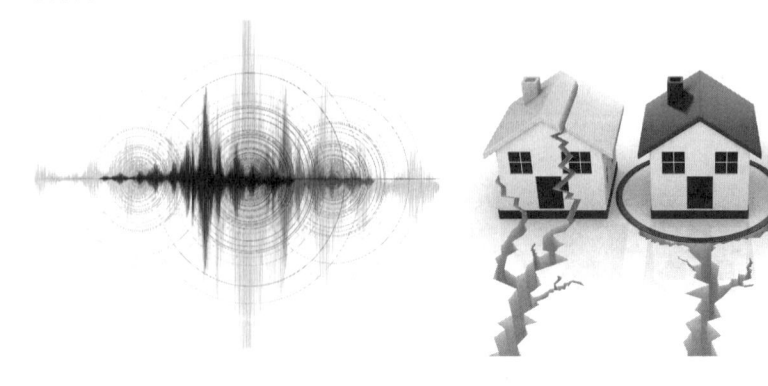

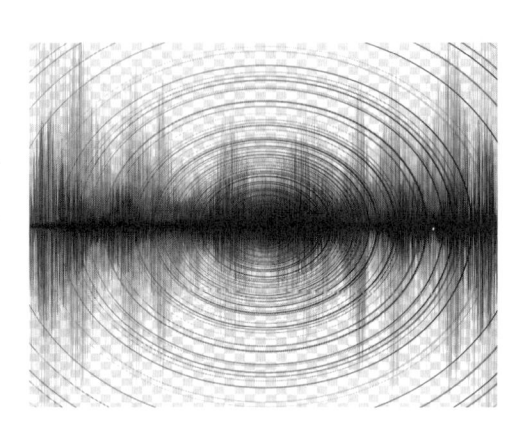

3. 地震成因学习

（1）利用地球内部结构模型，了解地球的三大圈层及其特点。

表 1-3-1　地球内部圈层特点

地球圈层名称	深度/km	物质状态	分界面
地　壳	0~33	固　态	莫霍界面（地壳—地幔）
上地幔	33~9880	部分熔融	
下地幔	980~2900	液态—固态	古登堡界面（地幔—地核）
外地核	2900~4700	液　态	
过渡层	4700~5100	液态—固态	/
内地核	5100~6371	固　态	/

（2）观看大陆漂移学说和板块构造理论演示系统，展示观测球，了解全球板块分布、板块运动，分析出全球地震带的分布及地震成因。

● 六大板块：亚欧板块、印度洋板块、非洲板块、美洲板块、太平洋板块、南极洲板块。

● 全球地震带：环太平洋地震带、地中海—喜马拉雅地震带、海岭地震带。

思考：日本多火山地震的原因和2008年汶川地震的原因是什么？

● 通过参观知识展板，了解地震分类、震级和烈度等。

● 按成因分类：构造地震、火山地震、塌陷地震、诱发地震、人工地震。

● 按震源深度分类：浅源地震、中源地震、深源地震。

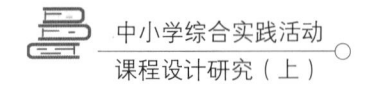

4. 震前防御学习

通过参观知识展板和观看地震预警系统视频，了解地震前兆、预警原理和多种防震措施。

地震预警原理：电波比地震波传播速度快。

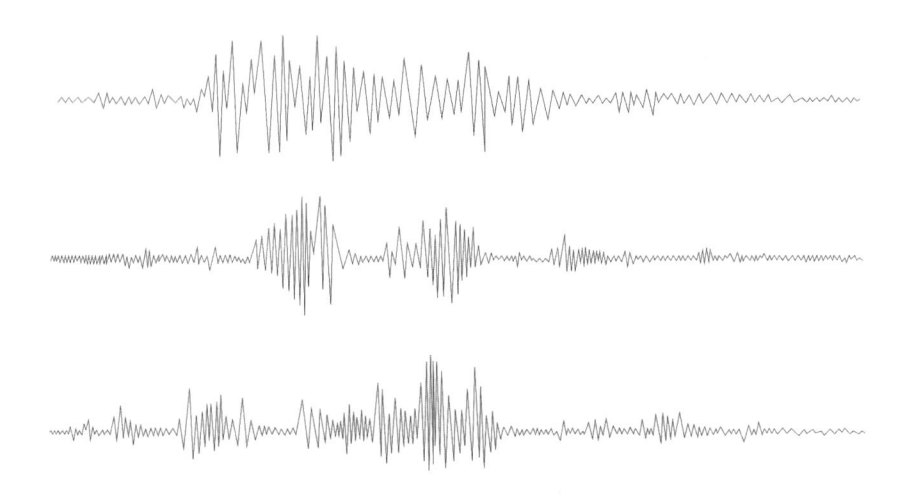

5. 地震大平台体验

根据实际学生人数，分组组织学生在地震大平台上体验地震来临场景。体验结束后，同学之间相互交流感受。

6. 应急避险学习

观看应急避险动画，学习并掌握不同场景下的地震逃生技能。同时，利用震后自救知识展区和自救视频，了解自救互救方法。

避险口诀：伏地、遮挡、手抓牢。

七、总结评价

学习完本节课程后，试着完成以下表格吧！

学习内容	简述
地震波的分类及差异	

续表

地震的成因	
教室中的我们遇到地震该如何应对	
如果被困在废墟应该怎么做	
谈谈本节课的收获和感悟	

八、拓展延伸

（1）根据此次所学，考考家人和身边的朋友，确认他们是否知道该如何有效安全地避震。为他们普及一下避震知识，将你知道的避震知识记录分享一下吧！

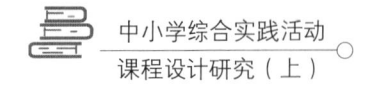

（2）当地震来临时，假设处于非震区，我们可以做些什么呢？

第四课　心肺复苏

一、主题说明

　　心肺复苏是针对骤停的心脏和呼吸采取的一种急救。

　　在我们的生活中，意外伤害事故时有发生，各种"天灾人祸"如地震、火灾、水灾、车祸、战争等事故，都可能会产生休克、心跳停止等情况，所以掌握心肺复苏技能可以有针对性地及时救护，为进一步挽救心搏骤停伤病员的生命赢得最宝贵的时间。

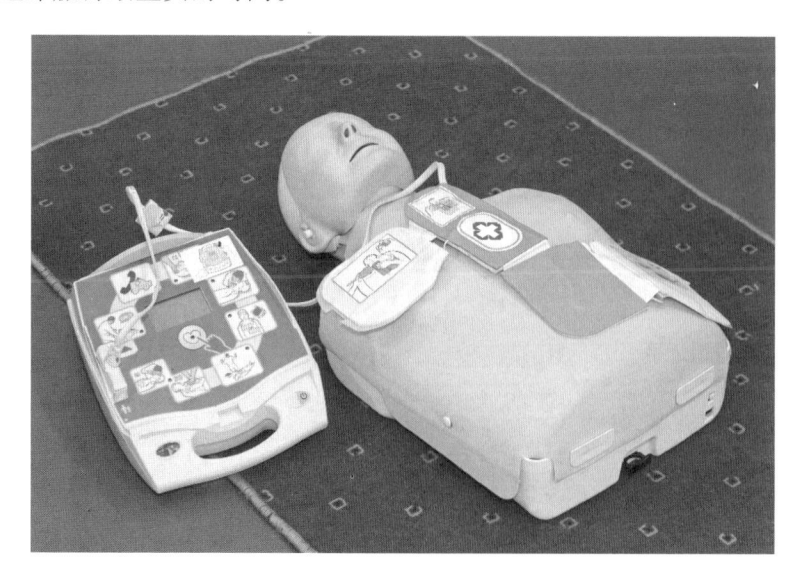

二、课程目标

● 价值体认：通过理论知识与操作体验，认识到心肺复苏的重要性，培养学生关爱生命、尊重生命、敬畏生命、热爱生命、保护生命和珍惜生命的意识。

● 责任担当：学会判断事故现场伤员意识、呼吸和心跳是否存在的方法，掌握心肺复苏的基本概念和操作要领，培养学生助人为乐的精神与对社会的责任心和使命感。

● 问题解决：通过学习掌握人工呼吸和胸外按压的正确方法，提高应急处理的参与意识，并能主动运用所学知识理解并解决问题。

● 创意物化：通过对心肺复苏知识的了解与学习，体会医务工作者的劳动艰辛与责任，在学习中学会思考，结合现代科技，培养创新精神。

三、适用学段

初中、高中。

四、实施条件

教具清单：心肺复苏模拟人、无菌敷料。

五、安全措施

● 馆内严禁烟火，禁止携带一切易燃易爆物品进入馆内；
● 学习期间不得打闹、追逐、喧哗，服从教师安排，分组有序体验；
● 全体学生不得损坏馆内公共设备，严禁乱按电源开关。

六、教学设计

（一）教学重点

掌握现场心肺复苏的知识和技能。

（二）建议课时

3课时。

(三)教学过程

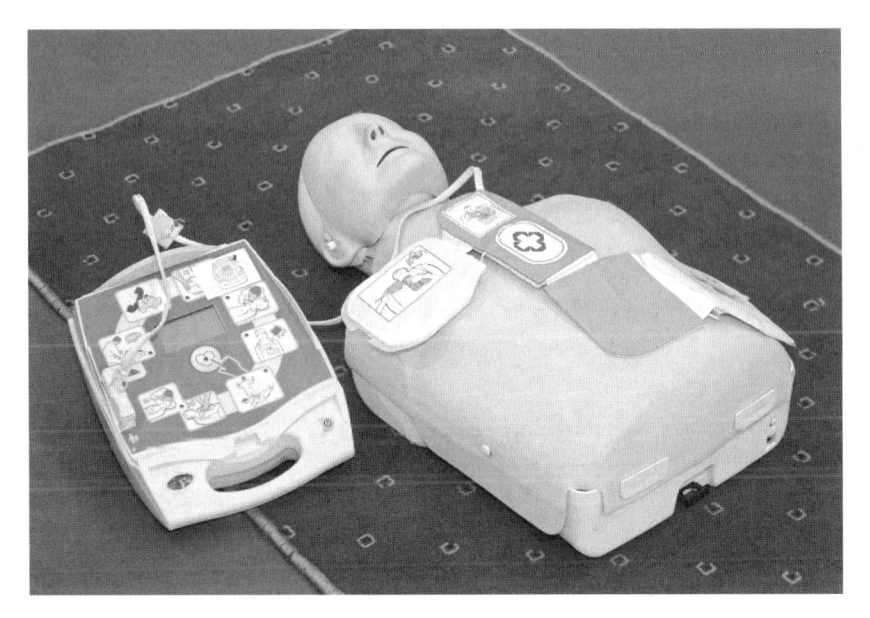

1. 了解心肺复苏生存链的概念

(1)第一环节:尽早识别、求救。

尽早发现和识别心搏骤停的征兆,如胸痛、气短等。一旦发生心搏骤停,必须快速采取行动,及时启动急救系统。

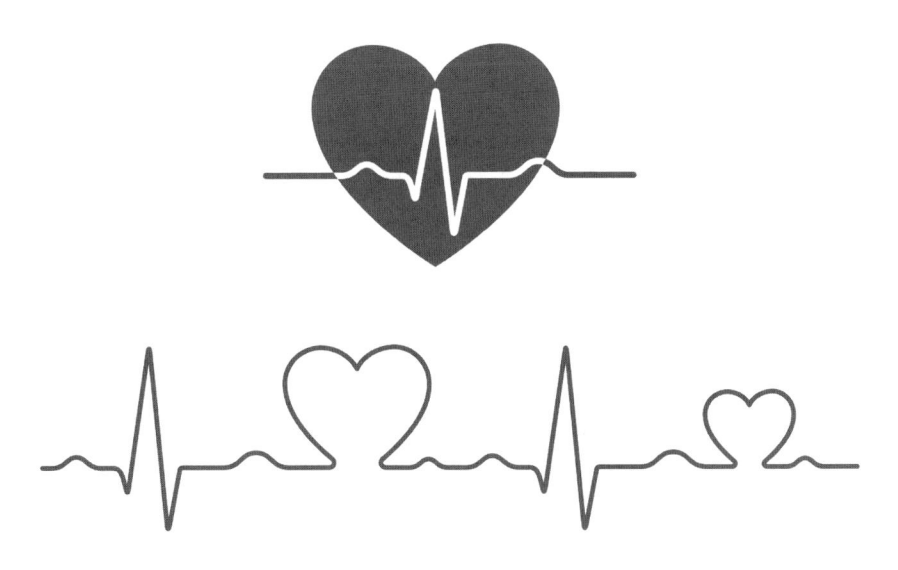

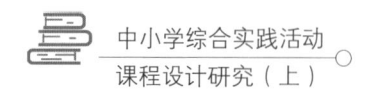

（2）第二环节：尽早心肺复苏。

现场救护员发现心搏骤停者后应立即开始心肺复苏，如在专业急救人员到达前，救护员就已开始心肺复苏，生存率会成倍增加。现场人员对婴儿和儿童的心肺复苏的意义更大。

（3）第三环节：尽早电除颤。

如果有更多人懂得使用自动体外除颤仪，就有更高的可能提高院外心搏骤停者的生存机会。自动体外除颤仪（AED）使用方便、操作简单，可自动分析患者的心律，一旦发现需要除颤，便自动开始充电，然后通知救护员按下键钮进行电除颤。电击后救护员立即进行 2 分钟心肺复苏，AED 会再次自动评价患者心律情况。

（4）第四环节：尽早高级生命支持。

尽早高级生命支持是另一个关键环节。一般需由 2 人以上组成的院前急救小组对心搏骤停者提供更有效的生命支持。

（5）第五环节：心搏骤停后综合救治。

即使已出现自主循环恢复，仍要强调多学科综合优化救治，从心搏骤停识别开始，经心肺复苏术（CPR）后一系列救治，直至患者存活出院。

第一、二环节非常重要和关键。未经培训的现场人员，可以在电话指导下直接做单纯胸外心脏按压；受过急救培训的救护员可使用 AED 在现场实施电除颤。后两个环节由专业急救人员或在医院内进行。

2. 基本生命支持的顺序

基本生命支持是一系列复苏操作，包括对心跳、呼吸停止的判断，启动急救系统，实施基本的循环、呼吸支持和电除颤等措施。在 CPR 中所指 A、B、C、D，即：A——开放气道；B——人工呼吸；C——循环支持；D——电除颤。（新的 CPR 顺序由 A—B—C 改为 C—A—B）

现场救护员首先对患者有无反应、意识和呼吸作出基本判断。只要发现无意识、无呼吸（或叹息样呼吸），立即启动急救系统，之后开始 CPR，如果有 2 名以上救护员在场，一名立即实施 CPR，另一名启动急救系统。

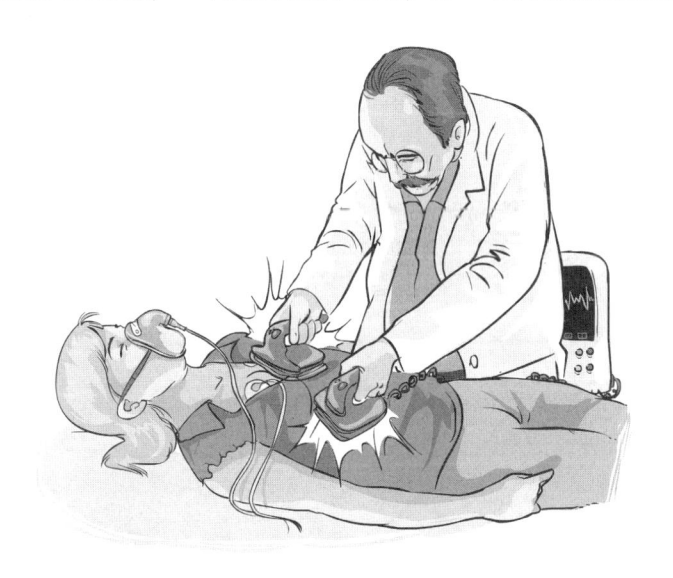

3. 心肺复苏操作流程

（1）成人心肺复苏操作步骤：

● 用手拍打双肩并大声呼唤，判断有无意识；用"听、看、感觉"的方法判断有无呼吸；

● 无意识、无呼吸（或叹息样呼吸），立即启动急救系统；

● 同时开始实施 CPR。

（2）成人 CPR 操作注意事项：

● 胸外按压：按压部位为胸部正中、两乳头连线水平，即胸骨下半部。按压频率 100~120 次/分，按压深度 5~6 cm，每次按压后胸廓完全恢复原状，按压/吹气比为 30∶2，每 5 组 CPR 评估一次效果。

● 开放气道：观察口腔，如有异物进行清除。采用仰头举颏法打开气道，下颌角及耳垂连线与平卧面约呈 90°角。

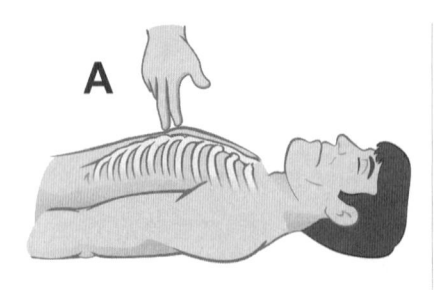

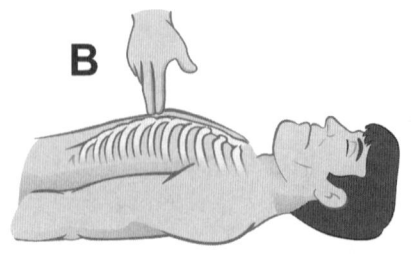

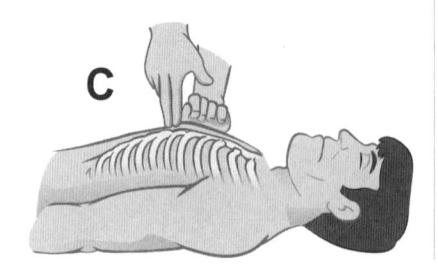

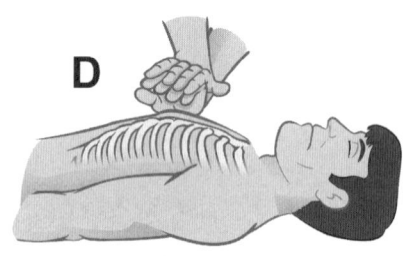

图 1-4-1　成人 CPR 操作示意图

图 1-4-2　开放气道

（3）人工呼吸：

● 可采用口对口、口对面罩或球囊面罩法人工呼吸，每次吹气时间应持续约 1 秒，连续吹气 2 次，吹气时可见胸廓隆起。

心肺复苏有效的指征：患者口唇、面部和甲床等颜色由苍白或青紫转为红润；患者恢复心搏和自主呼吸；患者出现反应，如瞳孔由大变小、眼球活动、手脚活动、开始呻吟等。

（4）双人 CPR：

● 双人 CPR 操作法：一人位于患者身旁，按压胸部，另一人位于患者头旁侧，保持气道通畅，监测颈动脉搏动，评价按压效果，并进行人工呼吸，按压频率 100~120 次/分，按压/通气比例为 30∶2，每次吹气时间为 1 秒，当按压胸部者疲劳时，两人可相互对换。

（5）双人CPR中的再评价：

救护员必须监护患者的情况，以评价急救效果，进行通气的救护员负责监护呼吸和循环体征。为评价胸外按压的效果，一人做胸外按压期间，另一人负责检查呼吸和脉搏，以确定患者是否恢复自主呼吸和循环。先进行2分钟按压/通气，然后停止按压进行检查，时间约10秒。

4. 儿童心肺复苏

儿童由于解剖学特点，气道较成人狭窄，舌在口腔所占体积相对较大，容易发生气道梗阻和缺氧。

（1）操作步骤：

● 用手拍打儿童双肩并大声呼唤，判断有无意识；用"听、看、感觉"的方法判断有无呼吸；

● 无意识、无呼（或叹息样呼吸），立即启动急救系统；

● 立即实施CPR。如果只有一人在现场而无法同时呼救时，应先实施1

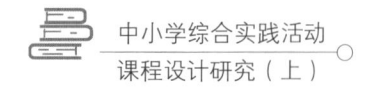

分钟 CPR，再启动急救系统，继续 CPR。

（2）儿童 CPR 操作流程：

● 开放气道：观察口腔，如有异物应进行清除。采用仰头举颏法打开气道，下颌角及耳垂连线与平卧面约呈 60°角；

● 人工呼吸：可采用口对口、口对面罩或球囊面罩法人工呼吸，每次吹气时间应该持续约 1 秒，连续吹气 2 次，吹气时可见胸廓隆起；

● 胸外按压：按压部位与成人相同，为胸部正中、两乳头连线水平，即胸骨下半部。采用单掌或双掌按压，按压频率 100~120 次/分，按压深度至少为胸廓前后径的 1/3（约 5 cm），每次按压后胸廓完全恢复原状。单人施救按压/吹气比为 30∶2，2 人及以上施救为 15∶2。每 5 组 CPR 评估一次效果。

5. 学生实践，协作救护

以小组为单位，学生根据设置的场景现场轮流进行伤员和救护角色扮演，教师及时帮助纠正学生的不规范操作。

七、总结评价

（1）在学习了本节课程后，你清楚哪些情况可以使用心肺复苏吗？

（2）学习本节课后，你有什么收获与感悟呢？分享一下吧！

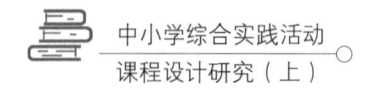

八、拓展延伸

你知道"海姆立克急救法"吗?"海姆立克急救法"也叫腹部冲击法,常用于有人发生异物窒息时。查一查相关资料,将"海姆立克急救法"的相关步骤及注意事项整理出来,跟家人、同学分享普及一下吧!

单元二 农事体验

第一课 家校协作
——植绿、护绿

一、主题说明

借助一年一度的植树节，在全校学生中开展形式多样的植树护绿活动、植树实践体验活动和书画感悟活动，做到人人参与，宣传与实际行动相结合，从而使学生在活动中体验成功的喜悦，增加对植物生长的了解，增强环保意识、生态环境意识，为班级、学校、社会增添绿色，为祖国贡献自己的一份力量。

二、课程目标

● 价值体认：通过这次活动，培养学生爱护大自然的一草一木的习惯，更好地认识到绿色对人类生存的重要性，从而规范自身的行为，减少损坏花草等不文明行为的发生。

● 责任担当：通过参与活动，对绿色、低碳有一个充分的认识，让大家知道"环境保护、人人有责"，增强环保意识与生态环境意识。

● 问题解决：使学生能从个体生活、社会生活及与大自然的接触中获得丰富的实践经验。

● 创意物化：形成并逐步提升对自然、社会和自我之内在联系的整体认识。

三、适用学段

初中、高中。

四、实施条件

教具清单：各种各样的绿植、树苗、铲子、水桶、各类清洁工具等。

五、安全措施

- 植树活动期间要穿舒适的运动鞋、运动服，并戴上手套；
- 规范使用植树工具，严禁在山坡上嬉戏打闹；
- 注意防火，活动现场严禁焚烧物品；
- 家里和校园内绿植健康，无毒无害，无安全隐患。

六、教学设计

（一）教学重点

了解怎样植树以及怎样才能把树苗养活；学习了解我们为什么要绿化环境，这对我们有什么作用。

（二）建议课时

2课时。

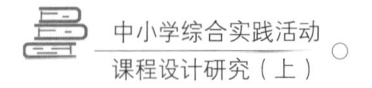

（三）教学过程

1. 课程导入

利用学校宣传栏、国旗下讲话、主题队会进行"植树护绿"活动宣传，呼吁人人参与植树、护绿、养绿系列活动，为美化、净化环境尽一份力量。

2. "为家校添绿"

（1）为家添绿：

小朋友在自己的家里或者是房前种一些绿植、蔬菜、树苗或者其他植物。（以图片形式发到班级群）

图 2-1-1　美化家庭

（2）为班级添绿：

小朋友自愿带绿植到学校养护，既美化环境，又培养观察和动手照看的能力。

图 2-1-2 美化校园

（3）为校园添绿：

各班级教师教育学生要保护学校的花草树木，不乱扔垃圾，不损坏公共财产，每班每天做好班级及公共区的卫生，为校园里的花草树木浇水、施肥等，为美丽校园尽一份力。

图 2-1-3 养护绿植

041

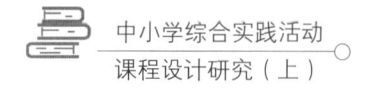

3. "我与树共成长"

利用一年一度的植树节以家庭为单位开展植树活动,每个家庭植一棵"爱心树"并在树干上挂上"爱心卡"。每个家庭可以在"爱心卡"上写上姓名、为树取的名字、对这棵树的愿望等。家庭成员与所认养的爱心树合影。

每个家庭为所栽种的爱心树松土、浇水。(发图片到班级群)

设计意图:通过家、校绿植的栽种和养护,培养他们的动手能力、观察能力、欣赏美的能力等,有利于孩子的健康成长。

图 2-1-4 "爱心树"与"爱心卡"

4. "为绿写话"

以图文结合的方式,为爱护花草树木设计广告标语,简洁大方、色彩鲜明。

设计意图:培养孩子的语言能力和理论与实践相结合的能力,让孩子去思考、去发现。

图 2-1-5 "为绿写话"成果展示

5."为绿办手抄报"

开展以"植树节"为主题的手抄报活动,内容不限,但要结合绿化环境、保护环境教育。

设计意图:让孩子把实践操作的过程用语言的形式表达出来,加深"植树护绿"对孩子的影响,有利于推动孩子在生活中主动行动。

图 2-1-6 "为绿办手抄报"成果展示

七、总结评价

说一说本节课后,你有哪些收获与感悟?

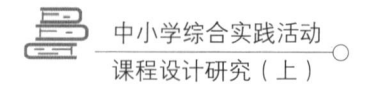

八、拓展延伸

　　我们生活在自然环境中，自然环境是人类赖以生存的基本条件，是发展生产、繁荣经济的物质源泉。如果没有地球这个广阔的自然环境，人类是不可能生存和繁衍的。随着人口的迅速增长和生产力的发展，科学技术的突飞猛进，工业及生活排放的废弃物不断地增多，从而使大气、水质、土壤污染日益严重，自然生态平衡受到了猛烈的冲击和破坏，许多资源日益减少，面临着耗竭的危险；水土流失、土地沙化也日趋严重，粮食生产和人体健康受到严重威胁。所以，植绿护绿、保护环境是关系到人类生存、社会发展的重大课题。

　　谈谈你对环保与未来发展之间关系的看法吧！

第二课　大蒜栽培

一、主题说明

大蒜又叫蒜头、大蒜头、胡蒜、葫、独蒜、独头蒜，是蒜类植物的统称。半年生草本植物，百合科葱属，以鳞茎入药。它原产地在西亚和中亚，自汉代张骞出使西域，把大蒜带回中国安家落户，至今已有两千多年的历史。大蒜是人们日常生活中不可缺少的调料，在烹调鱼、肉、禽类和蔬菜时有去腥增味的作用，特别是在凉拌菜中，既可增味，又可杀菌。习惯上，人们平时所说的"大蒜"，是指蒜头而言的。

大蒜栽培课程首先让学生观察学习大蒜的特征和生长习性，随后教师讲解指导栽培方法，最后由学生亲自动手实践体验，让学生系统性地掌握大蒜的相关知识和栽培方法，并通过大蒜的栽培让学生深刻感受到劳动人民的智慧，牢固树立劳动创造美好生活，劳动不分贵贱，热爱劳动，尊重普通劳动者的劳动观念，形成勤俭、奋斗、创新、奉献的劳动精神品质。

二、课程目标

● 价值体认：通过参与动手劳动，使学生能够尊重劳动，形成积极的劳动观念和态度，通过亲身体验大蒜的栽培过程，深刻感受劳动人民的智慧，树立正确的劳动价值观念和取向。

● 责任担当：通过劳动培养学生的劳动意识，树立热爱劳动、热爱劳动人民的观念，并在实践体验中树立坚韧不拔、努力奋斗的劳动精神。

● 问题解决：了解大蒜的生长过程和习性，掌握大蒜栽培的方法，形成较强的动手能力、实践能力以及解决问题的能力。

● 创意物化：培养学生的实践能力和创新精神，同时引导学生从生活中发现问题，开展实践学习并了解先进的科学技术。

三、适用学段

小学、初中。

四、实施条件

教具清单：花盆、土、大蒜、小刀、水。

五、安全措施

● 使用小刀等工具时要规范操作，防止割伤；
● 注意花台地坎，防止摔伤。

六、教学设计

（一）教学重点

学习大蒜栽培方法。

（二）建议课时

2课时。

（三）教学过程

1. 课程导入

谜语导入："兄弟七八个，围着柱子坐。一旦分开了，衣服全扯破。"通过猜谜引出今天的主题——大蒜。

2. 学生观察

教师展示大蒜盆栽和大蒜实物，指导学生进行观察，并引导学生说出大蒜外形特点：把一瓣蒜的蒜皮剥掉，看一看蒜瓣是什么样的；闻一闻蒜的味道，尝一尝蒜的味道；用小刀把蒜瓣纵着切开，观察蒜瓣内幼芽的颜色、形状。

通过观察，我们知道大蒜呈扁球形或短圆锥形，上面稍尖，外面包有紫色或灰白色的皮；每头蒜是由一瓣一瓣的蒜瓣构成的，蒜瓣外面包有比较厚的皮和一层透明的膜；蒜瓣是白色的，顶端有绿色的芽，有特殊的刺激性气味，味道辛辣，可食用或供调味，亦可入药；把蒜瓣切开，可以看到蒜的幼芽是浅绿色的，呈锥状。把蒜瓣种到土里以后，蒜的幼芽就会长成一株大葱。

3. 深入认识大蒜

大蒜，草本植物，地下茎分6~10个蒜瓣，轮生于花茎的周围，大蒜喜欢冷凉湿润的环境，生育适温-5~26 ℃，对土壤要求不严，但富含有机质、疏松透气的肥沃土壤最适宜，一般春天播种，几天之后，大蒜就会生根发芽，

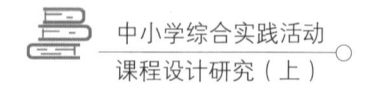

长出幼苗；之后蒜苗逐渐长高，土中的蒜瓣逐渐萎缩；到了夏季，会长出小的蒜头；入秋之后，蒜头长大，就可以收获了。这样种下的一瓣蒜就长成了一头蒜。

大蒜具有多方面的生物活性，如防治心血管疾病、抗肿瘤及抗病原微生物等，长期食用可起到防病保健作用；大蒜种西汉时从西域传入我国，经人工栽培繁育深受大众喜爱。

大蒜的品种照鳞茎外皮的色泽可分为紫皮蒜与白皮蒜两种。紫皮蒜的蒜瓣少而大，辛辣味浓，产量高，多分布在华北、西北与东北等地，耐寒力强，多在春季播种，成熟期晚；白皮蒜有大瓣和小瓣两种，辛辣味较淡，比紫皮蒜耐寒，多秋季播种，成熟期略早。

4. 大蒜栽培体验

大蒜的栽培可分为土培法和水培法。（本课以土培法为例）

（1）准备材料：准备好空花盆、大蒜和疏松肥沃的土壤。

（2）花盆入土：放入适量的泥土到花盆中，泥土高度达到花盆的70%即可。

（3）作穴：用手指或其他工具在土中作穴，深度为 3~4 cm，间距为 5~10 cm。

（4）蒜种处理：大蒜播种前先将其在阳光下晾晒 2~3 天，有利于疏松、分离蒜瓣；然后去掉蒜皮，促进大蒜吸水、发根；将处理好的大蒜分离成蒜瓣，挑选个头肥大的蒜瓣作为蒜种，浸泡在水里 6 小时左右，捞起蒜瓣后，用刀切去四分之一，注意不可伤到里面的胚芽。

（5）入穴：取二至三瓣埋于穴中，蒜瓣的芽朝上，顶部三分之一露于泥土外。

（6）浇水：取适量的水沿盆壁浇下，润湿泥土即可。

5. 日常管理

（1）浇水：养殖大蒜，应保持土壤的湿润。在大蒜茎叶的生长期内。盆土表面略干的时候，可以进行浇水，但要避免浸涝导致的腐烂。如果要采收蒜薹和蒜头，可以在大蒜开始抽薹的时候适当增加浇水量，在收获前期，要控制浇水量。

（2）施肥：大蒜施肥原则上以有机肥为主，当大蒜苗长高至 5cm 的时候，可以对其追施一次氮肥。每采收 1 次叶片，需要追施 1 次腐熟的有机肥。若要采收蒜薹和蒜头，则需要加强肥水的管理，大约每 1~2 周追施 1 次腐熟的有机肥，并注意补充磷、钾肥。

（3）病虫害防治：大蒜的病虫害有大蒜疫病、大蒜叶枯病、大蒜软腐病、紫斑病和蒜蛆，盆栽大蒜种植环境容易控制，大蒜病害并不容易发生，大家主要以预防为主，在种植过程中注意通风降湿，增强大蒜的抗病能力，尽量不使用药剂防治。

七、总结评价

（1）学习完本节课的知识后，试着填一填吧！

学习项目	简　答
简述大蒜喜欢的生长环境	

续表

大蒜最适宜播种的季节	
大蒜有哪些药用价值	
盆栽大蒜栽培的步骤分为哪几步	

（2）分享一下本节课后你的收获与感悟吧！

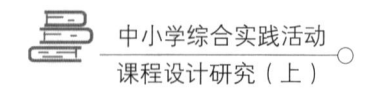

八、拓展延伸

大蒜的种植除了我们今天用到的土培法，还有一种方法叫水培法。请同学们课后查阅相关资料，学习用水培法种植大蒜，并和我们今天学习的土培法种植大蒜比较，思考两种方法各自有什么优缺点。

第三课　快乐收货人

一、主题说明

农耕文化是中华优秀传统文化的根基，应时、取宜、守则、和谐等理念深入人心，艰苦奋斗、勤俭持家、重义守信等品质融入血脉，滋养着中华民族的精神家园。各地各民族传统农事节庆是农耕文化传承发展提升的重要载体，具有很高的历史价值、文化价值、社会价值，是鲜活的实践教育资源。

而中国农民丰收节作为新时代党中央设立的重大节日，影响力、号召力、凝聚力不断增强，逐渐成为乡村振兴国家战略的文化符号，是青少年农耕文化教育的重要实践形式。依托中国农民丰收节，通过开展丰富多彩的主题教育活动，让青少年感知民俗、追寻历史、体验农事、崇尚自然，对于树立文化自信、厚植爱国情怀、提升品格修养、培养奋斗精神等具有重要意义。

二、课程目标

● 价值体认：通过本次活动，使学生能够尊重劳动，懂得劳动最光荣，形成积极的劳动观念和态度。

● 责任担当：通过农事劳动体验，激发学生劳动的热情，培养学生的劳动观念与自理能力，增强服务意识，体会劳动人民劳动的艰辛。

● 问题解决：激发学生的好奇心和求知欲，初步养成从事探究活动的正确态度，使学生获得一些亲身探索的体验，培养学生提出问题、分析问题、解决问题的能力。

● 创意物化：培养学生的观察能力、调查分析能力和收集相关信息，并对收集到的信息进行简单加工处理和应用的能力，在体验中融入大胆想象，提升创新创意。

三、适用学段

小学。

四、实施条件

教具清单：相关的图片、视频，学生带上盛装干木耳的小容器、日记本、绘画本。

五、安全措施

- 学习期间不得打闹、追逐、喧哗；
- 课程期间服从教师安排，分组有序进行体验；
- 注意眼前、脚下、手边等安全隐患。

六、教学设计

（一）教学重点

认识木耳，采摘木耳。

（二）建议课时

2课时。

（三）教学过程

1. 确认主题

（1）确定采摘园的位置，各班划分区域。

（2）分小组讨论、搜集资料、汇报结果，确定木耳的不同品种。

（3）小组谈论如何区分木耳品种和黑木耳的营养价值。

2. 实地探索

带领孩子们到种植园地，引导孩子正确采摘木耳，体验收获的喜悦。

每位同学都端起篮子或者袋子在园子里采摘木耳，在这个环节里，让大家大胆尝试采摘木耳，体验收获的喜悦。

经过观察，发现采摘时的问题，引出活动的第二个环节——解决问题。

3. 讨论、探索采摘木耳的方法

教师让同学们把收获的木耳举起来，秀一秀收获的成果。并通过大家的初次采摘体验，发现问题、提出问题，引出正确的采摘方法。

● 那怎样的方法才是正确的呢?

"手指尖、捏叶柄、摘下来"。

4. 带着讨论好的方法再次采摘木耳

有了好的方法,鼓励学生再次进行尝试,发现有了"手指尖、捏叶柄、摘下来"的口诀后仍然存在着一些问题,于是带着这些问题,引导同学们进行讨论,解决这些新的难题。

5. 带着问题再次讨论采摘木耳的方法

通过经验借鉴的方式,去发现别的同学在遇到类似的问题时的解决方法,然后大家一起分享和交流,探索出更加完美的采摘方法。

● "手指尖、捏叶柄、使点劲、摘下来"。

● 说明同学们在采摘时,不光要方法正确,而且还要注意手指的力度。

6. 带着更加完善的方法比赛采摘木耳

有了好的方法和合适的力度,让同学们采用新方法,比一比,看哪组在有限的时间里采摘得更多、更好,采摘质量最高的小组获得胜利。

图 2-3-1　体验收获　　　　　图 2-3-2　分组讨论

图 2-3-3　亲临种植园

七、总结评价

（1）说说通过本节课的学习，你有什么收获和感悟。

（2）在采摘的过程中，你都遇见了哪些困难？又是如何克服的呢？

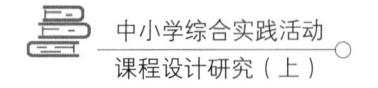

八、拓展延伸

（1）生活中你还采摘过哪些水果？用了哪些巧妙的方法呢？请分享一下吧！

（2）在体会到了手工采摘的辛苦后，相信大家更深刻地体会到了"粒粒皆辛苦"，说说以后我们应该怎样对待粮食吧！

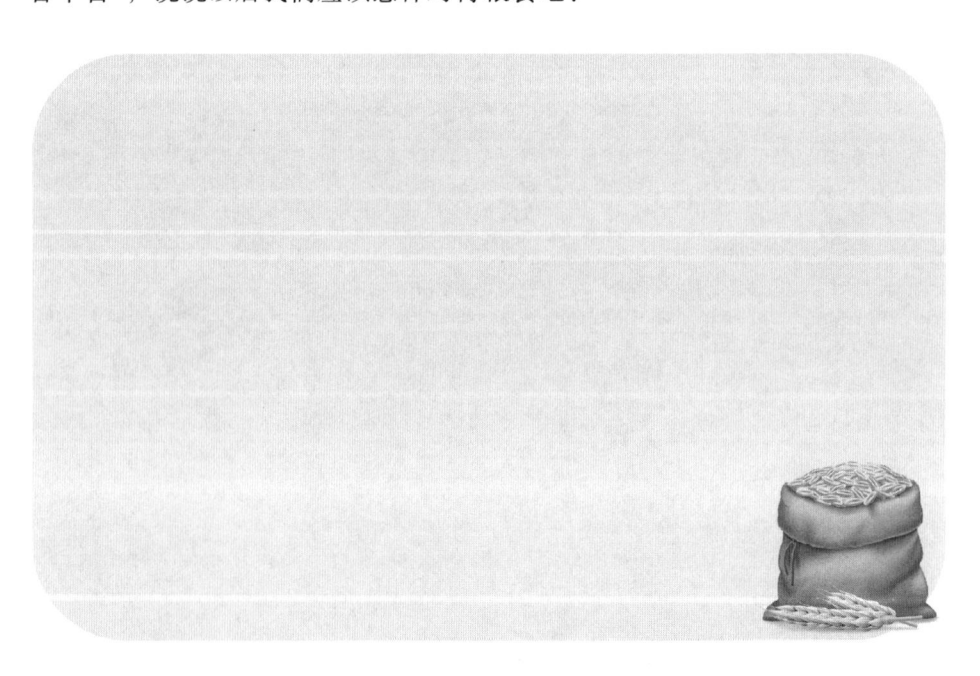

第四课 无花果的栽培

一、主题说明

无花果对土壤的适应性特别强，沙土、壤土乃至各种黏重泥土均可栽培，但最适宜的为土层深厚的中性或偏碱性的砂壤钙质土。无花果还有很强的耐盐性，是耐盐碱的果树之一。

无花果的繁殖方式主要有扦插、分株、高空压条、组织培养、嫁接几种方法，采用最多的繁殖方式是扦插。扦插繁殖具有操作技术较简单，插条成活率较高，一般扦插苗移栽定植后第二年便能结果，育苗时间较短，育苗成本较低等多项优点。无花果扦插又可分为硬枝扦插、绿枝扦插两种方式。

本节课通过对自然生态板块课程的学习，让学生有计划、有安排地进行劳动体验，培养学生的劳动习惯和技能，而且对学生主体性发展和创新能力培养具有重要意义。

二、课程目标

● 价值体认：通过参与动手劳动，使学生能够尊重劳动，形成积极的劳动观念和态度，并提高学生对农业、对祖国的热爱之情。

● 责任担当：通过劳动培养学生的劳动意识，树立热爱劳动、热爱劳动人民的观念，同时培养学生学习现代农业种植技术，让学生明白农业科技的重要性。

● 问题解决：认识无花果栽培方法，从中理解其技术的科学原理，激发学生的好奇心和求知欲，初步养成从事探究活动的正确态度，使学生获得一些亲身探索的体验，培养学生提出问题、分析问题、解决问题的能力。

● 创意物化：培养学生的实践能力和创新精神，同时引导学生从生活中发现问题，开展实践学习并了解先进的科学技术。

三、适用学段

小学、初中、高中。

四、实施条件

教具清单：准备足够的果园地、无花果枝条、剪刀、锄头、铲、锯、标尺、斧、钳等工具。

五、安全措施

严格按照指导教师要求使用工具,严防伤害。

六、教学设计

(一)教学重点

认识无花果栽培方法。

(二)建议课时

4课时。

(三)教学过程

1. 技术指导

插穗剪取在春秋两季都可进行,3至4月份进行最佳,秋季剪取的插条如果不及时进行扦插的话,需要进行沙藏处理,春季可随剪随用。插穗选一到两年生没有病害,生长健壮,芽眼饱满的枝条。插穗的长度在 15~20 cm,需要保障插穗上有三个以上的饱满芽点。将插穗顶部距离上芽点 1.5 cm 的位置,修剪为平口。下部距离下芽点 0.5 cm 的位置,修剪为马蹄状斜切口。插穗在使用前可以浸蘸生根液,提高生根能力。可使用 100 mg/L 的 ABT 生根粉剂浸泡 20 分钟,之后晾干水分即可进行扦插。

无花果的扦插苗床需要选择向阳背风、土壤有机质含量高、透气性良好的沙壤土为宜。扦插前需要将土壤进行翻耕、施肥以及消毒处理。每亩可以施入腐熟的有机肥 2000 kg 左右。扦插前可以用 50%的多菌灵 500 倍溶液进行喷施消毒。

扦插后如果长根了的无花果枝条,白根暂时不要动它,不要急着移栽,等根须长得多了,发出了小叶子,有褐色的根的时候再移栽。

生根后的无花果苗,移栽的时候一定要带着之前的土坨,移栽到花盆里。及时浇水,但是不能浇多了导致积水,保持阳光照射。

2. 栽培体验

（1）活动一：扦插枝条选择。

引导学生围绕扦插枝条的选择，从不同的切入点提出问题，查询相关无花果扦插书籍，搜集相关资料，解决实际问题，制定枝条扦插选择的标准。

走进无花果基地，测量、计算扦插枝条的粗细、长短，选择最合适的、成熟度比较高的枝条，每根枝条上至少有两个饱满的芽眼，枝条中上部的位置，大约20 cm长度，这样的枝条发芽生根比较顺利，也比较快。

扦插枝条选好后做好标记，用专业工具将枝条从树枝上剪下，安全牢固运输到扦插培育点，枝条先在清水里泡两三个小时。

（2）活动二：扦插土壤培育。

引导学生围绕扦插枝条土壤进行交流，从不同的切入点提出问题，查询相关书籍，搜集相关资料，解决实际问题，制定枝条扦插土壤标准。

无花果的扦插苗床需要选择在向阳背风面，并选择土壤有机质含量高、透气性良好的沙壤土为宜。扦插前需要对土壤进行翻耕、施肥以及消毒处理。每亩施入腐熟的有机肥 2000 kg 左右。扦插前用 50%的多菌灵 500 倍溶液进行喷施消毒。

（3）活动三：枝条扦插的方法。

引导学生围绕扦插枝条环境及方法进行交流，从不同的切入点提出问题，查询相关书籍，搜集相关资料，解决实际问题，制定枝条扦插的环境及方法。

枝条先在清水里泡两三个小时，按行距 50 cm 开沟，斜插入土三分之二，其余部分露出土外，填上压实，浇水保持土壤湿润。夏季扦插，可取半木质化的绿枝进行扦插。扦插后约 1 个月生根。

（4）扦插后的管理工作。

● 温度控制。如果是保护地扦插的话，需要注意防止插穗出现冻害的情况，做好苗床保温，防止倒春寒的威胁。保障苗床温度控制在 15~20 ℃ 左右。如果是夏季扦插需要做好遮阳降温、通风等工作，避免苗床温度过高。

● 水分管理。根据插穗的生长阶段合理地补充水分，在插穗愈合组织形成期需要加强水分管理，土壤水分持有量控制在 70%左右，不宜过干过湿。在生根后期，插穗毛根大量生长，注意适当增加水分。如果采用地膜覆盖，由于地膜保水性较高，浇水不宜过多。

● 施肥管理。插穗扦插 30 天左右即可正常生根，此时可以喷施叶面肥，促进无花果插穗的生长。喷施肥料主要以氮肥为主，可以使用 0.3%的尿素溶液进行喷施。另外扦插后每隔两周左右可以喷施一些杀菌液，如 0.5%的多菌灵，减少病虫害的发生。

（5）活动四：判别移栽时间。

引导学生围绕判别无花果枝条的移栽时间和方法进行交流，从不同的切入点提出问题，查询相关书籍，搜集相关资料，解决实际问题，判别无花果

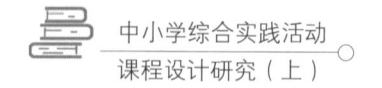

枝条的移栽时间和方法。

七、总结评价

（一）填一填

（1）无花果扦插时间可以在_____两季进行，____月到____月份进行最佳。

（2）无花果的扦插苗床需要选择在_____处，扦插前需要将土壤进行_____、施肥、_____处理。

（3）枝条先在清水里泡_____小时，然后扦插到土里，用土把枝条压实，然后放在通风遮阴的地方。

（4）生根后的无花果苗，移栽的时候一定要带着之前的土坨进行移栽。及时_____，但是不能浇多了导致积水。同时应注意保持_____。

（二）说一说

说说你本节课后的收获与感想吧！

第四课　无花果的栽培

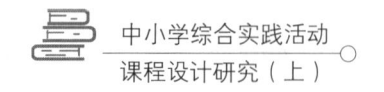

八、拓展延伸

无花果是一种不太好长时间保存的水果，所以人们也常常将它做成无花果酱或果干。查查资料，试着做一瓶无花果酱，将你制作的步骤记录下来，分享给大家。

第五课 七里香的扦插栽培

一、主题说明

七里香又叫千里香、万里香、九秋香、四季青等,具有极高的观赏价值、药用价值和经济价值,因其花开之后,气味芳香浓烈,远距离就可嗅到其香气,故名七里香。

在七里香扦插栽培课程中,旨在让学生了解七里香的习性和扦插栽培方法等,同时让学生热爱劳动、崇尚劳动,理解劳动创造美、创造幸福生活的深刻内涵。

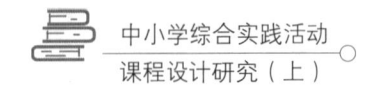

二、课程目标

● 价值体认：通过七里香的扦插栽培，形成积极的劳动观念和态度，体验到劳动的艰辛、收获的喜悦，养成热爱劳动的习惯，树立正确的劳动观念。

● 责任担当：通过亲自动手实践栽培七里香，树立热爱劳动、热爱劳动人民的观念，并在实践体验中树立坚韧不拔、努力奋斗的劳动精神。

● 问题解决：了解七里香的生长习性和植物学特征，熟悉掌握七里香扦插栽培的方法，具备花卉栽培的基础技能，形成较强的动手能力、实践能力以及解决问题的能力。

● 创意物化：培养学生的实践能力和创新精神，同时引导学生从生活中发现问题，开展实践学习并了解先进的科学栽培技术。

三、适用学段

初中。

四、实施条件

教具清单：剪刀、锄头、七里香母株、生根剂、黄泥、70%~80%遮阴网、细孔花洒、水。

五、安全措施

● 使用生根剂等药品时，注意防止药品误入口、眼；
● 使用剪刀、锄头等工具时，要规范操作，防止受伤；
● 注意花台地坎，防止摔伤。

六、教学设计

（一）教学重点

七里香的扦插栽培方法与日常管护。

（二）建议课时

2 课时。

（三）教学过程

1. 课程导入

通过播放中国台湾著名流行歌手周杰伦创作演唱的《七里香》导入课程。

七里香经常在文学艺术作品中被提及，用于表达某种特定的意境。20 世纪著名的女作家席慕蓉写作生涯中的第一本诗集即名为《七里香》，诗人以七里香为背景，追忆 20 年前的青春往事。2004 年台湾著名歌手周杰伦发行的专辑《七里香》中，主打歌曲亦名为《七里香》，在歌曲中，七里香作为代表"夏天的味道"的背景意象被固化了下来。

2. 认识七里香

七里香植株实物展示及植物学知识讲解。

七里香为芸香科九里香，属小乔木植物，《中国植物志》收载七里香的正名为"千里香"。七里香性喜温暖湿润气候，耐旱，最适宜生长的温度为 20~32 ℃，不耐寒，冬季当最低气温降至 5 ℃ 左右时，需移入室内越冬。保温栽培时应置于阳光充足处且选择土层深厚、疏松肥沃的微碱性土壤为宜。

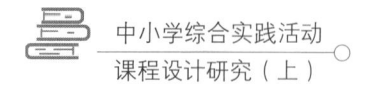

3. 七里香栽培方法讲解

七里香的繁殖方式分为播种、扦插、压条三种，其中扦插法因其步骤简便、易于操作且成功率高而被广泛使用。扦插属于无性繁殖，是通过截取一段植株营养器官，插入疏松湿润的土壤或细沙中，利用其再生能力，使之生根抽枝，成为新植株。按插穗取用器官的不同，有枝插、根插、芽插和叶插之分。七里香扦插栽培可以在春季或雨季 7~8 月进行，温度在 18~25 ℃ 左右，扦插之后一般会在 35~40 天左右生根，用 70%~80%的遮阴网遮盖，并浇透苗床的土壤，之后每天浇一两次水，这样能使插条提前至 20~25 天左右生根。

4. 扦插栽培步骤

（1）准备育苗床：在扦插之前，先要选择好水肥条件适合七里香生长的土壤，用锄头将整块苗床进行深度翻耕，将一些板结的土壤敲碎，随后将其耙平。

（2）准备扦插插条：剪取七里香母株中比较壮实、成熟中等、灰绿色表皮的枝条，插条长 10~15 cm，将第 1 至 2 节间叶片剪掉，以减少叶面水分蒸发。为扩大发根面及吸水量，剪口要求斜剪平整，以提高扦插成活率。插条必须要生长了 1 年以上的枝条，当年生的嫩枝不宜采用。

（3）配置生根基质：把清水和生根液按照1∶350的比例混合，加入适量黄泥混合成浆，达到黏稠状态。

（4）上浆：将插条剪口蘸上混浆，等待晾干。

（5）扦插：先用一样粗细的棍棒在育苗床插孔，再将准备好的扦插条插入孔内，根部覆盖细土压实，注意防止混浆脱离插条剪口。

（6）插后管理：插后用 70%~80% 的遮阴网遮盖，并用水浇透苗床的土壤，之后每天浇一两次的水，这样能使插条更快生根。

（教师实践操作，学生观察，随机提问）

5. 学生分组实践操作，教师指导

学生在教师的指导下，通过分组的方式，进行实践操作。

6. 七里香日常管理要点讲解

（1）施肥：在平时的养护过程中，要进行适当的肥水管理。在生长旺盛期，每半月左右可适当施加氮磷钾复合肥。秋季不宜施肥，以免新梢萌生，遭受冻害。

（2）浇水：七里香喜湿润，每天喷 1~2 次水，保持苗床内土壤湿润即可。

（3）修剪：七里香枝条萌生力强，为保持一定树形，应注意经常修剪。当新栽小苗长至 10~15 cm 高时要及时摘去顶芽，保留 6~8 cm 高，新抽枝条长至 8~10 cm 高时进行第二次摘心，即摘去顶芽，如此反复几次，可形成丰满的树冠，成形后的植株还在不断生长，要及时修剪，长枝短剪，密枝疏剪，以保持优美的树姿。

（4）病虫害防治：七里香常见的病虫害有白粉病、红蜘蛛危害、天牛危害，等等，会导致叶片失绿、黄化、脱落等现象，要根据情况注意防治。

七、总结评价

（1）学习完本节课的知识后，试着填一填吧！

学习项目	简　答
七里香扦插插条一般多长	

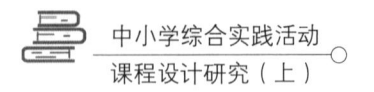

续表

七里香扦插后一般多少天生根	
七里香扦插分为哪几步	
日常管理中，我们应该如何给七里香施肥、浇水	

（2）分享一下本节课后你的收获与感悟吧！

八、拓展延伸

七里香的栽培除了我们今天用到的扦插法，还有播种法和压条法，请同学们课后查阅相关资料，学习用其他的两种方法种植七里香，并和我们今天学习的扦插法作比较，并思考三种方法各自有什么优缺点。

第六课　无土栽培

一、主题说明

　　自古以来，农作物的生产活动都是重中之重，但古时候人们往往受制于天时地利等条件，并且对于作物的控制严重依赖土壤，离开土壤，作物便会面临死亡的威胁。而无土栽培的出现使人们获得了对作物全部生长环境的控制能力，从而使得农业生产有可能彻底摆脱自然条件的制约，完全按照人的意愿，向着自动化、机械化和工厂化的生产方式发展。

无土栽培作为近几十年发展起来的作物栽培的新技术，是一种现代农业栽培模式，彰显着现代农业的魅力。因此，了解、学习无土栽培有其必要性，它能培养学生的创新能力，激发学生的求知欲，培育学生严谨求实的科学态度，提高学生对科学的热爱之情。

二、课程目标

● 价值体认：了解无土栽培的概念及各种方法，认识其优点，通过参与动手劳动，使学生能够尊重劳动，形成积极的劳动观念和态度，并提高学生对科学的热爱之情。

● 责任担当：学习简单的无土栽培技术，引导学生选择水质、制作营养液、种植蔬菜等，了解现代农业的发展，培养学生科技强国的意识。

● 问题解决：在实验中激发学生的好奇心和求知欲，初步养成从事探究活动的正确态度，使学生获得一些亲身探索的体验，培养学生提出问题、分析问题、解决问题的能力。

● 创意物化：培养学生的实践能力和创新精神，同时引导学生从生活中发现问题，开展实践学习并了解先进的科学农业技术。

三、适用学段

初中、高中。

四、实施条件

教具清单：化学试剂及相应用品、自来水、雨水、河水、肥皂水、尺子、托盘、白纸、喷壶、水、泡好的种子。

五、安全措施

● 全体学生要在教师的指导下使用工具材料；
● 严禁自行使用化学试剂及用品；
● 严禁在教室内嬉戏打闹；
● 使用化学药剂等具有危险性的工具时要规范操作，使用完毕后放回原位；
● 课程结束后要认真洗手，防止污物误入口、眼。

六、教学设计

（一）教学重点

了解无土栽培的概念以及分类。

（二）建议课时

2课时。

（三）教学过程

1. 列队、清点人数

教师组织学生列队，并清点学生人数。

2. 小组分工

学生6人为一小组开展活动。

选出组长：负责组织各自小组进行观察讨论；负责安全管理和工具使用；负责监督每一位组员参与到活动中来。

3. 概念导入

无土栽培是指不用土壤，用其他方式种植植物的方法，包括水培、雾培、基质栽培三大类，其中基质栽培又分为无机基质培和有机基质培。无机基质培包括岩棉培、砂培、珍珠岩培等，有机基质培包括泥炭培、塑料泡沫培、锯木屑培等。

4. 水质选择

（1）水质要求：

无土栽培对于水质的要求比一般用于农田灌溉的要求要高，但是比饮用水的水质要求低，其主要指标如下：

● 硬度：硬度是非常重要的指标，影响着营养液的配制。根据水中钙盐和镁盐的数量可以将水分为硬水和软水。水的硬度有多种表示方式，我国通常采用德国度，即每度相当于 10 mg CaO/L。硬度过高的水不适宜用于无土栽培，特别是水培。因此，通常选用15°以下的水用于无土栽培。

● 酸碱度：此范围较广，在 5.5~8.5 之间都可使用。

● 悬浮物：悬浮在水中的固体物质，包括不溶于水中的无机物、有机物及泥沙、黏土、微生物等。无土栽培的水质要求悬浮物≤10 mg/L，因此要对水质进行过滤。

● 氯化钠含量：要求小于 100 mg/L，特别是近海地区要重点检测。

（2）水样检测：

根据无土栽培水质的要求，学生动手实践，从酸碱度、硬度等方面对水质进行简单的检测并完成表 2-6-1。

表 2-6-1　水样检测表

水样	pH	肥皂泡沫高度/cm	液体浑浊程度
自来水			
雨水			
河水			

实施步骤：

● 用 pH 试纸检测各种水样；

● 三种水样各取 5 毫升，分别装入试管中，各加入 0.5 mL 肥皂水，塞紧

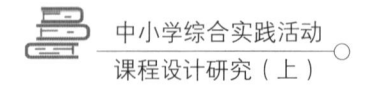

橡皮塞，摇晃 30 次，用尺子测量肥皂泡沫的高度；

● 三种水样各取 2 mL，分别装入试管中，各加入几滴硝酸银溶液和稀硝酸，观察液体浑浊程度。

5. 营养液配制

（1）常见配方：

营养液是无土栽培的关键，不同的作物有不同的营养液配方，但所有营养液的酸碱值都要经过测定，调整到作物所能适应的范围。

以下是几种常见的配方（用量：mg/L）：

● 黄瓜：硝酸钙 900、硝酸钾 810、硫酸镁 500、过磷酸钙 840。

● 绿叶菜：硝酸钙 1260、硝酸钾 250、硫酸二氢铵 350、硫酸镁 537、硫酸铵 237。

● 番茄：硝酸钙 590、硝酸钾 606、硫酸镁 492、过磷酸钙 680。

（2）动手实践：

在教师的指导下，按照配方，学生动手实际操作进行配制，教师来回巡视，注意安全隐患。

6. 栽种芽苗菜

（1）种植步骤：

● 在托盘中铺一张白纸，喷壶装满水将纸喷湿。

● 将提前泡好的种子均匀地撒在白纸上，要把握好种子之间的距离。

● 在种子上再铺上一张白纸，用喷壶喷湿。

● 将托盘放在阴凉通风的架子上，每天喷 2~3 次水，把纸打湿即可。

● 种子发芽到 1 cm 左右时就可以将纸拿掉，继续每天喷 2~3 次水，适当光照，不可强光照射。

（2）动手实践：

学生按照步骤动手实操，教师进行指导，完成后将托盘放在规定的架子上。

七、总结评价

（1）学习本节课的知识后，试着填写下列的表格吧！

学习内容	简答
水质的要求	
营养液配方	
学习无土栽培的意义	

（2）总结一下小组在动手实操过程中的优点和不足之处，并分享一下你本节课的感悟与收获。

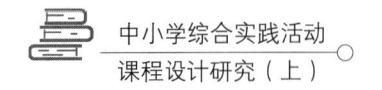

八、拓展延伸

（1）课后搜集并学习更多有关无土栽培的知识，并将你学到的记录下来。

（2）利用课余时间，尝试进行各种作物的无土栽培，将过程用图片或文字记录下来。

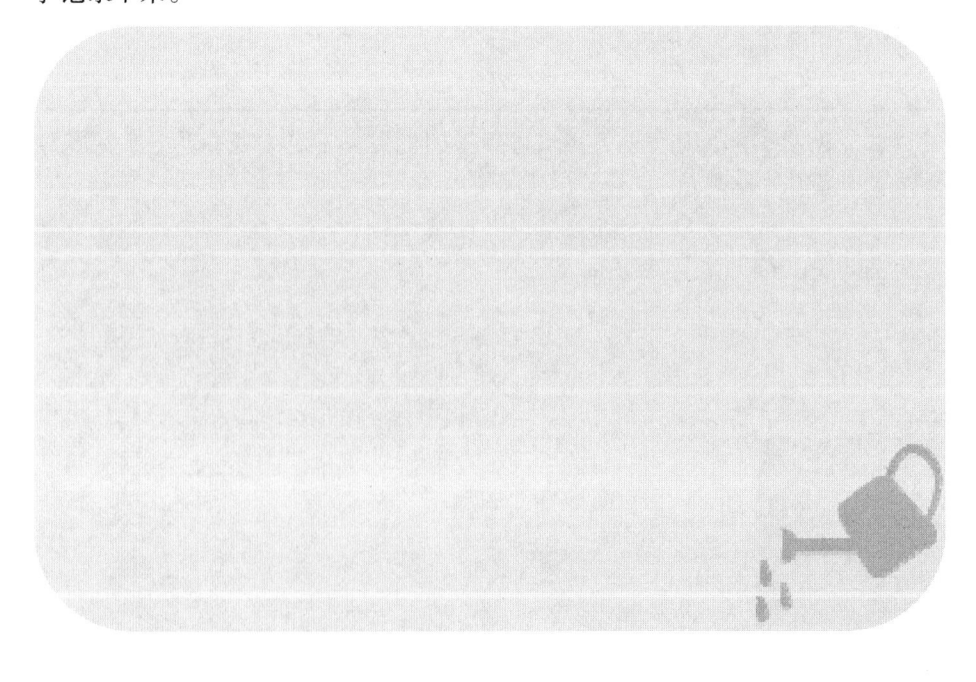

第七课　玉米播种

一、主题说明

玉米又名苞谷、苞米、玉蜀黍、珍珠米等，是一种原产于墨西哥和秘鲁的作物，16世纪传入我国，至今已有400余年的栽培历史。玉米与传统的水稻、小麦等粮食作物相比，具有很强的耐旱性、耐寒性、耐贫瘠性以及极好的环境适应性。同时玉米也是一种营养价值极高的高产优良粮食作物，是我国畜牧业、养殖业、水产养殖业等的重要饲料来源，也是食品、医疗卫生、轻工业、化工业等的不可或缺的原料之一。玉米是世界重要的粮食经济作物，同时也是我国重要的战略资源。

开设玉米播种课程，旨在让学生掌握基本的劳动技能，培养学生养成积极的劳动观念和态度，激发学生的求知欲，深刻理解劳动最光荣、劳动最伟大的深刻内涵。

二、课程目标

- 价值体认：通过了解玉米的生长习性，认识最基本的农作工具，参与动手劳动，使学生能够尊重劳动，形成积极的劳动观念和态度，并提高学生对农业、对祖国的热爱之情。
- 责任担当：通过劳动培养学生的劳动意识，树立热爱劳动、热爱劳动人民的观念，深刻理解我国作为农业大国的意义，培养学生学习现代农业种植技术。
- 问题解决：学会使用农作工具，掌握玉米播种技术，激发学生的好奇心和求知欲，初步养成从事探究活动的正确态度，使学生获得一些亲身探索的体验，培养学生提出问题、分析问题、解决问题的能力。
- 创意物化：培养学生的实践能力和创新精神，同时引导学生从生活中发现问题，开展实践学习并了解先进的科学农业技术。

三、适用学段

初中、高中。

四、实施条件

教具清单：玉米种子、锄头、有机农家肥、水。

五、安全措施

● 使用锄头等工具时要按规范操作,防止意外事故;
● 使用农家肥时注意防止其误入口、眼。

六、教学设计

(一)教学重点

玉米种植的选种与播种过程。

(二)建议课时

4课时。

(三)教学过程

1. 谜语导入

"脱去黄金袍,露出白玉体,身子比豆小,名字有三尺。"
同学们,你们知道这个谜语说的是哪种农作物吗?

2. 介绍玉米

(1)概念:

玉米是禾本科玉蜀黍属一年生草本植物。别名玉蜀黍、棒子、包谷、包米、包粟、玉茭、苞米、珍珠米、苞芦、大芦粟,原产于墨西哥和秘鲁,16世纪传入我国,至今已有400余年的栽培历史。玉米是一年生雌雄同株异花授粉植物,植株高大,茎强壮,是重要的粮食作物和饲料作物,也是全世界总产量最高的农作物,其种植面积和总产量仅次于水稻和小麦。

玉米一直都被誉为长寿食品,含有丰富的蛋白质、脂肪、维生素、微量元素和纤维素等。但由于其遗传性较为复杂,变异种类丰富,在常规的育种过程中存在着周期过长、变异系数过大、影响子代生长发育的缺点,而现代生物育种技术不但克服了上述缺点和不足,同时也提高了育种速度和质量。

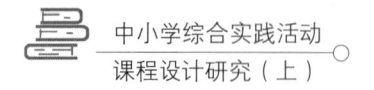

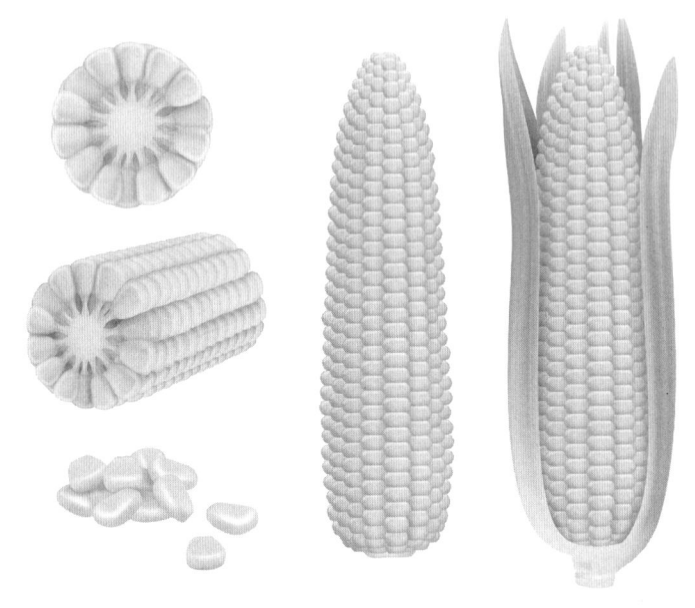

（2）生长环境要求：

玉米是喜温作物，整个生育期要求较高的温度。玉米生物学有效温度为 10 ℃。低于 10 ℃ 种子发芽慢，16~21 ℃ 发芽旺盛，发芽最适温度为 28~35 ℃，40 ℃ 以上停止发芽。拔节期要求 15~27 ℃，开花期要求 25~26 ℃，灌浆期要求 20~24 ℃。不同玉米品种对温度的要求也不相同，我国早熟品种要求积温 2000~2200 ℃；中熟品种 2300~2600 ℃；晚熟品种 2500~2800（3000）℃。世界玉米产区多数集中在 7 月份等温线为 21~27 ℃，无霜期为 120~180 天的范围内。玉米是短日照植物，在短日照（8~10 小时）条件下可以开花结果。

3. 玉米生长的过程

图 2-7-1　玉米生长过程图

4. 玉米播种的方法讲解

（1）播种时间：

玉米分春玉米和秋玉米，春玉米 4 月下旬至 5 月上旬播种，8 月下旬可收获；秋玉米最迟不能迟于 7 月中旬播种。

（2）玉米种子的选择：

玉米种子选择很关键，种子的好坏决定了玉米生长发育是否能够达到一个完美的状态。我们要选择饱满、有光泽和新鲜的种子，注意不要选择时间过长的种子。除了在外观方面进行选择外，还要根据当地的土地土质、气候、

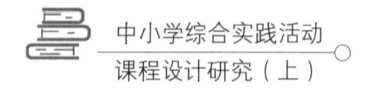

光照等自然环境来选择玉米种子的品种。这样就使玉米产量增加的可能性变高了。

（3）锄头的正确使用方法（教师示范讲解）：

双手一手在前，一手在后，前手位于距离锄头的头部占整个把柄的三分之二的地方，后一只手距离长柄的尾部 20 cm 就可以了，前、后手之间距离 40~50 cm 之间为宜。

（4）玉米地的耕犁整理：

首先找一个水源充足、土壤肥沃的空地，如果有杂草就都拔干净，以免吸收玉米的养分，导致玉米长不大。此外，用耕犁把玉米地翻松，这样可以增加土壤的松软度，提高玉米地的透气性。然后用锄头把土地整理成大小均匀的沟，这样利于排水。沟的宽度在 30 cm 左右，深度在 20 cm 左右。然后进行打窝，窝的距离在 30 cm 左右。把这些准备好后，接下来就可以种植了。

（5）播种：

在播种玉米之前，我们要对玉米地进行施肥，在每个玉米窝里放入适量的农家肥，然后放入玉米种子，建议每窝放入 3 至 4 粒种子，然后盖上一层薄薄的土。如果再浇上适量的水，这样可以提高种子的发芽率。

5. 实践体验

以 4~6 人一组开展实践活动，推选一名组长、一名安全员。组长负责组织本组成员开展活动，安全员负责监督保障本组活动过程中的安全。小组共同完成一个播种单元任务，保证每一位同学都参与实践活动。

6. 玉米的日常管理

（1）浇水：

玉米浇水最好的方式为喷灌和滴灌。注意避免中午浇水，防止冷热反差较大，导致玉米根系吸收水分的能力打折扣。浇水要浇透，避免浇水后表面湿、下面干，玉米根系吸收不到水分。

（2）施肥：

当玉米播种后 2 个星期左右，我们要对地里的玉米进行除草，这时候玉米已经发芽长出玉米苗了，我们要筛选出多余长出的玉米，留下优质的玉米，建议留下 1~2 棵玉米苗。同时要除掉地里长出的杂草，确保玉米在生长过程中能够吸收充分的营养。然后就对土地进行第一道施肥，在玉米的整个生长周期中，对养分需求的排序是氮元素多，钾次之，磷元素第三，氮磷钾比例为 10.49∶0.9 时长势较好，产量较高。施肥完成后再用土盖住肥料，这样做的目的是不让肥料蒸发掉。

当玉米长到三个月左右的时候，我们就要对玉米进行第二次管理和施肥，同样也要除去玉米地的杂草，然后再添放肥料。不同的是当我们放完肥料后，要在玉米的根部做堆，这样可以使玉米的根系发展更好，增强玉米的稳固性，使玉米不被风吹倒。

（3）病虫害防治：

玉米主要的病虫害有大、小叶斑病；青枯病；玉米螟、蚜虫、黏虫等病虫害。大、小叶斑病发病时可用 20%菌灭克可溶性粉剂 1000 倍液和 75%百菌清可湿性粉剂 800 倍液。青枯病目前尚无有效防治措施，但玉米品种间抗性差异极为显著，可选用抗病品种。玉米螟、蚜虫、黏虫等病虫害可以采用叶面喷施杀菌剂或者使用提高玉米病虫害抗性的药物来减少危害。

七、总结评价

（1）学习本节课的知识后，试着填写下列表格吧。

学习内容	简　答
玉米还有哪些名字	
玉米生长发芽最适宜的温度是多少	
玉米含有哪些营养元素	
玉米在世界上的种植面积仅次于哪两种作物	

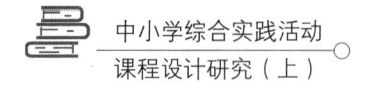

（2）分享一下你本节课的感悟与收获吧！

八、拓展延伸

你知道玉米还可以做成各种各样的美食吗？把你知道的用玉米做成的美食写下来，并尝试选择其中一种做给家人吃，将你的劳动步骤与成果用图片或文字记录下来。

单元二

食育课程

第一课 水果拼盘制作

一、主题说明

水果拼盘是一种消滞和胃、增进食欲、美化宴席、烘托气氛、增进友谊的"水果工艺"作品。

制作水果拼盘的目的是使简单的个体水果通过形状、色彩等几方面艺术性地结合为一个整体，以色彩和美观取胜，从而刺激客人的感官，增进其食欲，同时使学生体会到劳动创造美好生活，培养学生的艺术审美能力。

二、课程目标

- 价值体认：掌握水果拼盘的制作流程方法，养成爱劳动的好习惯，形成积极的劳动观念和态度。
- 责任担当：按照计划分工制作，增强合作的意识，提高合作效率，同时体验劳动创造美好生活，弘扬热爱劳动的传统美德，培养劳动精神，养成独立的生活习惯。
- 问题解决：通过小组合作，拼出搭配合理、造型美观的水果拼盘，培养实践操作能力，掌握基本的生活技能。
- 创意物化：通过制作富有创意的水果拼盘，体验劳动获得的成就感，培养创新与审美意识，提高感受美的能力。

三、适用学段

小学 3~6 年级。

四、实施条件

教具清单：洗净的水果、刀具、盘子、竹签、保鲜盒、操作垫、桌布、围裙、水果切割模具等。

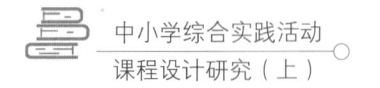

五、安全措施

- 使用刀具、竹签、切割模具等时要注意规范使用，预防割伤或者划伤；
- 用完的刀具及时归还至指定位置；
- 课堂中禁止嬉戏打闹。

六、教学设计

（一）教学重点

学会使用一定的拼盘技巧，合作拼摆成造型优美的水果拼盘。

（二）建议课时

2课时。

（三）教学过程

1. 导入新课

展示精美的水果拼盘图片，观察水果拼盘中都有一些什么样的水果以及拼出了什么样的形状？

2. 确定制作主题，小组合作制作水果拼盘

（1）确定主题，挑选水果。

鼓励孩子通过集体的智慧和灵巧的双手制作一份精美的水果拼盘。在制作之前，教师应该提醒学生注意安全问题、卫生问题、环保问题、合作问题。

（2）温馨提示：

● 小组轻声交流；

● 按分工团结协作；

● 清洁操作，垃圾入袋，讲究卫生；

● 用刀小心，注意安全，谨防浪费。

（3）水果拼盘的评价标准：创意新、色彩艳、造型美、小组配合好。

（4）遵照提示，根据设计进行制作；

（5）巡视、指导并评价小组合作情况。

3. 作品展示

（1）每个小组可邀请一位成员介绍他们的创意构想、果盘的功效、制作过程、分工等，小组成员经历了组内的活动过程，所以汇报时不会很困难，有感而谈即可，但又有难度，小组成员需要结合相关的知识资料介绍作品，这也是对他们小组前期活动的检验，其他成员可以补充，也可以回答别人的提问。

（2）完善作品，收拾整理桌面。

4. 享受成果，布置作业

（1）享受成果。好东西与朋友一起分享，快乐才会成倍增长，带着这份收获的喜悦，尽情地分享劳动成果吧！

（2）谈收获。通过本节课，让同学们结合自己的特长在小组内献策出

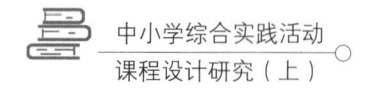

力，通过合理的搭配，共同制作出造型美观、富有创意的水果拼盘，并依此谈谈在过程中的收获。

七、总结评价

（1）想一想，在制作水果拼盘的过程中，你遇到了什么困难，在哪些方面还可以提升呢？

（2）通过本节课的学习，你有什么收获和感悟呢？请写一写吧！

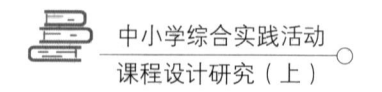

八、拓展延伸

雕刻艺术总是让人着迷，你知道水果也可以雕刻吗？适合雕刻的水果有甜瓜、橙子、苹果、菠萝、西瓜和其他许多含有有趣纹理和颜色的水果。试着运用你身边的水果，雕刻一盘动物造型的水果果盘吧。请用图片或文字把制作果盘的过程记录下来。

第二课　包汤圆

一、主题说明

相传，汤圆起源于宋朝，当时明州（今浙江省宁波市）兴起一种新奇的食品，即用黑芝麻、猪板油做馅，加入少许绵白糖，外面用糯米粉搓成圆形，煮熟后，吃起来香甜软糯，回味无穷。

汤圆形状与圆月相似，象征着团圆吉利，因此，吃汤圆寄予了全家团圆、和睦美满的愿望。不管叫汤圆还是元宵，不管是哪种制作方法，都寄托着人们对未来生活的美好愿望，即希望在新的一年中团圆美满，幸福安康。

本节课程老师将带领大家一起来了解并学习制作汤圆，体会劳动的收获与快乐。

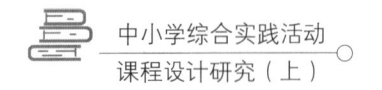

二、课程目标

- 价值体认：掌握揉面、团圆、挖坑、放馅、捏面这 5 个包汤圆的重要步骤，养成爱劳动的好习惯，形成积极的劳动观念和态度。
- 责任担当：通过亲自学习如何动手包汤圆，体验劳动创造美好生活，培养生活自理能力，养成独立的生活习惯，同时弘扬中华民族传统的饮食文化。
- 问题解决：通过参与包汤圆，培养实践操作能力，掌握基本的生活技能，提高解决实际生活中问题的能力。
- 创意物化：掌握包汤圆的技巧，培养创新与审美能力，提高创意实现能力，尝试做成各种形态的汤圆。

三、适用学段

小学 3~6 年级。

四、实施条件

教具清单：糯米粉、豆沙泥、红糖碎末、盘子、碗、锅、勺子、抹布、厨师服、口罩、火炉、食品操作台、移动一体机。

五、安全措施

- 及时洗手，保持手部清洁，注重食品卫生；
- 运用天然气灶，小心燃气泄漏，及时熄火关阀门；
- 高温蒸煮，小心烫伤。

六、教学设计

（一）教学重点

学会包汤圆的 5 个重要步骤；认识糯米粉、豆沙泥、红糖碎末；了解学习元宵节吃汤圆的习俗。

（二）建议课时

2课时。

（三）教学过程

1. 课前准备

（1）更换厨师服，佩戴口罩、洗手；
（2）准备食材、器具等用品。

2. 课程引入

（1）播放儿歌《吃汤圆》；
（2）展示煮熟的汤圆，通过闻一闻、尝一尝、猜一猜的方式引入主题；
（3）进行讨论：汤圆是什么形状的、什么味道的？好不好吃？想不想吃？
（4）展示主题"包汤圆"。

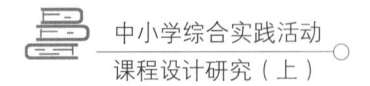

3. 探索新知

（1）包汤圆：

● 探索一：包汤圆的原料。

展示糯米粉、豆沙馅、红糖馅，并进行介绍，可以引导同学看一看、闻一闻，注意糯米粉与面粉的区别。

● 探索二：包汤圆的步骤。

示范包汤圆的步骤：揉糯米团—手掌团圆—拇指挖坑—放馅儿—捏一捏、封口—再团圆。

（2）展示包的汤圆成品。

（3）小组合作，体验包汤圆。

● 学生 2 人一小组，一个学生说步骤，另一个学生亲手实践包汤圆。教师巡回指导，给予个别辅助；

● 教师随意抽取 2 个学生制作的汤圆，引导全体学生集中点评。教师就出现问题，引发学生积极思考，集中解决；

● 教师辅助学生，美化学生所包的汤圆；

● 教师再次强调注意事项：挖坑深度要适当，放馅要适量，封口要严实，团圆要轻点。

（4）包汤圆比赛。

● 出示紫色、黄色、绿色糯米团，将同学分为 3 组，同组内的同学领取 2 种不同颜色的糯米团，在 5 分钟内，每个同学至少要包 2 个同色的、大小差不多的汤圆。

● 教师提示：汤圆可放不同的馅儿，大小差不多，5 分钟之内完成；注意制作步骤；同学之间可

以相互帮助，但要讲究卫生；做完后放到指定的盘子里，及时清理操作台。

4. 煮汤圆

示范煮汤圆：

● 煮汤圆要开水下锅；

● 一定要让汤圆沿着锅的边缘慢慢地滚入水中，否则溅出的热水容易烫到自己；

● 当汤圆下锅后，要用勺背轻轻推一推，让汤圆旋转几下，这样就不粘锅底了。

● 引导同学观察锅里的情况，并提问：汤圆在锅里是怎么样的？（下沉）

5. 话汤圆

（1）等待煮汤圆的时间可以播放视频故事，讲解汤圆的寓意，圆形代表着与家人团圆；

（2）启发谈话：你最想念谁？我们可以把汤圆送给他。

（3）观察锅里的汤圆怎么样了。（上浮）

（4）汤圆马上就可以吃了，注意：吃得要慢，避免烫伤；细嚼慢咽，避免被噎住；不要过量，避免胃不舒服。

（5）播放元宵节儿歌，领取彩色汤圆，分享祝福语，并告知回家后也可以给家人包汤圆，培养同学热爱劳动、热爱生活的情感。

（6）整理厨具、洗手、离位。

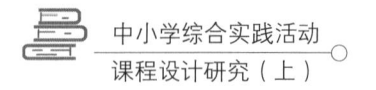

七、总结评价

通过本节课的体验,我们学习了包汤圆的步骤,你还学到了哪些呢?说说你的感悟和收获吧!

八、拓展延伸

（1）回家后，和家人一起包一次汤圆，这次尝试包成你喜欢的形状吧，并将你包的汤圆形状画下来跟大家分享一下。

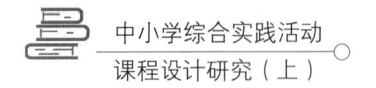

（2）查阅资料，看看汤圆还有哪些吃法吧！

第三课 女皇蒸凉面

一、主题说明

女皇蒸凉面又称广元凉面，有酸、甜、麻、辣、香五味。凉面色泽白净，柔软可口，绵韧不粘。

女皇蒸凉面，别称夫妻米凉面，为四川广元特色小吃。女皇蒸凉面仍然在武则天的故乡——四川广元被广泛食用，但在外地，几乎很难吃到正宗的女皇蒸凉面。听说只有用广元本地的水，在广元特殊的气候环境里，才能成就它地道的美味。

这节课我们将一起学习制作女皇蒸凉面，在活动过程中，了解女皇蒸凉面的历史，激发学生的学习兴趣，使其学会团队协作，锻炼学生的动手操作能力，同时感受劳动的艰辛，并弘扬家乡传统饮食文化，增强民族自信与文化自信。

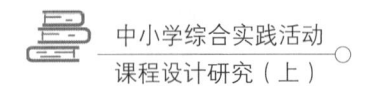

二、课程目标

● 价值体认：通过动手学习制作女皇蒸凉面的方法，让学生从小树立正确的人生观、价值观，明白食物的来之不易，树立爱惜粮食、珍惜劳动成果的意识。

● 责任担当：通过学习女皇蒸凉面的悠久历史与制作过程，培养学生对家乡的热爱，好好学习，体验劳动创造美好生活，提升生活自理能力的同时传承好非物质文化遗产，弘扬家乡传统饮食文化，增强民族自信与文化自信。

● 问题解决：让学生认识制作女皇蒸凉面所需的器具以及所需的材料，掌握各环节的操作技巧及注意事项，培养实践操作能力，掌握基本的生活技能，提高解决实际生活中问题的能力。

● 创意物化：通过学习凉面的制作方法，培养动手能力与创新能力，提高创意实现能力。

三、适用学段

小学4~6年级、初中。

四、实施条件

教具清单：

● 工具：粉碎机、面盆、筷子、锅、蒸笼、手套。

● 食材：大米、水、黄豆芽、盐、白糖、醋、生抽、蒜水、花椒粉、辣油、油。

五、安全措施

● 正确使用器具；
● 不能随意破坏研学教室里的其他设施设备；
● 按照指导教师要求，手不能伸入粉碎机和锅里；
● 爱护器具，不能随意损坏。

六、教学设计

（一）教学重点

女皇蒸凉面的制作过程、女皇蒸凉面味道的调制。

(二)建议课时

4课时。

(三)教学过程

1. 凉面制作步骤

● 选用上等大米,淘洗干净,用清水浸泡一天,再加1/10的大米饭;

● 磨成适度稀浆;

● 放入有纱布的蒸笼蒸熟;

● 蒸熟后倒在抹有香油或菜油的案桌上;

● 晾冷后切成细丝凉拌即成。

这样制作而成的凉面耐嚼、爽口,吃法多样。

2. 凉面调味方法

● 碗内放凉面;

● 依次加入适量酱油、香醋、辣椒、辣油、香油、白糖、花椒面、蒜水(蒜泥+水)等调料;

● 搅拌均匀后即可食用。

七、总结评价

（1）通过本节课的学习，你清楚女皇蒸凉面的制作需要哪些食材与工具了吗？试着写一写吧！

（2）通过这次实践体验活动，你有哪收获与感悟呢？

八、拓展延伸

试着给家人做一碗女皇蒸凉面，并将你制作的过程与成果用图片或文字的方式记录下来。

第四课 葡式蛋挞制作

一、主题说明

蛋挞,是一种以蛋浆做成馅料的西式馅饼。做法是把饼皮放进小圆盆状的饼模中,倒入由砂糖及鸡蛋混合而成的蛋浆,然后放入烤炉,烤出的蛋挞外层为松脆挞皮,内层则为香甜的黄色凝固蛋浆。

葡萄牙式奶油挞,又称葡式蛋挞,港澳地区称葡挞,是一种小型的奶油酥皮馅饼,其焦黑表面(是糖过度受热后的焦糖)是其特征。

这节课我们将一起学习制作葡式蛋挞,激发学生的学习兴趣,让学生在活动过程中感受劳动的艰辛、学会感恩、学会分享、学会团队合作;同时,锻炼学生的耐心和细心。

二、课程目标

● 价值体认：了解蛋挞的起源，学习制作方法，体会糕点制作的成就感以及劳动的艰辛与不易，学会感恩，学会团队分享与合作。

● 责任担当：通过亲自学习如何动手做蛋挞，体验劳动创造美好生活，培养生活自理能力，善于发现生活的乐趣，热爱生活。

● 问题解决：以小组为单位，通过合作、自主探究动手制作蛋挞，使学生掌握各环节的操作规范及注意事项，培养实践操作能力，掌握基本的生活技能，提高解决实际生活中问题的能力。

● 创意物化：掌握制作蛋挞的技巧，培养创新与审美能力，提高创意实现能力，发挥创造力，尝试做出馅料新颖的蛋挞。

三、适用学段

小学 5~6 年级、初中。

四、实施条件

教具清单：烤箱、手动打蛋器、网筛、淡奶油 90 g、牛奶 55 g、细砂糖 20 g、鸡蛋一个（约 55 g）、速冻挞皮 8 个。

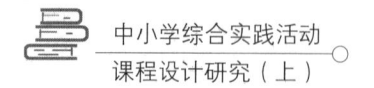

五、安全措施

● 烤箱需提前预热，预热过程中不可转动按钮，也不可用手触摸试温，以免烫伤；

● 待烘焙完成，取回烤盘时一定要戴好隔温手套以防烫伤；

● 禁止室内嬉戏打闹，未经允许，不准私自操作工具、设备；

● 在制作过程中要注意将垃圾丢到垃圾桶，不要将牛奶等食材撒到工作台、地板上；

● 制作完成以后，清理工作台，并将使用过的工具清洗干净、物归原位；

● 制作的过程中，组长要做到公平公正、分工明确，让每一位成员都能参与进来，组员应服从组长的安排，齐心协力、互帮互助、共同完成任务；

● "一粒粮食一滴汗"，在蛋挞制作的过程中，要避免食材的浪费。

六、教学设计

（一）教学重点

掌握制作葡式蛋挞的原料配置比例，掌握打蛋器、分离器、网筛等工具的使用方法。

（二）建议课时

4课时。

（三）教学过程

1. 蛋挞的起源及其分类

（1）蛋挞的起源。

早在中世纪，英国人已利用奶品、糖、蛋及不同香料，制作类似蛋挞的食品。而在中国，据说17世纪的满汉全席的第六宴席，其中一道菜式便是蛋挞。香港的蛋挞很出名，虽然它的历史只不过七八十年。20

世纪 40 年代起，香港一些饼店出现了蛋挞。到了 50 年代，蛋挞进入了大多数茶餐厅。

（2）蛋挞的分类：

地道的香港蛋挞以挞皮分类，主要分为牛油蛋挞和酥皮蛋挞两种。两者的区别不仅在于饼皮的用油不同，而且口感也有很大差别。牛油蛋挞的饼皮仿佛一块饼干，口感较硬。酥皮蛋挞的饼皮又酥又脆，并且饼馅结合良好，香糯酥脆融为一体。

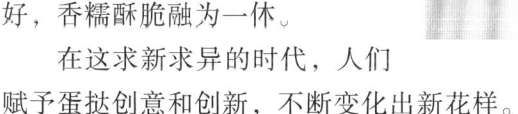

在这求新求异的时代，人们赋予蛋挞创意和创新，不断变化出新花样。

比如水果蛋挞，馅料以蛋浆为基础，表面添加了各色水果粒，五颜六色，甚是好看，口感上也添了几分清香和酸甜；椰蓉蛋挞，馅料以蛋浆为基础，里面混入椰蓉、椰丝，香气更加逼人。此外，还有红豆蛋挞、鲜奶蛋挞、姜汁蛋挞、蛋白蛋挞、巧克力蛋挞、燕窝蛋挞等。

蛋挞不仅有素的，还有荤的，不仅有甜的，还有咸的，如鸡丁蛋挞、叉烧蛋挞、鲍鱼蛋挞等。

2. 活动过程

分组：按实际人数、男女比例进行分组，6 人一组，分为 8 个组；各小组共同选出各自的小组组长；由组长进行角色分工：

- 一名材料员：负责准备小组制作蛋挞所需的材料及工具；
- 一名记录员：负责填写小组教学任务单；
- 一名安全员：负责小组成员及自身人身及财产安全；
- 两名卫生员：负责清理操作台及周围地面的垃圾，清洗小组使用过的

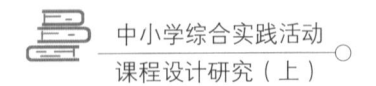

工具并物归原位且摆放整齐。

3. 制作步骤

（1）准备材料；

（2）将细砂糖、牛奶倒入容器里，并用手动打蛋器搅打至细砂糖完全融化，放在一旁备用；

（3）将一个全蛋打入另一个容器里，用手动打蛋器打散；

（4）把制作好的牛奶加进来，用手动打蛋器轻轻混匀，再加入淡奶油轻轻混匀；

（5）过滤挞水；

（6）烤箱上下火 200 ℃ 预热，取出速冻挞皮；

（7）先把油纸铺在烤盘上，再把挞皮放入烤盘；

（8）放好以后，直接把挞水倒入挞皮里面，八分满就可以了；

（9）倒进去之后就要小心一点，把它送入已经预热好的烤箱里面，放在中层或者中下层，上火 200 ℃，下火 210 ℃，烘烤 30 分钟左右。

七、总结评价

（1）蛋挞烘烤熟了以后，小组内部通过观、尝、比较，对蛋挞的外观（颜色、形状）、口感进行评价点评，并记录下来。

（2）谈一谈通过这次实践体验活动，你有哪些收获与感悟？在活动过程中，发生了哪些有趣的事，有哪些做得不够好、需要改进的地方呢？

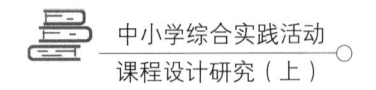

八、拓展延伸

在家为父母亲手制作蛋挞,并将你的制作步骤和成果记录下来吧!

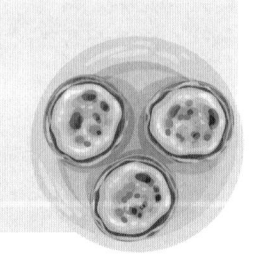

第五课　包子的制作

一、主题说明

包子，本称馒头，别称笼饼，相传是诸葛亮发明，清代后方由馒头分出，是一种饱腹感很强的主食，也是中国的传统美食之一。

包子是由面粉（小麦粉）和馅儿包起来的，馅又分为荤馅或素馅，做好的包子皮薄馅多，松软好吃。本节课我们将亲自动手参与和面、制作包子馅、包包子等活动，掌握基本的生活技能，养成爱劳动的好习惯，体验劳动创造美好生活。

二、课程目标

● 价值体认：掌握包子制作的流程方法，养成爱劳动的好习惯，形成积

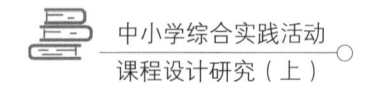

极的劳动观念和态度。

● 责任担当：体验劳动创造美好生活，弘扬热爱劳动的传统美德，培养劳动精神，养成独立的生活习惯，增强服务意识。

● 问题解决：通过包包子的活动，培养实践操作能力，掌握基本的生活技能。

● 创意物化：掌握包包子的技巧，培养创新与审美意识，尝试做出各种形态的包子。

三、适用学段

初中。

四、实施条件

教具清单：

● 工具：盆、蒸锅、电子秤等工具。

● 食材：面粉、酵母、水、糖、五花肉、白菜、葱、生抽、蚝油、十四香、盐等材料。

五、安全措施

● 开始活动前，指导教师认真检查和清洗各种工具和食材，确保干净卫生、无污染，保证食品安全；

● 要求所有人在活动前洗手，戴好一次性手套和口罩，穿好食品制作专用服装；

● 全体学员要避免刀伤、烫伤。

六、教学设计

（一）教学重点

包子的制作方法。

（二）建议课时

3课时。

（三）教学过程

1. 认识酵母

酵母属于简单的单细胞真核生物，在有氧和无氧环境下都能生存，易于培养，且生长迅速，被广泛用于面粉、啤酒发酵中。

酵母菌最适的生长环境：最适宜生长的温度一般在 20~30 ℃；pH 值为 4.5~5.0；像细菌一样，酵母菌必须有水才能存活，但酵母需要的水分比细菌少。

2. 学生分组

● 集合列队，采用依次报数的方式进行随机分组，每组人数保持基本相等，10 人左右；

● 每组一个操作台。各组分别选 1 名组长负责活动组织，1 名材料员负责领取材料，1 名同学负责和面，1 名同学负责制作肉馅，所有同学全部参与包包子。

3. 使用酵母快速发面

（1）准备原材料：

面粉 500 g，酵母 5 g，糖 7 g，温水 280 g。

（2）和面发面：

将以上原材料混合放入盆内，揉成光滑的面团，放在盆里醒发至两倍大小（约 1 小时）。发好的面团扯开后会看到很多气孔。

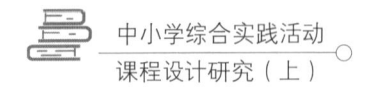

4. 包子馅制作（利用和面醒发的时间同时进行）

（1）准备原材料；

（2）三肥七瘦的五花肉 500 g、适量盐和生抽、半勺蚝油、十四香，葱姜切细和花椒一起泡水备用。将五花肉切丝、剁碎放入盆内；

（3）加入适量盐和生抽、半勺蚝油和十四香搅拌均匀；

（4）倒入提前泡好的葱姜花椒水、葱花搅拌均匀；

（5）制作好肉馅放入盆内备用。

5. 擀包子皮

（1）将发好的面团按压排气；

（2）将面团揉成条状，切成小块。大小以足够做 1 个包子皮为标准；

（3）用擀面棒将切好的小面块擀成中间厚、两边薄的小薄饼。

6. 包包子

（1）在擀好的包子皮上放入适量的肉馅；

（2）收紧包子口。

方法技巧：

● 左手托着包子，右手用拇指和食指的缝来夹包子口；

● 右手大拇指的位置不移动，一点一点提着包子皮的边转着圈往前包；

● 面皮打着褶子转一圈之后花纹就出来了，最后用右手大拇指捏一下收口。

7. 蒸包子

（1）将包好的包子放在一旁醒发 10 分钟；

（2）蒸锅内加入清水，待烧开上气后，放入包好的包子大火蒸 20 分钟出锅。

8. 品尝劳动成果

学生品尝自己做好的包子。

重点提示：如果水倒得多了就再加些面粉，面团太硬了就再加些水。若包子中间放了很多的馅儿，馅儿跑出来了，就吸取经验，放入适量的馅，让包子不仅鼓鼓的，而且头顶呈旋涡状，非常漂亮。

七、总结评价

邀请其他小组品尝自己的劳动成果，分享交流感受，并写一写通过劳动获得美味食物后的感受。

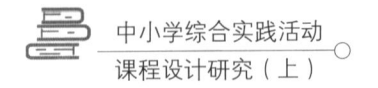

八、拓展延伸

包子除了可以捏成平时我们见到的样子，还可以做成什么样的呢？试着捏一个你自己喜欢的包子造型，并将你捏好的造型画下来吧。

第六课　月饼的制作

一、主题说明

烘焙，又称为烘烤、焙烤，是指在物料燃点之下通过干热的方式使物料脱水变干变硬的过程，烘焙是饼干、面包、蛋糕类食品制作不可缺少的步骤。

烘焙食品是以粮、油、糖、蛋等为原料基础，添加适量辅料，并通过和面、成形、焙烤等工序制成的口味多样、营养丰富的食品。

烘焙的过程不单单是一次玩乐、一次口福，重要的是学生能在活动过程中感受劳动的艰辛，学会感恩，学会分享，学会团队合作；同时，烘焙还是锻炼学生耐心和细心的过程，也是培养学生心理承受力的过程，这对孩子的心智发展是大有裨益的。

在中秋节来临之际，将月饼的制作作为活动内容，激发学生学习兴趣，调动学生学习欲望，同时弘扬中华民族传统饮食文化。

二、课程目标

● 价值体认：了解月饼的由来，知道月饼的分类，知道其制作的配料比例，体会糕点制作的成就感，体会劳动的艰辛与不易，学会感恩，学会团队分享与合作。

● 责任担当：通过亲自学习如何动手做月饼，体验劳动创造美好生活，培养生活自理能力，弘扬中华民族传统饮食文化。

● 问题解决：以小组为单位，通过合作、自主探究动手制作月饼，使学生掌握各环节的操作规范及注意事项，培养实践操作能力，掌握基本的生活技能，提高解决实际生活中问题的能力。

● 创意物化：掌握制作月饼的技巧，培养创新与审美能力，提高创意实现能力，发挥创造力，尝试做出各种形态新颖和不同馅料的月饼。

三、适用学段

小学5~6年级、初中。

四、实施条件

教具清单：

●材料：适量低筋面粉、糖浆、食用油、碱水、小苏打、鲜鸡蛋1个、月饼馅料（红豆、莲蓉、椒盐）。

●工具：月饼模具1个、模片5个、烤盘1个、电子秤1台、中号盆1个、小号盆2个、硅胶刮片1把、刷子1把、毛巾1条、油纸1张、打蛋器1台、揉面垫1张、烤箱（公用）。

五、安全措施

● 烤箱需提前预热，预热过程中不可转动按钮，也不可用手触摸试温，以免发生烫伤；

● 待烘焙完成，取回烤盘时一定要戴好隔温手套以防烫伤；

● 禁止室内嬉戏打闹，未经允许，不准私自操作工具、设备；

● 注意将垃圾丢到垃圾桶，不要将牛奶等食材撒到工作台、地板上；

● 制作完成以后，清理工作台，并将使用过的工具清洗干净，物归原位。

六、教学设计

（一）教学重点

掌握月饼制作的原料配置比例，掌握烘焙工具的使用方法，掌握制作月饼的工艺流程。

（二）建议课时

4课时。

（三）教学过程

1. 月饼的分类

月饼的品种异彩纷呈，根据中国本土月饼和中西方饮食文化结合产生的新式月饼，将月饼分为传统月饼和非传统月饼两大类。

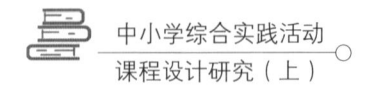

（1）传统月饼：

传统月饼是中国本土传统意义下的月饼，按产地、销量和特色来分主要有四大派别，即广式月饼、京式月饼、苏式月饼和潮式月饼；从馅心讲，有桂花、豆沙、莲蓉、冰糖、肉松、蛋黄等；从造型上又有光面与花边之分。

（2）非传统月饼：

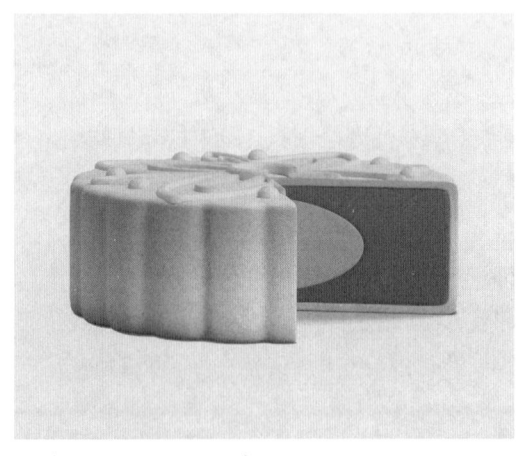

较之传统月饼，非传统月饼的油脂及糖分较低，注重月饼食材的营养及月饼制作工艺的创新。非传统月饼的出现颠覆了人们对于月饼的看法。非传统月饼在外形上热衷新意，追求新颖独特，同时在口感上不断创新，相对传统月饼一成不变的味道，非传统月饼在口感上更加香醇，也更美味，同时也更符合现代人对美食与时俱进的追求。

吃腻了传统口味的月饼，当代人特别是年轻群体对非传统月饼的口感、工艺等给予了极高的评价，下面来看看非传统月饼都有哪些：

● 法式月饼：是将中国传统文化和法国糕点工艺结合制成的一种非传统月饼，有乳酪、巧克力榛子、草莓、蓝莓、蔓越莓、樱桃等多种口味，口感香醇美味、细腻松软，味道与小蛋糕等法式西点类似。

● 冰皮月饼：特点是饼皮无须烤、冷冻后进食。以透明的乳白色表皮为主，也有紫、绿、红、黄等颜色，口味各不相同，外表十分好看。

● 冰淇淋月饼：完全由冰淇淋做成，只是用的月饼的模子。

● 果蔬月饼：特点是馅料主要是果蔬，馅心滑软，风味各异，馅料有哈密瓜、凤梨、荔枝、草莓、冬瓜、芋头、乌梅、橙等，又配以果汁或果酱，因此更具清新爽甜的风味。

● 海味月饼：是比较名贵的月饼，馅料有鲍鱼、鱼翅、紫菜、瑶柱等，口味微带咸鲜，以甘香著称。

● 纳凉月饼：是把百合、绿豆、茶水揉进月饼馅精制而成，有清润、美颜之功效。

● 椰奶月饼：以鲜榨椰汁、淡奶及瓜皮制成馅料，含糖量、含油量都较低，口感清甜，椰味浓郁，入口齿颊留香，有清润、健胃、美颜等功能。

● 茶叶月饼：又称新茶道月饼，以新绿茶为主馅料，口感清淡微香。有一种茶蓉月饼是以乌龙茶汁拌和莲蓉，较有新鲜感。

● 保健月饼：这是近年才出现的功能月饼，有人参月饼、钙质月饼、药膳月饼、含碘月饼等。

2. 认识工具

常言道："工欲善其事，必先利其器。"下面我们先来认识制作月饼要用到的工具：

● 烤箱：用于烘烤食物，使用前须提前预热，待炕烤的食品使用专用烤盘盛放，放入、取出烤盘时一定要戴好隔温手套。

● 厨房电子秤：用于称重配料，利用除皮功能可依次累计称多种配料。

● 打蛋器：用于打发蛋白、奶油等，还可以用来拌匀多种配料。

● 月饼模具和模片：用来给月饼定型的工具，使用不同的模片可使月饼形成不同的花型。

● 刷子：用来给月饼刷蛋液。

● 其他：保鲜膜、毛巾、油纸、揉面垫、一次性手套。

3. 认识原料

常言道："巧妇难为无米之炊。"下面我们再来认识制作月饼要用的原料：

● 低筋面粉 250 g；

● 糖浆 160 g；

● 食用油 80 g；

● 碱水 5 g；

● 小苏打 1 g；

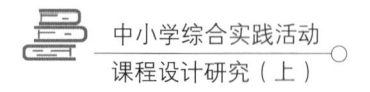

- 鲜鸡蛋 1 个；
- 月饼馅料 750 g（红豆、莲蓉、椒盐各 250 g）。

4. 制作步骤

（1）面粉过筛备用；

（2）将所有干料放入面盆，加入细砂糖、鸡蛋、苏打粉、臭粉，用料理机低速搅拌均匀顺滑；

（3）将面粉跟糖浆一点一点地快速融合，反复压匀面团，直至面团光滑，折叠无裂痕。和面的时候，料理机的速度一定不能太快，否则面团容易起筋，做出来的月饼饼皮容易皲裂。然后，将面打成面皮，用保鲜膜覆盖醒发备用；

（4）馅料分为 50 g 每份揉圆，饼皮分为 30 g 每份揉圆，双手将饼皮推匀，将馅料包入饼皮并揉圆，尽量不要让馅料露在外面，包好后压入模具放入烤盘；

（5）使用自己喜欢的月饼模子，扣在包好的月饼团子上，按住模具快速压出花样；

（6）把一个鸡蛋跟一个蛋黄搅打均匀顺滑，用羊毛刷蘸上少许，用羊毛刷的毛尖轻轻、快速地在压好的月饼表面刷上薄薄的 2 层，全部刷完一次之后再从头开始刷第二遍。刷蛋液的目的主要是让月饼颜色更好看，但刷多了容易焦。刷蛋液要领：一是"少"，二是"轻"；

（7）烤箱需提前预热，预热过程中不可转动按钮，也不可用手触摸试温，以免发生烫伤。上下火 200 ℃ 烤 15 分钟。出炉再次刷蛋液，再入烤箱上火 200 ℃，下火 190 ℃ 烤 10 分钟；

（8）烤制完成后，取出月饼，开始摆盘。摆盘的时候根据所做月饼的个数（15 个），将月饼摆放整齐（横三纵五）。烤好的月饼待冷却以后才可以进行包装。放进、取回烤盘时，一定要戴好隔温手套，以防烫伤；

（9）清洗工具。残留油渍的工具，可使用温水加洗洁精将其清洗干净。

七、总结评价

通过本节课的体验，我们学习了制作月饼的步骤，你还学到了哪些呢？说说你的感悟和收获吧！

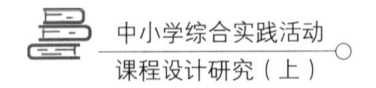

八、拓展延伸

（1）收集有关中秋节的故事和传说，记录下来分享给大家吧！

（2）在家为父母亲手制作创意月饼，并将你的制作步骤和成果记录下来。

第七课 蛋糕的制作

一、主题说明

　　中古时期的欧洲人相信，生日是灵魂最容易被恶魔入侵的日子，所以在生日当天，亲人朋友都会齐聚身边给予祝福，并且赠送蛋糕以带来好运驱逐恶魔。生日蛋糕，最初是只有国王才有资格拥有的。现在不论是大人或小孩，随时都可以买到漂亮的蛋糕，享受别样的美味。

　　蛋糕种类繁多、口味各异，本课程重点介绍戚风蛋糕的制作。戚风蛋糕是一款甜点，属海绵蛋糕类型，主要成分是面粉、鸡蛋、牛奶等，含有碳水化合物、蛋白质、脂肪、维生素及钙、钾、磷、钠、镁、硒等矿物质，食用方便，是人们最常食用的糕点之一。

　　本节课程我们将认识蛋糕制作的工具，一起动手制作蛋糕，学会团队协作，在体验中，善于发现生活乐趣、品味生活、热爱生活，体会劳动的收获与快乐。

第七课　蛋糕的制作

二、课程目标

● 价值体认：掌握糕点制作配料比例，通过活动使学生形成标准意识，体会糕点制作的成就感，体会劳动的艰辛与不易，学会感恩，学会团队分享与合作。

● 责任担当：通过亲自学习如何动手做蛋糕，体验劳动创造美好生活，弘扬热爱劳动的传统美德，培养生活自理能力，养成独立的生活习惯，增强生活服务意识。

● 问题解决：以小组为单位，通过合作、自主探究动手制作戚风蛋糕，使学生掌握各环节的操作规范及注意事项，培养实践操作能力，掌握基本的生活技能，提高解决实际生活中问题的能力。

● 创意物化：掌握制作蛋糕的技巧，培养创新与审美能力，提高创意实现能力，发挥创造力，尝试做出各种形态的蛋糕。

三、适用学段

小学 5~6 年级、初中。

四、实施条件

教具清单：

● 材料：低筋面粉 80 g、细砂糖 60 g、牛奶 60 g、色拉油 50 g、鲜鸡蛋 5 个、食盐 2 g、柠檬汁 2 g。（可做 1 个 8 寸的蛋糕胚）

● 工具：网筛 1 个、分蛋器 1 个、烤盆 1 个、电子秤 1 台、中号和面盆 1 个、小号和面盆 2 个、硅胶刮片 1 把、模具 1 个、刷子 1 把、毛巾 1 条、油纸 1 张、电动打蛋器 1 台、手动打蛋器 1 把、烤箱（公用）。

五、安全措施

● 烤箱需提前预热，预热过程中不可转动按钮，也不可用手触摸试温，以免发生烫伤；

● 待烘焙完成，取回烤盘时一定要戴好隔温手套以防烫伤；

● 禁止室内嬉戏打闹，未经允许，不准私自操作工具、设备；

● 注意将垃圾丢到垃圾桶，不要将牛奶等食材撒到工作台、地板上，制作完成以后，清理工作台，并将使用过的工具清洗干净、物归原位；

● 组长要做到公平公正、分工明确，让每一位成员都能参与进来，组员应服从组长的安排、齐心协力、互帮互助、共同完成任务；

● "一粒粮食一滴汗"，要避免食材的浪费。

六、教学设计

（一）教学重点

掌握戚风蛋糕制作的原料配置比例，掌握烘焙工具的使用方法，掌握制作戚风蛋糕的工艺流程。

（二）建议课时

4 课时。

（三）教学过程

1. 课程引入

蛋糕是我们庆祝生日非常关键的道具之一，而戚风蛋糕是制作蛋糕的基础，那么戚风蛋糕是如何制作而成的，制作戚风蛋糕需要哪些工具、哪些食材及其配料比例是什么呢？今天我们就一起来学习戚风蛋糕的制作。

2. 插蜡烛的由来

在古希腊，人们都信奉月亮女神阿耳特弥斯。在她一年一度的生日庆典上，人们总要在祭坛上供放蜂蜜饼和很多点亮的蜡烛，形成神圣的气氛，以示他们对月亮女神特殊的崇敬之情。

后来，随着时间的推移，由于疼爱孩子，古希腊人在庆祝他们孩子的生日时，也总爱在餐桌上摆上糕饼等物，而在上面，也放上很多点亮的小蜡烛，并且加入一项新的活动——吹灭这些燃烧的蜡烛。他们相信燃烧着的蜡烛具有神秘的力量，如果这时让过生日的孩子在心中许下一个愿望，然后一口气吹灭所有蜡烛的话，那么这个孩子的美好愿望就一定能够实现。

于是吹蜡烛成为生日宴上有着吉庆意义的小节目，以后逐渐地发展到不论是在孩子还是成人甚至老年人的生日晚会或宴会上都有吹蜡烛这个有趣的活动。

3. 认识工具

常言道："工欲善其事，必先利其器。"下面我们先来认识制作蛋糕要用到的工具：

- 烤箱：用于烘烤食物，使用前须提前预热。待烘烤的食品使用专用烤盘盛放，放入、取出烤盘时一定要戴好隔温手套。
- 厨房电子秤：用于称重配料，利用除皮功能可依次累计称多种配料。
- 打蛋器：用于打发蛋白、奶油等，还可以用来拌匀多种配料。
- 分蛋器：用于分离蛋清和蛋黄。

- 硅胶刮刀：用于搅拌面糊等。
- 网筛：用于过筛面粉。
- 其他：保鲜膜、毛巾、油纸、揉面垫、一次性手套。

4. 认识原料

常言道："巧妇难为无米之炊。"下面我们再来认识制作蛋糕要用的原料：

- 低筋面粉 80 g；
- 细砂糖 60 g；
- 牛奶 60 g；
- 色拉油 50 g；
- 鲜鸡蛋 5 个；
- 食盐 2 g；
- 柠檬汁 2 g。

5. 制作步骤

（1）将蛋清、蛋黄分离，蛋清放入打蛋缸冷藏备用，蛋黄放入小盆中备用。用于打发蛋清的工具（包括盛放蛋清的容器）一定不能沾有油、水，否则蛋清无法打发。分离蛋清和蛋黄时，一定不能把蛋黄混到蛋清中，否则蛋清无法打发；

（2）将色拉油、牛奶混合，打蛋器搅拌均匀，再将面粉过筛加入，顺时针方向搅匀，将蛋黄分次加入，搅拌均匀备用。蛋白霜和蛋黄面糊进行混合时，蛋白霜分三次加入，并用翻拌或切拌的方式将其混匀；

（3）将柠檬汁滴入蛋清中，再将细砂糖、食盐加入蛋清，然后用电动打蛋器低速打至糖化，再转高速打发，最后换中速排气；

（4）将打发的蛋清的三分之一加入蛋黄混合物，拌匀后全部倒入再拌匀，切拌或翻拌倒入模具；

（5）轻震烤盘，放入烤箱，上、下火 160 ℃ 烤 15 分钟后，转上、下火 180 ℃ 烘烤，观察蛋糕上色情况，烤好出炉。放进、取回烤盘时，一定要戴好隔温手套，以防烫伤。

七、总结评价

通过本节课的体验，我们学习了制作蛋糕的步骤，你还学到了哪些呢？说说你的感悟和收获吧！

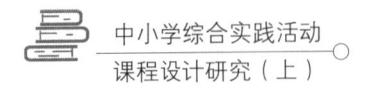

八、拓展延伸

（1）收集有关蛋糕的由来和习俗，记录下来分享给大家吧！

（2）在家为父母亲手制作一个蛋糕，并将你的制作步骤和成果记录下来吧！

第八课 手作剑门豆腐

一、主题说明

中国传统豆制品文化历史悠久，在广元地区具有代表性的是剑阁地区的豆制品。本着弘扬中华优秀传统文化，传承地方特色美食的目的，特选取豆制品中的经典特色——豆腐制作研究学习。

本课程是以学生的直接经验、现场体验为基础而开发和实施的。目的是让学生联系自身生活经验，通过现场亲身体验，既培养学生的动手实践能力，提高学生的劳动素养，又让学生对自己家乡的特色美食有全面的了解，在认识古人智慧的同时融入对传统文化的内在思考，增强文化自信。

二、课程目标

● 价值体认：通过学习豆腐制作，养成爱劳动的好习惯，形成积极的劳动观念和态度。了解做豆腐的流程以及其他豆制品如豆浆、豆腐脑、豆腐干等的制作方法，观察蛋白质的变性过程。

● 责任担当：通过传统石磨制作豆腐的体验，体验劳动创造美好生活，弘扬热爱劳动的传统美德，培养劳动精神，养成独立的生活习惯，增强服务意识，同时培养民族自豪感和自信心。

● 问题解决：通过制作豆腐的体验，培养学生实践操作能力，掌握基本的生活技能，运用所学方式更好地解决生活中的问题。

● 创意物化：通过对点浆及压制过程的观察，判定由豆浆变为豆腐脑及最后成块状豆腐的过程是属于物理变化还是化学变化，得出结论，在体验中融入大胆想象，发展创新创意精神。

三、适用学段

初中。

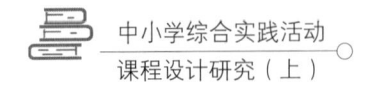

四、实施条件

教具清单：煮豆浆器具与厨具、制作豆腐工具（豆腐盒、豆腐布、塑料量杯）、温度计、融化制剂的碗和搅拌筷子、水盆、带铁圈的铁架台、擦桌子的抹布、暖瓶、纸杯、凝固剂、水、佐料。

五、安全措施

● 课前强调安全注意事项，对参与学生做好分组及分工，做到责任到人；
● 教学过程中需要接触高温危险物品，过程中加强教学巡视，维持教学秩序。

六、教学设计

（一）教学重点

通过对豆腐相关知识和传统豆腐文化的了解，感受中华传统美食魅力，培养学生热爱传统、热爱生活、热爱家庭的意识。

（二）建议课时

2课时。

（三）教学过程

1. 情境导入

展示暗盒中的黄豆和豆腐，导入新课。

通过听、闻、摸、看等感官判断物体，引起兴趣。

（设计意图：一是由生活经验，引出新知识，设计贴近学生的生活；二是使学生明确本节课要讲述的内容，以激发求知欲，提高学习兴趣，调动学习积极性。）

2. 提出问题

● 你认为黄豆和豆腐有什么联系？发表自己的观点。

第八课　手作剑门豆腐

- 你知道豆腐是哪国人发明的吗？他是谁？发明经过是怎样的？

3. 课堂小结
- 制作豆腐的原料是黄豆，并开始讲解中国传统豆腐制作。
- 知道中国传统豆腐发明经过，培养民族自豪感和自信心。

4. 学习制作

（1）选豆、泡豆：

让大家先观察，碗里装的是什么？还有什么？盆里的原料都可以直接制作豆腐吗？有什么办法选豆？选豆的标准是什么？

143

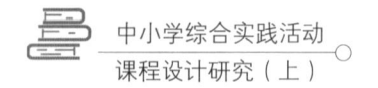

制作中国传统豆腐，首先要选豆，然后清洗，再浸泡。泡豆夏天要泡 3 个小时，冬天要泡 12 个小时。

请大家先洗手，穿上围裙和袖套，每组领一桶豆子和工具。

（2）磨料：

泡软的豆子需要怎样加工才能变成豆腐呢？需要用什么工具？你见过石磨吗？

介绍石磨的结构和使用方法：

● 第一步，先用水把磨清洗一下；

● 第二步，把泡好的大豆放到石磨的孔中，加上水，逆时针推磨杆让石磨转动，观察泡好的大豆和水会变成什么。

● 第三步，引导大家去观察豆子是否已经磨碎。

（3）过滤：

（回到豆腐制作区）

● 引导大家观察豆沫，说说在豆沫中发现了什么？用什么办法可以把豆渣过滤出来？

● 过滤完豆渣的物质叫什么？闻一闻，想一想，生豆浆可以直接喝吗？

生豆浆是不可以喝的，只有经过加热，也就是煮熟后变成熟豆浆才可以喝，所以我们要把生豆浆煮熟。

● 在豆包布里留下了什么？如何处理？

● 给豆浆加热。我们煮豆浆用的锅是中国传统的烹调工具之一，现在是用天然气作为燃料，过去是用柴火作为燃料的。我们用中火来煮浆，要不断地用勺底轻轻搅拌，以免糊底。大家可以轮流搅拌。

● 现在生豆浆煮熟了，每人盛一碗，闻一闻，气味和生浆有什么不同。

（4）点浆：

下面我们将进入最重要的环节——点浆。古人有句话：卤水点豆腐，一物降一物。要做成清香四溢、白白嫩嫩的豆腐，还需要添加什么原料？你知道卤水是什么吗？

大家看！豆浆已经变成絮状了，这就完成了大豆变成豆腐的第二次分离过程。下面我们取来压制工具，压制豆腐。

（5）压制豆腐：

大家在制作豆腐的过程中体会到了什么？

豆腐好吃不好做，豆腐是黄豆制成的，黄豆从种到收经历了半年的时间，再把它做成豆腐，端上餐桌，变成美食，是很多人的劳动成果，所以，唐诗上说"谁知盘中餐，粒粒皆辛苦"，要珍惜粮食，珍惜人们的劳动成果。

培养学生持久观察的能力和认真细致的实验能力，豆腐脑的形成对学生的视觉很有冲击力，调动学生进一步学习的积极性，让学生期待最后的成品。

七、总结评价

（1）说说在豆腐制作步骤中，你遇到了哪些困难呢？

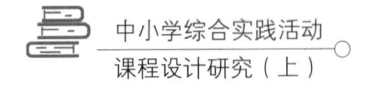

（2）在完成了本节课的学习后，说说你的收获与感悟吧！

八、拓展延伸

（1）查一查资料，跟大家讲一讲剑门豆腐的起源吧！

（2）"小葱拌豆腐——一清二白""卤水点豆腐——一物降一物"，生活中还有很多关于豆腐的歇后语，课后搜集一下，并记录在下方空白处吧！

第九课 制作枣花馍

一、主题说明

枣花馍是我国的一种传统民俗小吃，主要材料有小麦面粉，辅料有枣。吃枣花馍是流传于黄河流域很多地方的春节风俗。

枣花馍的制作艺术堪称绝美。"二十八，蒸枣花"，每年春节制作枣花馍也是过年较为隆重的仪式之一。枣花馍除了是春节的小吃外，同样也是人们用来祭祀的供品。

这节课我们将一起学习制作传统的枣花馍，在活动过程中，了解枣花馍的制作流程，锻炼学生的动手操作能力，同时感受劳动的艰辛，并弘扬中华传统饮食文化，增强民族自信与文化自信。

第九课　制作枣花馍

二、课程目标

● 价值体认：通过学习制作枣花馍的方法，让学生从小树立正确的人生观、价值观，明白食物的来之不易，树立爱惜粮食、珍惜劳动成果的意识。

● 责任担当：通过了解枣花馍的历史，提升生活自理能力的同时培养学生对家乡、对祖国的热爱，弘扬中华传统饮食文化，增强民族自信与文化自信。

● 问题解决：让学生掌握制作枣花馍的操作技巧及注意事项，培养实践操作能力，掌握基本的生活技能，提高解决实际生活中问题的能力。

● 创意物化：通过学习枣花馍的制作方法，培养动手能力与创新能力，提高创意实现能力。

三、适用学段

小学 4~6 年级、初中。

四、实施条件

教具清单：

● 工具：案板、面盆、蒸板、蒸锅、隔温手套、夹子。

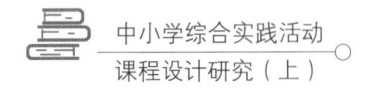

● 食材：面粉、花生油、水、大枣、发酵粉。

五、安全措施

● 听从管理人员和指导老师的安排，正确使用器具；
● 不能随意动用或破坏研学教室里的其他设施设备；
● 不能随意离开研学场地；
● 听从指导正确使用器具，使用正确的操作方法；
● 爱护研学点卫生，不乱扔垃圾；
● 严防烫伤，手不能伸入蒸锅；从蒸锅取出蒸熟的花馍要先戴好隔温手套；热花馍不能直接用手拿或食用，待温度降低至合适温度后才能食用。

六、教学设计

（一）教学重点

枣花馍的制作过程、蒸枣花馍的火候控制、判断枣花馍是否蒸好。

（二）建议课时

4课时。

（三）教学过程

1. 课程导入

明确学习重点，认识工具、食材。

● 明确学习要求，小组合作探究。
● 认识工具：案板、面盆、蒸锅、隔温手套、夹子，说明各自的作用。
● 认识食材：面粉、植物油、水、大枣、发酵粉，说明各自的用途。

2. 制作步骤

（1）体验面团及花馍制作：

● 面粉中拌入发酵粉加水揉成光滑的面团，盖保鲜膜放在温暖处发酵至两倍大；

● 发酵好的面团取出后在案板上不断地加入面粉揉搓，一直揉至面团切开后没有气孔，分成大约 65 g/个的大小，揉圆；

● 擀成厚薄均匀的圆饼；

● 在圆饼一半处间隔均匀地放三颗枣，将圆饼对折，用刮板在两颗枣之间压出花纹；

● 做好的面胚放在刷了一层薄薄的植物油的蒸笼上。

（2）实践体验蒸花馍：

● 放入蒸锅中醒 15 分钟；

● 大火烧开水上气后用中火蒸 15 分钟后关火，关火焖 3 分钟后再揭开锅盖；

● 戴好隔温手套，取出蒸板；

● 待温度降低以后再用夹子取下花馍并摆放好。

151

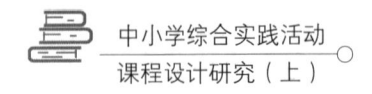

（3）注意事项：
- 发酵好的面团要充分揉匀、完全排气，这样做出的成品表面更光滑；
- 揉面时可以用牛奶代替水，这样蒸出来的馒头营养好而且更好吃；
- 红枣要选品质好的，洗净擦干后再包入，要甜而且无虫；
- 蒸好后不要立即揭开锅盖，否则会造成表面塌陷。

七、总结评价

（1）通过本节课的学习后，你清楚枣花馍的制作需要哪些食材与工具了吗？流程又是什么呢？试着写一写吧！

（2）通过这次实践体验活动，你有哪些收获与感悟呢？

八、拓展延伸

在现代社会，饮食越来越多样化，也有很多外来饮食文化不断改变着我们的饮食习惯，枣花馍作为中华传统的小吃，已经越来越少有人知道了，作为一名中学生的你，请想一想，我们应该用怎样的方式，才能更好地传承民间技艺，弘扬中华传统的饮食文化呢？

第十课 太守麻花制作

一、主题说明

　　麻花是一种汉族特色小吃，它由两三股条状的面拧在一起用油炸制而成。我国各地麻花各有特色，有天津麻花、山西稷山麻花、陕西咸阳麻花、湖北崇阳麻花、苏杭藕粉麻花等。其中天津以大麻花出名，山西稷山麻花以油酥出名，湖北崇阳以小麻花出名，而苏杭藕粉麻花以原始工艺出名。在东北地区，立夏时节有吃麻花的古老习俗。

　　而太守麻花作为昭化古城的特色小吃，至今已有 300 多年的历史。它是把两三股条状的面拧在一起，用油炸熟即可。麻花热量适中，低脂肪，既可休闲品味，又可佐酒伴茶，是理想的休闲小食品。

这节课我们将一起学习制作太守麻花，在活动过程中，了解太守麻花的历史，激发学生的学习兴趣，学会团队协作，锻炼学生的动手操作能力，传承非物质文化遗产的同时感受劳动的艰辛，并弘扬家乡传统饮食文化，增强民族自信与文化自信。

二、课程目标

- 价值体认：通过动手学习制作太守麻花的方法，让学生从小树立正确的人生观、价值观，明白食物的来之不易，树立爱惜粮食、珍惜劳动成果的意识。
- 责任担当：通过学习太守麻花的制作过程，培养学生对家乡的热爱，体验劳动创造美好生活，提升生活自理能力的同时传承好非物质文化遗产，弘扬家乡传统饮食文化，增强民族自信与文化自信。
- 问题解决：让学生认识制作太守麻花所需的器具以及所需的材料，掌握各环节的操作技巧及注意事项，培养实践操作能力，掌握基本的生活技能，提高解决实际生活中问题的能力。
- 创意物化：通过学习麻花的制作方法，培养动手能力与创新能力，提高创意实现能力。

三、适用学段

小学 4~6 年级、初中。

四、实施条件

教具清单：
- 工具：案板、面盆、筷子、锅、手套。
- 食材：面粉、花生油、盐、水。

五、安全措施

- 听从管理人员和指导老师的安排，正确使用器具；
- 不能随意动用或破坏研学教室里的其他设施设备；
- 不能随意离开研学场地；

- 听从指导正确使用器具，掌握正确的操作方法；
- 爱护研学点卫生，不乱扔垃圾；
- 严防烫伤，手不能伸入油锅；从油锅捞成熟的麻花要先戴上手套后用筷子夹；热麻花不能直接用手拿或食用，待温度降低至合适温度后才能食用。

六、教学设计

（一）教学重点

麻花的制作过程、麻花的成熟度观察。

（二）建议课时

4 课时。

（三）教学过程

1. 课程导入

明确学习重点，认识工具、食材：

- 明确学习要求，小组合作探究；
- 认识工具：案板、面盆、筷子、锅、手套，说明各自的作用；
- 认识食材：面粉、花生油、菜油、盐、水，说明各自的用途。

2. 制作步骤

（1）体验面团及麻花坯制作：

- 将面粉 400 g 放入盆中，在面粉中放入油 40 g、盐 5 g，用手将面粉和油搓均（油多则后面难操作），搓透后加水揉成面团（面团不可太硬），然后在面团上盖湿布醒面 20 分钟；

- 将醒好的面团拿出，再次揉匀，搓成长条，切成小节子，盖湿布再醒面 10 分钟；
- 将发好后的小节子的两头向不同方向均匀揉搓，然后合并两头捏紧；
- 将第三步再重复一次，做成麻花生坯。

（2）实践体验太守麻花煎炸方法：

- 锅内放适量菜籽油（或花生油），烧至两成热时下入麻花生坯。放生坯时，油的温度不宜太高；
- 在适当的油温中炸 8~9 分钟，颜色金黄即可用筷子捞出；
- 炸好的麻花降温、滤油。

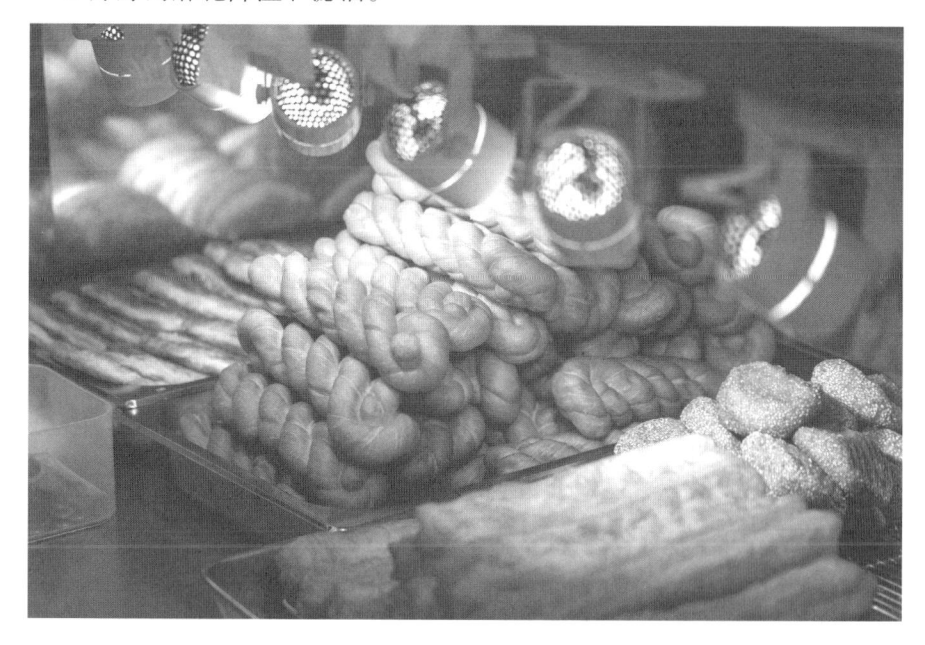

七、教学设计

（1）通过本节课的学习，你清楚太守麻花的制作需要哪些食材与工具了吗？试着写一写吧！

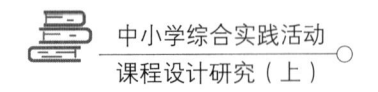

（2）通过这次实践体验活动，你有哪些收获与感悟呢？

八、拓展延伸

你知道太守麻花的历史由来吗？课后查阅一下资料，将太守麻花历史记录下来并分享给大家吧！

附件·课程资料来源

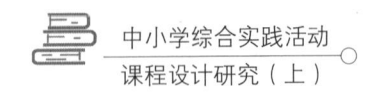

单元一　生存体验
消防安全：四川省广元市示范性综合实践基地管理中心　袁坤
创伤救护：四川省广元市示范性综合实践基地管理中心　李苑
防震减灾科普：四川省广元市示范性综合实践基地管理中心　王欢
心肺复苏：四川省广元市示范性综合实践基地管理中心　李苑

单元二　农事体验
家校协作——植绿、护绿：四川省广元市旺苍县东河小学　徐蓉
大蒜栽培：四川省广元市示范性综合实践基地管理中心　刘朝杨
快乐收货人：四川省广元市木鱼镇上马小学校　何玉华
无花果的栽培：四川省广元无花果劳动基地　吴欣芸
七里香的扦插栽培：四川省广元市示范性综合实践基地管理中心　刘朝杨
无土栽培：四川省广元市示范性综合实践基地管理中心　孙㵄娜
玉米播种：四川省广元市示范性综合实践基地管理中心　刘朝杨

单元三　食育课程
水果拼盘制作：四川省广元市超天区大滩镇小学　王成霞　张勤英
包汤圆：四川省广元市旺苍县特殊教育学校　姜辣　黄鑫
女皇蒸凉面：四川省广元市昭化古城研学实践教育基地　向清华
葡式蛋挞制作：由四川省广元市示范性综合实践基地管理中心提供
包子的制作：四川省广元市示范性综合实践基地管理中心　贾琳
月饼的制作：四川省广元市示范性综合实践基地管理中心　李琴
蛋糕的制作：四川省广元市示范性综合实践基地管理中心　李琴
手作剑门豆腐：四川省广元市示范性综合实践基地　韩凤华
制作枣花馍：由四川省广元市示范性综合实践基地管理中心提供
太守麻花制作：四川省广元市昭化古城研学实践基地　胡苇

中小学综合实践活动课程设计研究
（中）

主　编　郭永昌　杨广超　赵　蓉
副主编　孙　亮　付丽霞　赵　兵

图书在版编目（CIP）数据

中小学综合实践活动课程设计研究. 中册 / 郭永昌，杨广超，赵蓉主编. -- 成都：西南交通大学出版社，2023.11

ISBN 978-7-5643-9588-9

Ⅰ．①中… Ⅱ．①郭… ②杨… ③赵… Ⅲ．①活动课程－课程设计－教学研究－中小学 Ⅳ．①G632.3

中国国家版本馆 CIP 数据核字（2023）第 229781 号

编委会

主　　编：郭永昌　杨广超　赵　蓉

副 主 编：孙　亮　付丽霞　赵　兵

分册编委：冯潇文　苟秋香　侯明华

　　　　　黄顺荣　康桂蓉　李茂华

　　　　　刘　华　卢　周　王　芳

　　　　　向志朝　须茜茜　许宗国

　　　　　赵　锐

目 录

单元四　艺术美育 …………………………………… 161
  第一课　才艺展示 ………………………………… 162
  第二课　绘本与版画的融合教学 ………………… 169
  第三课　茶　艺 …………………………………… 177
  第四课　戳针锈 …………………………………… 189
  第五课　木刻艺术 ………………………………… 196
  第六课　插　花 …………………………………… 203
  第七课　植物染色课程 …………………………… 211
  第八课　中国结 …………………………………… 221
  第九课　环保袋制作 ……………………………… 229
  第十课　烙　画 …………………………………… 237
  第十一课　唤马剪纸 ……………………………… 245
  第十二课　手绘脸谱 ……………………………… 255
  第十三课　陶艺制作 ……………………………… 263

单元五　素质拓展…………………………………………269

　　第一课　场地拓展训练——撕名牌………………………270

　　第二课　军事列队训练……………………………276

　　第三课　军事内务课程……………………………287

　　第四课　攀　岩……………………………………293

　　第五课　中空心理行为训练………………………299

　　第六课　动力圈……………………………………307

　　第七课　能量传递…………………………………315

　　第八课　水上六桥体验……………………………322

　　第九课　真人 CS 射击……………………………332

　　第十课　高空心理行为训练………………………340

　　第十一课　信任背摔………………………………350

附件·课程资料来源…………………………………………358

单元四

艺术美育

第一课　才艺展示

一、主题说明

高度认识开展综合实践活动是全面贯彻教育方针、全面实施素质教育的重要举措。在丰富多彩的综合实践活动中，体现活动的自主性与实践性，强化学生直接经验的获得与体验。

通过实践活动课程搭建舞台，让学生的特长得到更好的锻炼与培养，彰显当代学生个性与风采，宣扬才艺、张扬青春、涌动激情。让学生乐于参与生活实践活动，促进学生全面健康和谐发展。

二、课程目标

- 价值体认：积极参与表演、展示活动，通过活动，发展兴趣专长，感知、发现、体验和欣赏艺术美、自然美、生活美、社会美，获得提升审美感知能力的价值体验。
- 责任担当：通过活动，让学生能够更好地认识自我，建立自信心，培养积极参与各种活动的意愿，初步形成积极且热爱生活的态度。
- 问题解决：使学生掌握更多技能，使学生发现自己的特长、优点，能够自信、自立、自强，同时增强其在生活中解决实际问题的能力与积极性。
- 创意物化：通过才艺展示，更好地提升审美、创新意识，在创作或表演中，发展创新思维，更好地展现自己的风采，提升创意实践能力。

三、适用学段

小学、初中。

四、实施条件

教具清单：多媒体PPT、准备"自信心"故事内容。

五、安全措施

- 在教室里不要随意打闹，保持安静；
- 展示才艺的时候注意安全，避免意外。

六、教学设计

（一）教学重点

"自信的重要性""自信格言"和"赞美词语表"。

（二）建议课时

1课时。

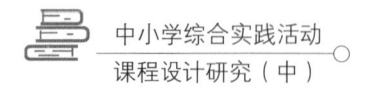

（三）教学过程

1. 开幕：背景音乐《克罗地亚狂想曲》

主持人导语："同学们，在乐曲中，我们似乎感受到一种激动、一种热情，这是什么？这就是命运的呼唤！"

"我们是命运的主人，我们能主宰自己的命运，创造自己生命的辉煌。让我们满怀信心地开拓未来吧！让我们尽情表现、尽情赞美，捕捉一个充满自信心的自我吧！"（主持人要充满激情）

"现在就让我们来认识一下我们的能力和素质，看看我们到底能干些什么。首先请欣赏由同学讲演的关于自信心的两则故事。"

2. 活动一：自信的重要性

自信是获得成功的基础；自信是我们克服困难、抵抗挫折的巨大精神支柱；自信能激发人坚强的意志力；自信还能够促进我们严格要求自己，激发个体潜能，让我们走向成功！

自信心格言：

● 要有自信，然后全力以赴。假如具有这种观念，任何事情十之八九都能成功。——威尔逊
● 自信是向成功迈出的第一步。——爱因斯坦
● 先相信自己，然后别人才会相信你。——罗曼·罗兰
● 人多不足以依赖，要生存只有靠自己。——拿破仑
● 自信是成功的第一秘诀。——爱默生

主持人导语："在当今竞争日益激烈的社会中，要想获得成功，自信心是相当重要的。自信心来源于两个方面：一方面来源于对自我的肯定和欣赏，另一方面来源于他人对自己的肯定和欣赏。"

3. 活动二：一分钟表现自我演讲

请准备好的同学用一分钟的时间向全体同学介绍自己的优点和特长。

● 内容：从外貌、性格、特长、能力、人际关系等方面介绍；

● 要求：讲演时一定要选择一些积极的语句，例如："我是有能力的""我在不断进步""我各方面表现越来越好"等；

● 目的：通过演讲活动，使学生能够认识自我，悦纳自我，建立自信心。

4. 活动三：表演 SHOW（三个类别）

● 唱歌、舞蹈、表演；

● 按照序号（1~10号）依次开始展示；

● 主持人总结：播放背景音乐《明天会更好》，一起合唱。

七、总结评价

（1）作为新世纪的学生，要学会以正确的方法去评价他人，同时应该积极树立自己的自信心，想一想，在平时的学习生活中，我们应该如何树立自信呢？

中小学综合实践活动课程设计研究（中）

（2）说说通过本节课的学习，你有哪些收获与感悟呢？

八、拓展延伸

（1）古希腊著名演说家德摩斯梯尼，原先患有口吃病，幼年结巴，演说时常被人喝倒彩。但他始终对自己充满信心，相信自己能战胜困难。为了克服疾病，他每天清晨口含小石子，进行呼喊练习，终于成为口若悬河、辩驳纵横的演说家。

（2）美国著名女作家海伦·凯勒幼年因病又聋又瞎。但她自信自强，14岁攻克多种外语，通晓德、法、古罗马、希腊文学，20岁考入著名的哈佛大学，后来成为著名作家。

读了以上两则故事，回想一下在以前的学习、生活中，你都遇见过哪些困难，又是如何克服困难，找回自信的呢？跟大家分享一下吧！

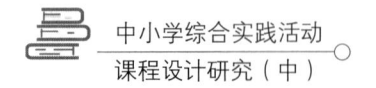

第二课 绘本与版画的融合教学

一、主题说明

版画，造型艺术之一。早期大多用于复制图画，绘、刻、印三者分工，称为"复制版画"；后发展成为独立的一种艺术形式，由作者自画自刻自印，称为"创作版画"。美术作为实施美育教育的重要学科，在教学中可以潜移默化地让学生形成适应个人终身发展和社会发展需要的正确价值观、必备品格和关键能力。

小学阶段的学生处于审美感知、艺术表现、创意实践、文化理解的萌生期，在教授必备的美术基础技能知识外，还应将品德、行为习惯教育贯穿其中。因此，可选择主题性绘本，与美术教学相结合，在绘本阅读中让学生愉快地学习版画知识。教师充分挖掘教材内容，让学生学习用版画的技法来表现绘本中精彩的图画，或进行更有创造力的活动。学生长期在绘本体验和美术学习相融合的教学氛围中，综合运用不同学科的知识、技能和思维方式，有利于提高综合探索与学习迁移的能力，从而潜移默化地受到绘本故事中隐藏的智慧和人生道理的熏陶，形成良好的习惯和品格。

此课程旨在带领学生用"美"的眼光去欣赏各类创意大胆、天马行空、精彩绝伦的绘本，在愉快的绘本体验中轻松掌握版画的知识与技能，并用学到的技能进行综合实践，让学校在处处弥漫书香的同时又处处涌现爱读爱绘、各擅其妙的创作者，也让我们的学生和学校因美术综合实践课程变得更加朝气蓬勃。

二、课程目标

- **价值体认**：积极参与绘本创作、表演、展示、制作等综合实践活动，通过活动，发展兴趣专长，感知、发现、体验和欣赏艺术美、自然美、生活美、社会美，获得提升审美感知能力的价值体验。
- **责任担当**：通过学习并初步掌握版画制作的技能，培养对传统工艺的热爱之情，激发民族自豪感，继承和弘扬优秀民族文化。
- **问题解决**：通过动手操作实践，锻炼动手能力，设计并制作有审美价值和实用价值的版画作品的同时，增强在生活、劳动中解决实际问题的能力。
- **创意物化**：结合绘本体验与教材知识，进行综合实践创作或表演，个人或小组合作对绘本中精彩的画面进行挖掘，并运用常见、能回收利用的各种材料，发挥创新思维，设计并制作有审美价值和实用价值的版画作品，提升创意实践能力。

三、适用学段

小学。

四、实施条件

教具清单：绘本、吹塑纸、画笔、

颜料、卡纸、素描纸、剪刀、喷壶、夹子等。

五、安全措施

- 制作过程中注意剪刀的使用，不要伤到自己或同学；
- 用完后归还到收纳箱；
- 喷色时注意不要喷到自己或同学的脸部及衣物上，每组间间隔1 m距离。

六、教学设计

（一）教学重点

主题性绘本阅读；版画制作技能。

（二）建议课时

4课时。

（三）教学过程

1. 课前律动，一起唱跳

播放《幸福拍手歌》视频，教师带领学生一起唱跳。

2. 激发兴趣，故事引题

教师出示《天天星期三》中一张跳舞的图片，引出关于噜噜学习舞蹈的

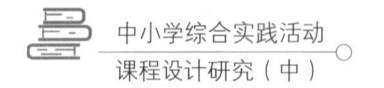

有趣故事——《天天星期三》《唱起来跳起来》。

3. 共读绘本，巧用漏印版画
- 共读绘本，赏析噜噜学舞过程；
- 自由阅读，观察模仿舞蹈动作；
- 用画笔在纸上记下舞蹈动作。

图 4-2-1　共读绘本

4. 巧用漏印方法
(1) 什么是漏印版画？

漏印版画就是在平面材料上用镂刻、挖剪、撕贴等方式制作模版，然后让颜料从大小不同、形状不一的"孔"中"漏"到下面的纸上，形成漏印版画。

(2) 需要用到的工具有哪些？

喷壶、卡纸、颜料、夹子等。

(3) 除了喷雾法之外，还可以用什么方法呢？

还可以用滚筒蘸上油墨在模板上来回滚动油印，用海绵蘸颜料轻轻地拍在图案上，或用牙刷蘸颜料在丝网上反复刷，使颜料洒在画面上等。

（4）示范制作方法：
- 选择舞蹈动作并勾画出形象的轮廓；
- 动手撕或剪出形象轮廓、面部五官、衣物装饰等孔线；
- 将做好的模板固定在画纸上喷色；
- 将作品展示在黑板上。

七、总结评价

（1）说说你的小组设计这幅作品采用了什么样的表现技法。

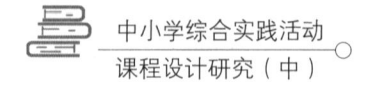

（2）通过本节课的学习，你都有什么收获和感悟呢？请写在下面空白处吧！

八、拓展延伸

（1）试一试，在创作过程中什么样的喷洒角度和距离效果最好？在喷色时怎样使画面的模板图案更加牢固呢？总结一下你的经验吧！

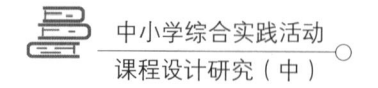

（2）利用本节课所学的漏印技巧，结合你生活中的有趣场景，创作一幅新的作品并分享一下你为什么会创作这幅作品吧！

第三课 茶艺

一、主题说明

我国是茶的故乡，茶是中国的国饮。中国制茶、饮茶已有几千年的历史，佳茗最初为药引，是因为人们发现了茶的解毒功效。之后，茶仅仅作为一种解渴或助食的饮料而存在。自唐宋以来，饮茶变成文人雅士眼中十分雅致的事情。

而由品茶衍生出的茶艺更成为中国传统文化的重要内容。中国茶艺，萌芽于唐，发扬于宋，改革于明，极盛于清，可谓有相当的历史渊源，也从最早单纯的烹煮羹饮发展到后来的泡饮，手法逐渐成熟化、优美化并在中国优秀文化的基础上又广泛吸收和借鉴了其他艺术形式，还扩展到文学、艺术等领域，形成了具有浓厚民族特色的中国茶文化，从茶艺中同时也可以体会到

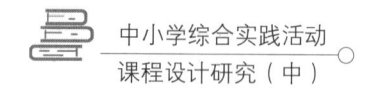

中国传统文化的博大与精深。

2008年6月7日，茶艺经国务院批准被列入第二批国家级非物质文化遗产名录。中国茶艺、茶道文化需要传承与发扬，"茶艺"这门综合实践活动课程为大家打开了一扇学习中国茶文化的窗。茶艺包括：选茗、择水、烹茶技术、茶具艺术、环境的选择创造等一系列内容。而茶艺背景是衬托主题思想的重要手段，它渲染茶性清纯、幽雅、质朴的气质，增强艺术感染力。不同风格的茶艺有不同的背景要求，只有选对了背景才能更好地领会茶的滋味。

中国茶艺按照茶艺的表现形式可分为四大类：表演型茶艺、待客型茶艺、营销型茶艺、养生型茶艺。

今天我们来学习比较实用也易学的待客型茶艺。它是指由一名主泡茶艺师与客人围桌而坐，一同赏茶鉴水，闻香品茗。在场的每一个人都是茶艺的参与者，而非旁观者，都直接参与茶艺美的创作与体验，都能充分领略到茶的色香味韵，也都可以自由交流情感，切磋茶艺，以及探讨茶道精神和人生奥义。

茶艺课的学习，可以让大家在掌握冲泡和品饮的技巧与方法的同时，在细致讲究的冲泡过程与有礼有序的茶艺礼仪中，体会从传统文化中汩汩流出的闲情，从而陶冶个人的胸襟，以茶修身，达到一种平静和谐的心灵境界。

二、课程目标

● 价值体认：通过亲自动手学习泡茶技巧，认识传统茶文化，培养兴趣专长，体验日常生活劳动，懂得对劳动成果的珍惜与感恩，形成热爱生活、热爱劳动的意识。

● 责任担当：通过掌握茶的冲泡流程及技巧方法，初步培养自理能力与自立精神，增强服务意识，并在泡茶及品茶过程中学习应遵循的礼仪，激发民族自豪感，继承和弘扬中国传统文化。

● 问题解决：通过对茶的冲泡、分享过程的了解，培养动手能力，并利用所学知识，增强在生活、劳动中解决实际问题的能力

● 创意物化：了解基础的泡茶技艺与传统茶文化，培养审美意识与创新意识，并学会创造性地开展日常劳动。

三、适用学段

小学 4~6 年级、初中、高中。

四、实施条件

教具清单：多媒体、茶叶、茶具、茶巾、纯净水等。

按茶桌分组，每组四人，并对四人分别编号、分工：1 号为组长，负责本组纪律、安全、卫生；2 号为茶艺师，负责茶具的摆放和冲泡；3 号为助理，负责领茶、接水、倒茶渣；4 号为发言人，负责做活动记录和总结发言。

下面请大家在组内自由选择适合自己的角色，进行身份确认，对号入座，开始今天的课程学习。

五、安全措施

● 一切行动听指挥；

● 授课过程中大家要认真听讲，不得私自使用烧水壶、茶具等物品；

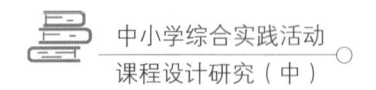

● 注意用水用电安全，不得用脚踩或用手拨弄地面上的电源插座，小心使用烧水壶及茶具，严防开水烫伤；不将壶嘴对着他人；

● 冲泡时不打闹，不分心，不乱跑，不大声喧哗，礼貌待人；不损坏桌椅、茶具，不浪费茶叶、茶水。

六、教学设计

（一）教学重点

茶的冲泡流程及礼仪。

（二）建议课时

4课时。

（三）教学过程

1. 了解茶叶

茶叶分为基本茶类和再加工茶类。基本茶类有六大类，即绿茶、红茶、青茶（乌龙茶）、黑茶、白茶、黄茶。

（1）绿茶：为不发酵茶，其品质特征为清汤绿叶，滋味鲜醇，富含叶绿素、维生素C，茶性较寒凉，宜夏季饮用。其制作工艺都经过杀青、揉捻、干燥的过程。由于加工时干燥的方法不同，绿茶又可分为炒青绿

图 4-3-1　绿茶

茶、烘青绿茶、蒸青绿茶和晒青绿茶。

（2）红茶：为全发酵茶，特征为红汤红叶，滋味醇厚、香甜，不含叶绿素、维生素C，富含茶黄素、茶红素。性质温和，宜冬天饮用。名品有产于福建崇安的正山小种，被称为红茶的鼻祖，其中，金骏眉是福建武夷山正山小种的一个分支，目前是我国高端顶级红茶的代表；产于安徽祁门的祁门红茶是我国历史名茶之一。

图 4-3-2　红茶

（3）青茶（乌龙茶）：属半发酵茶，它既有绿茶的鲜浓，又有红茶的甜醇。因其叶片中间为绿色，叶缘呈红色，故有"绿叶红镶边"之称。主产于福建、台湾、广东等地。汤色金黄或橙黄，清香型，含叶绿素、维生素C，有少量茶碱、咖啡碱，性质温润，适合秋季饮用。名品有产于福建泉州市安溪县的铁观音、武夷山的岩茶大红袍等。

图 4-3-3　青茶（乌龙茶）

（4）黑茶：呈黑褐色，汤色呈橙黄或褐色。滋味醇厚甘甜，性质温和，偏凉，耐泡耐煮，宜春夏季饮用。为后发酵茶。名品有"湖南黑茶""湖北老青茶""广西六堡茶"、四川的"边茶"、云南的"紧茶""饼茶""圆茶"等品种。

图 4-3-4　黑茶

（5）白茶：是我国的特产。芽毫完整，满身披毫，汤色黄绿清澈。清鲜回甘，寒凉，宜夏季饮用，有退热清暑作用。它加工时不炒不揉，只将细嫩、叶背布满茸毛的茶叶晒干或用文火烘干，而使白色茸毛完整地保留下来。白茶主要产于福建的福鼎、政和等县。名品有"白毫银针"。

图 4-3-5　白茶

（6）黄茶：为微发酵茶。黄叶黄汤，香气清纯，滋味甜爽。凉性，接近绿茶。名品

图 4-3-6　黄茶

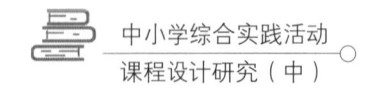

有湖南洞庭湖的君山银芽、四川名山区的蒙顶黄芽、安徽霍山的霍黄芽。

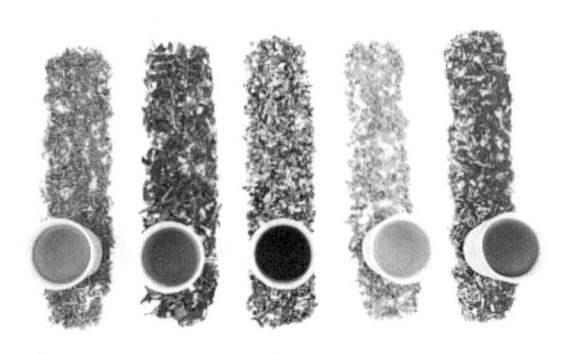

（7）再加工茶：是以基本茶类绿茶、红茶、乌龙茶、白茶、黄茶、黑茶的原料经再加工而成的产品。它包括花茶、紧压茶、果味茶和药用保健茶等，分别具有不同的品味和功效。代表茶：花茶有茉莉花茶；紧压茶有沱茶和六堡茶。

2. 认识茶具

展示茶具及其用途：

● 茶壶：主泡茶器，包括瓷壶、陶壶、玻璃壶、紫砂壶、盖碗等。用于泡茶，不可缺少。

● 茶盅：又叫公平杯、公道杯。用途是综合茶汤，使茶汤浓淡均匀。又分有柄茶盅和无柄茶盅。

● 茶滤：用于过滤茶渣，是使茶汤清澈明亮的工具。

● 茶洗：用于盛弃水或盛放茶杯，有陶质、瓷质和玻璃之分。

● 茶罐：用于储存茶叶，防止茶叶变质。有陶、瓷、金属等类别。

● 茶荷：用于盛放茶叶，鉴赏干茶。

- 壶垫：用来放置盖碗、茶壶、水壶，防止烫伤桌面。
- 杯托：用于放置品茗杯、闻香杯。
- 煮水用具：用于烧水来泡茶。
- 品茗杯：用于品饮茶汤、鉴赏汤色。
- 闻饮杯组：分闻香杯和饮茶杯。
- 茶道组：是泡茶的辅助工具。包括茶筒、茶漏、茶斗、茶针、茶匙、茶夹。

3. 茶具的正确摆放

茶具摆放的三大原则：

- 布局合理，美观大方；
- 便于冲泡者操作；
- 符合茶艺礼仪。

强调茶艺礼仪：为表达对客人的尊敬，壶嘴不能对着客人，否则表示请客人离开；茶具上的图案要正向客人，摆放整齐。

4. 冲泡流程

（1）展示茶的冲泡流程：

- 温杯：用开水浇烫茶壶和茶杯，以洗壶洗杯并提高壶温；
- 投茶：投入适量的茶叶（茶壶容量的1/4）到壶中；
- 洗茶：即浸润泡。把开水注入壶中，然后马上将水倒出。如果茶汤面上有泡沫，可注入开水至近乎满溢，然后再用壶盖刮去浮在茶汤面上的泡沫。这道工序目的

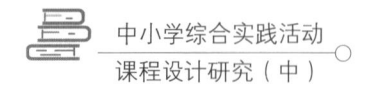

在于洗茶和使茶叶在吸收一定水分后呈舒展状态，有利于冲第一道茶汤时香气与滋味的发挥；

●冲泡：注入开水，浸泡适当时间（10秒左右）后，将茶汤倒进公道杯内；

●分茶：把公道杯内的茶汤由远及近逐一分到品茗杯中。

礼仪引导：

●"酒满敬人，茶满欺人"，因此，品茗杯中的茶汤以七分满为宜；

●分茶时要低斟，茶水不能溅出来；

●每位客人的茶水一样多，以示公正平等，无厚此薄彼之意；

●用公道杯分茶应该由远及近、倒退着为客人斟茶，如果由近及远则含有侵略性，不礼貌。

（2）奉茶：

●拿品茗杯（注意避开杯口），双手递给客人。

图 4-3-7　奉茶　　　　　　图 4-3-8　双手递茶

礼仪引导：

●双手奉茶，高举品茗杯，请客人用茶；

●为配合长幼有序的礼节，尽量安排长辈或首席客人坐在冲泡人的最左方，由远及近分茶，第一杯茶奉给长辈或客人；

●最后一杯留给自己。

（3）品茶：

●品饮分为三个步骤：观色、闻香、品味；

●一般分三小口喝完茶汤。

（4）续泡：

●续泡即继续冲泡（其后每一泡，浸泡的时间适当延长）。

（5）洗具（清洗茶具）：

● 将茶叶从壶中倒出，再用热水冲洗干净；

● 清洗其他茶具并用茶巾擦拭干净，不能留有茶渍和水迹；

● 切勿用洗洁精等清洁剂清洗紫砂壶，因为紫砂会吸入清洁剂的气味而破坏茶香茶味。

（6）整理：

● 将清洗好的茶具物归原处（如是紫砂壶，取出壶盖，壶底朝天，壶口朝下自然风干即可）。

礼仪引导：

● 在家待客时，品茶期间整理茶台意味着要送客了，会显得失礼，因此要等客人离开后再收拾整理茶具。

5. 课堂重点小提示

（1）泡茶三要素：茶叶用量、泡茶水温、冲泡的时间和次数。

● 茶叶用量：并没有一个标准，要视茶叶种类和质量、茶具大小和个人的喜好而定，不宜太多或太少。

● 泡茶水温的掌握：主要看茶叶种类和制作方式，茶叶越嫩越绿，水温宜越低。

● 冲泡时间和次数：一般而言，第一泡可以浸泡 0~30 秒左右。然后每冲一泡，浸泡的时间就要相对延长数秒或更长时间，使茶味更为均匀。冲

图 4-3-9　泡茶

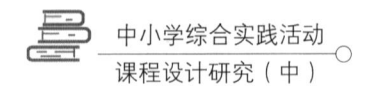

泡的次数，视茶叶的质量、种类而决定，一般在 3~12 泡左右。

（2）仪态与手法：

● 冲泡、分茶、奉茶等过程中坐姿、站姿优雅得体，做到以礼待人、以礼待茶、以礼待器。

● 冲泡、分茶、奉茶等行为中持杯拿物的手法要正确，要防止烫伤、损坏茶具，要防止不礼貌的手法。

七、总结评价

谈谈这节课你的收获与感想，并说说你对"茶"有什么新的认识。

八、拓展延伸

（1）用今天学到的冲泡技艺亲手为家人冲泡茶汤，并将所学茶艺礼仪讲给家人听听吧！

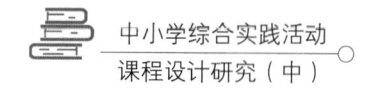

（2）除了神农发现茶的传说，你还知道哪些有关茶的小故事呢？跟大家分享一下吧！

第四课　戳针绣

一、主题说明

戳针绣，也叫戳戳乐、俄罗斯戳针绣。但你知道吗？它其实最早出现在中国，是一种来自中国北方的传统工艺刺绣品种——墩绣，最早制作墩绣的工具叫戳戳针，通过穿针引线来戳出不同的图案。

而如今，它作为一项超级解压的手作技艺，因为简单的手法与制作步骤，还能通过不同的创意、配色等表达自己的想法，从而创造出千变万化的图案与独一无二的造型，成为比较流行的一种手工活动。

图 4-4-1　戳针绣活动

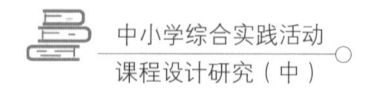

本课程通过对戳针绣技艺的学习，提高学习者的审美能力和动手实践能力，同时在戳针绣的过程中，全面激发学习者艺术创作的意识和创新意识。

图 4-4-2　戳针绣作品展示

二、课程目标

● 价值体认：通过亲自动手学习制作戳针绣，培养兴趣专长，懂得劳动的不易，学会对劳动成果的珍惜与感恩。

● 责任担当：了解戳针绣的意义、由来与历史，培养对传统手工文化的热爱之情，并在手工制作过程中培养学生们坚定的意志和持之以恒的决心。

● 问题解决：通过制作戳针绣，锻炼动手和动脑的能力，同时增强在生活、劳动中解决实际问题的能力。

● 创意物化：在体验过程中激发创造性、艺术性，同时提升在生活中创造美的热情，形成审美与实践创新意识。

三、适用学段

初中、高中。

四、实施条件

教具清单：各种颜色的绒线、戳戳乐专用针、剪刀、穿针器、手套等。

五、安全措施

● 课上严格遵守课堂纪律，严禁嬉戏打闹；

● 安全、正确地使用工具；

● 不能私自动用工具，以免伤人；

● 如有遗忘或损坏，及时报告老师。

六、教学设计

（一）教学重点

掌握戳针锈的基本技巧。

（二）建议课时

2课时。

（三）教学过程

1. 绷绣布

（1）先将绣绷外框分开，将调节螺丝调到稍松的状态。

图 4-4-3　调松外框

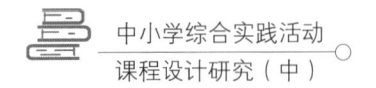

（2）将外框平放在平整的桌面上（外框的正面朝下），把绣布平整铺于绣布外框上（绣花的一面朝下）。

图 4-4-4　绣布入框

（3）稍加用力，连带绣布压入外框中（框的正面朝下）。

图 4-4-5　调紧外框

（4）再将调节螺丝拧紧，试弹一下绣布松紧，稍紧的状态下即可进行绣花。

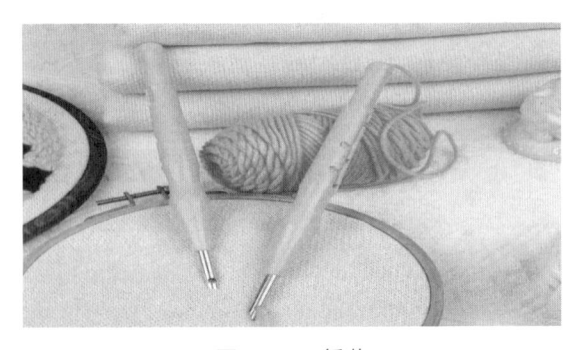

图 4-4-6　绣花

2. 穿针

本节课要用到的是 40 号左右的粗针。特别是做大尺寸时，需要用到粗一些的毛线，所以需要使用粗针。用材料包里的引线器完成穿针步骤。

3. 戳针

起针，对准绣布上的小孔，垂直戳下去，记住要戳在绣布的背面。绣针尾部的线要时刻保持松松的状态，以免绣出来之后线没有留在布里面。用戳绣针的 D 挡戳到底，然后轻轻抬起针头，针头不要离开布面。从第二个孔戳进去，反复重复步骤。

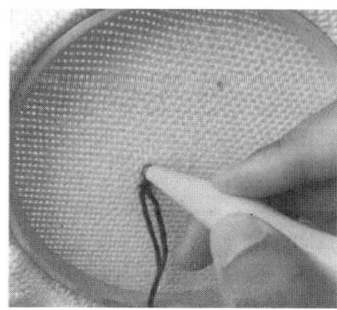

图 4-4-7　戳绣技法

我们可以用食指和拇指捏住针柄，伸出中指顶在绣布上，抬起中指时使劲，戳入时，食指拇指使劲，中指放松，手腕成旋转姿势。需要换线时用剪刀从绣布后剪断。

图 4-4-8　作品成形

4. 注意事项

在制作戳针绣时，我们需要注意：

● 戳针每一次戳入绣布的深度要一致，这样才能保证在绣布正面所形成

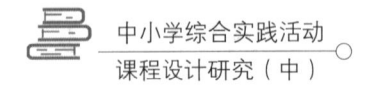

的线条长度相同。这也就是戳针前面有个胶皮套的原因，它的作用是控制戳针刺入的深度。

● 戳针抬离绣布不可太高，否则会将绣线带出，造成绣线不平整。正确做法是在戳针刚抬离绣布时立刻将其在绣布上滑动，戳入第二针。

七、总结评价

通过本节课的学习，分享一下你有哪些收获与感悟吧！

八、拓展延伸

通过本节课的学习，也许你认识了一些常见的戳针绣材料，如棉、丝、毛和人造纤维。那你知道这些材料的主要区别、特点和在我们日常生活中的用途都有哪些吗？

第五课　木刻艺术

一、主题说明

　　木刻，是指一种在木板上进行刻画的技术或艺术，或在木板上刻出反向图像，再印在纸上欣赏的一种版画艺术和版画技法。它的发源地是中国。而木刻文化也是四大发明之中"印刷术"的起源，所以木刻文化历史悠久、内涵丰富，具有中华民族传统文化特色。

　　随着不断发展，木刻艺术已成为全国各地的一种很普遍的群众艺术。其借助一把小小的刻刀，弯曲自然、运转灵活地在各种刻板上，刻出自己的生活，刻出神奇的世界。就这样，木刻艺术成为一种扎根于民众，与人民生活紧密关联，为千家万户增色添喜的一种民间艺术。

　　在"匠心筑梦，匠艺强国"的基础上，人们对民间的艺术尤其关注，作为现代的中小学生更有这个责任去了解这些文化现象，有责任去把这样的文化艺术发扬光大，弘扬中华传统文化。

二、课程目标

● 价值体认：初步认识版画的基本表现语言，以及掌握黑白木刻的基本制作方法，培养兴趣专长，懂得劳动的不易，学会珍惜与感恩劳动成果。

● 责任担当：通过欣赏黑白木刻的作品以及了解其制作过程，感受黑白木刻的魅力，培养对传统工艺的热爱之情，激发民族自豪感，继承和弘扬优秀民族文化。

● 问题解决：通过对木刻的认识与学习，熟练掌握操作技能，培养动手能力，增强在生活、劳动中解决实际问题的能力。

● 创意物化：通过感受版画与其他绘画种类的异同，领悟版画的独特表现方式，并积极参与动手实践，提高艺术欣赏能力，培养创新和实践能力，形成审美与实践创新意识，感受并传承坚守执着、精益求精的工匠精神。

三、适用学段

小学 4~6 年级。

四、实施条件

教具清单：刻刀、印刷工具、木板及多种版画媒材的探索，如纸板、吹塑板。

五、安全措施

● 使用刻刀要注意规范使用，防范割划伤，用完归还至指定位置；
● 课堂中禁止嬉戏打闹。

六、教学设计

（一）教学重点

学习基础的绘画知识；练习刻版，掌握一定的刀法、技法；最后印制出作品。

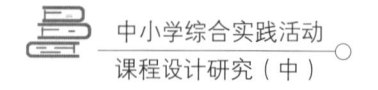

（二）建议课时

2课时。

（三）教学过程

1. 认识刀具

（1）三角刀：具有刀锋尖锐、刻线挺拔有力的特点，性能广泛、表现力强，最宜刻阴纹线条。其刀触：正锋、飘刀、侧锋、扭摆、点刻。

（2）圆口刀：刀锋圆浑厚重，有体积感，也是刀具中经常使用的一种，常与其他刀具结合应用。其刀触：正锋、侧锋、扭摆、侧推、挑刀。

（3）平刀：可用来制造晕刻及刮刻效果，是木刻铲底子的主要工具。其刀触：晕刻、刻线、推刀刮板、挠刻、点刻。

（4）斜刀：是一种刻线工具，利用双勾的方法可以表现出丰富的线刻形式，也是木刻中用来切刻和断刀的工具。其刀法：刮线、铲削、铲线、刮板、切刀、断刀、切刻、凿刻、雕刻、挑刀、浅刀、晕刀、刮刀、摇刀、压刀、浮沉刀。

2. 认识印刷工具

油墨、墨滚、墨台、墨铲、木刻板、磨拓（木蘑菇）、松节油、复写纸、印刷用纸。

3. 持刀方法与运刀原理

木刻的刻制过程是美的创造，是一种充满趣味的实践。正确的握刀方法：手握刀类似拿钢笔写字，小拇指及四指平按于版面形成支点。刀的运动全凭大拇指、食指及中指来控制，左手拇指在刀的前方顶住刀柄前侧，用相反的力配合右手的运动，目的是增加阻力，像自行车车闸一样协调刀的运动与停止。刻制时人与版面形成大约30°角，采取侧坐的姿势便于右手灵活运动与全身力量的协作。

运刀的原理是利用杠杆的作用。雕版时腕部的力应通过四指及小拇指的支点传导在刀尖上。准确地说，这是一种挖铲的动作。根据画面的需要，运用不同的刀具，通过起、行、收、停等力的变化，创造出多种刀法变化。学生刚接触黑白木刻版画，可先用三合板进行运刀灵活变化的练习，再进行小幅的、内容简易的刻制练习。

在操作过程中，学生也许会对刀法训练不太适应，对于操刀的运用操作可能要到一定时候方能自如掌握。一如书写，在不能充分控制毛笔的情况下是难以书写的，因此，对刀法的熟悉程度直接影响对木刻作品的刻制及左右能力。

4. 制作过程

（1）上稿：

在实践中，一般不直接在木板上起稿，可先在纸上画定，然后转画于木板上。因为在木板上修改会损伤版面，如加白粉会增加版面的凸凹，使刀锋感觉迟钝。上稿方法有两种，一为直接转写法，二为复写法。

直接转写法是用炭笔将画稿画在纸上，上端用胶水固定在木刻板上，用刀在纸背拓压画稿即可印在木板上。如不清晰可加喷一些清水，效果更好。然后用墨笔描清楚。复写法是利用复写纸转写法，先用透明纸描画稿，再将稿子反过来，下面放置复印纸，用铅笔描写，最后再用毛笔描成黑白稿。描稿完成后上版工作已完成，刻之前在版面涂上一层红色（或绿色）墨水，目的是掌握版面效果，使画面一目了然，不会因漏刻而返工。

在实践黑白木刻版画时应首先把作品的题材内容和构图定下来，然后设

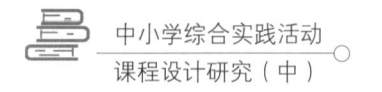

计大致的黑白效果和刀法，再对画稿进行加工，使画稿适合版画的表现手法。待熟练以后，最好在设计阶段把刀法、印刷效果结合起来考虑，突出版画特点。画稿定下来后，用墨汁、白广告颜料对画稿进行黑白处理。

黑白木刻是非常讲究黑白关系的，一般采用大块的对比来突出主体形象，使其对比更明显强烈。用白衬出黑，或用黑衬出白，白中一点黑或黑中一点白，画面效果都非常突出。为了表现比较丰富的色调，更细致、逼真地刻画物象，可运用粗细、大小、疏密、强弱不等的黑白线、点、色块的变化，对画稿进行黑白关系的处理和设计。熟练后，可用黑色油性笔直接在板上起稿，进行黑白、刀法设计，这样更加快捷、方便。

（2）刻制：

黑白木刻版画是用刀来塑造形象的，所以刻制时要充分表现"刀痕板味"的版画自身语言，引导学生不要太拘泥于画稿，一刀就是一刀，不要用刀去描画稿，这样刻出来的作品才产生好的艺术效果和感染力，刻制过程如下：

● 先把画面的主要轮廓和外形刻出来，再刻去大块的空白，把画面大的黑白关系拉开。

● 再处理画面中间的灰色部分，即充分运用疏密、粗细、大小、强弱不同的线条和点子组成画面的灰色部分，丰富画面。根据不同的年龄进行指导，鼓励他们大胆创造，自由发挥。

● 随后仔细刻制画面各部分的细部，最后对整个画面进行统一调整和加工，使局部和整体效果达到统一。

注意：合理地处理画面的黑白灰关系，熟练掌握绘、刻、印的程序操作，小心使用刻刀，保持工作环境的整洁干净。

(3)印刷：

印刷工具的配制。在印刷之前，还要检查纸板的每一个"纸块"是否粘牢，并将画面中不必要的碎屑除去，然后就可以印刷了。

● 调油墨：用油滚在玻璃板上滚上一层又薄又匀的油墨，如果油墨太稠，可以滴一些松节油或者汽油调一下。滚动油滚，如果没有声音，说明油墨太稀，不宜使用。玻璃板上的油墨均匀，且没有油块，油滚表面受墨均匀，滚动油滚时可以听到"嚓嚓"的声音，才可上板使用。

● 将油墨均匀地滚在纸板上，使纸板面油墨均匀，如果一遍油墨滚得不够或者不均，可多滚几遍，直到滚好为止。

● 检查一下版面上是否有杂质，如果有，要先清除掉，再重新滚上油墨，然后将印纸小心覆盖在版面上，用手抚平。注意放印纸时千万不要移动以免脏污画面。（如盖印纸时被弄脏，应立即换纸）

● 用木版画辅助工具在纸背上来回细细地磨，为了防止磨损印纸，可用蜡烛轻轻擦一遍或者垫上一层纸。如果画面墨色需要深浅层次变化的，磨印时要加以控制和掌握，深的要磨实，浅的则用手在纸背上轻轻擦一遍即可。磨到一定程度时，可以揭开画面的局部看看，如有不满意的地方，可局部滚上油墨继续磨印，直到印好为止。

● 小心揭下印纸，放在干净的桌子上或者用夹子夹好挂起来。

七、总结评价

学习完本节课后，试着完成以下表格，归纳一下本节课的知识点吧！

学习内容	答　案
木板刻画总共分为哪几个步骤	
木板刻画的刻刀有哪些种类	
木板刻画的持刀方法是什么	

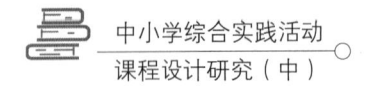

八、拓展延伸

（1）回家后，利用生活中常见的工具，结合今天学习的木刻方法，试着完成一幅木刻作品，并说说你作品的设计理念吧。

（2）除了我们今天用到的木板，还有哪些可以作为我们刻画的媒介？请课后查阅相关资料，学习在其他物质上刻画，并比较一下各自有什么优缺点吧！

第六课 插花

一、主题说明

花是人间一切真美的化身。看花是一种享受，看花养眼，花让人心情舒爽。插花，是把花插在瓶、盘、盆等容器里，而不是栽在这些容器中。而中国插花更是一种古老的传统文化现象，大多为满足主观与情感的需求，亦是日常生活中娱乐的特殊方式。插花源于古代民间的爱花、种花、赏花、摘花、赠花、佩花、簪花传统。

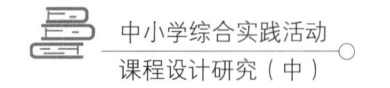

所以插花不仅能满足人们在日常生活中对美的追求，更是一门艺术。插花润心，可以激发审美情趣和创新思维。学插花，既有利于培养动手能力，又有利于培养审美情趣，更有助于提升环保意识，丰富人们的生活，陶冶情操，让人们向着美好的方向前进！

二、课程目标

● 价值体认：通过亲自动手学习插花技巧，培养兴趣专长，形成热爱生活、热爱劳动的观念。

● 责任担当：围绕日常生活开展服务活动，学习插花，培养热爱生活、热爱劳动的积极态度。

● 问题解决：培养感受美、发现美、创造美的能力，并利用所学知识，增强在生活、劳动中解决实际问题的能力。

● 创意物化：通过对花名、花语、插花工具、插花技巧、色彩搭配等的认识，学会自己设计并亲手插花，激发审美情趣和创新思维，创造性地开展日常生活劳动。

三、适用学段

初中。

四、实施条件

教具清单：鲜花、花篮、花泥、剪刀、绑带、粘性胶带、包装纸等。

五、安全措施

● 一切行动听指挥，不能嬉笑打闹，大声喧哗；

● 不得随意触碰馆内消防警报、电源开关等设施设备，如遇突发事件，听从工作人员疏导安全撤离；

● 在活动过程中，使用剪刀等尖锐物品有可能会伤到自己和同伴，因此要求学生注意安全，用完后放到指定位置；

● 鲜花在使用过程中容易损坏，我们要小心使用，节约耗材，作品完成后保持场馆干净整洁，不能乱扔乱丢。

六、教学设计

（一）教学重点

掌握插花的基本技巧，学会自己设计并亲手插花，增强学生发现美、感受美、创造美的能力。

（二）建议课时

4课时。

（三）教学过程

1. 导入新课

欣赏插花作品图片，介绍瓶插花以及花泥插花，并做展示。

2. 花语

人们爱花、赏花，把花人格化，所以产生了一种花的语言——花语。让我

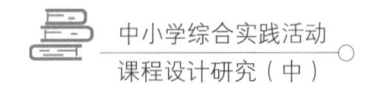

们来看看这些花的寓意吧！

（1）百合：高贵、洁白无瑕，象征万事顺利、吉祥如意，也寓意百年好合。

（2）康乃馨：代表母爱、浓郁的亲情、思念、温馨的祝福、清纯的爱慕之情。

（3）菊花：高尚坚强、缅怀追思、吉祥长寿，被视为高洁长寿的象征。

（4）玫瑰：爱情、热恋、爱与美、勇敢。

（5）向日葵：有健康、快乐、有活力、爱慕，追求积极的人生，永远有积极的心态之意。

总结：通过花语表达自己的愿望，确定插花的主题，才能使作品更具有艺术性和表现力。

3. 色彩搭配原则

鲜花有许多颜色，我们该怎样搭配呢？通过彩虹的 7 种颜色（红橙黄绿青蓝紫），我们来了解一下色彩的搭配。这 7 种颜色有很大的关联，他们之间可以相互过渡围成一个圈，两种色彩之间的颜色（比如黄色和红色之间的橙色）叫作过渡色。

图 4-6-1 色环

（1）插花时要注意颜色的过渡。一般花色搭配不宜用对比强烈的颜色相衬（比如：红色—绿色、黄色—紫色、橙色—蓝色），这种一明一暗、一冷一暖的搭配，虽然能因色彩对比强烈而具有鲜明的视觉效果，但会使人产生刺眼、不舒服的视觉感受。相似色配置：用色环上相差 2~3 个档的临近颜色的花材构图（如：红—橙—黄、青—蓝—紫），颜色之间有过渡、有联系，才能产生协调美。

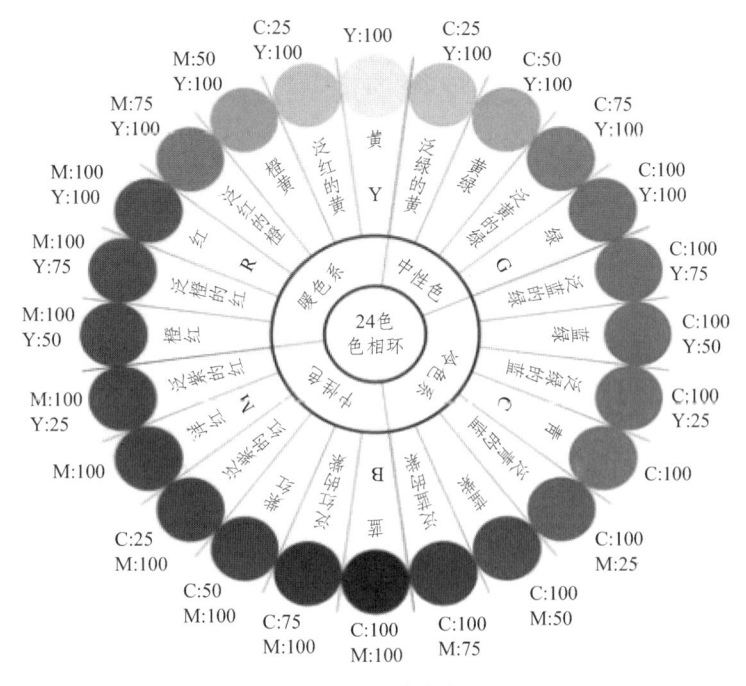

图 4-6-2　24 色色相环

（2）不同花色相邻间应互相穿插呼应，以免显得孤立生硬。

（3）花色不宜过杂，一般3~4种花色相配为宜。

（4）多色相配时，花色要有主次。切忌色彩平均使用，必须要有主色调，其他色彩起烘托作用，这样才可以使色彩协调。

4. 插花的技巧

（1）错落有致，即花枝的位置要高低、前后错开，不要插在同一水平线上，也不要使花枝按大小整齐排列，否则会显得呆板，缺乏艺术性。

（2）疏密有致，即花和叶不要等距离排列，而应该有疏有密。

（3）虚实结合，即花为实、叶为虚，插花作品要有花有叶。

（4）俯仰呼应，即上下左右的花枝都要围绕主枝相互呼应，使花枝之间保持整体性和均衡性。

（5）上轻下重，即花苞在上，盛花在下；浅色在上，深色在下。

（6）上散下聚，即基部花枝聚集，上部疏散。

5. 分组实践操作

以小组为单位，构思设计插花。

每8个人为一组，每组推选1名组长和设计师、2名设计师助理。组长负责本组的安全、纪律和作品代言；设计师负责设计本组的插花方案；设计师助理负责领取插花工具，保持工作台整洁卫生。各小组自行讨论，确定角色身份。

制作要求：

● 以"感恩父母"或以"祝老师工作顺利"为主题，向长辈表达自己的感恩之情；

● 注意造型和色彩配置；

● 花器、花材在小组之间可以相互调剂；

● 根据主题，为作品取一个名字；

小组展示插花作品，设计师作创意说明。

七、总结评价

（1）简答题。

① 说一说，插花的技巧都有哪些呢？

_____

_____

② 想一想，你认为插花在生活中还有哪些应用？

_____

_____

（2）通过本节课的学习，和大家分享一下你插花的感悟和心得体会，并记录下来吧！

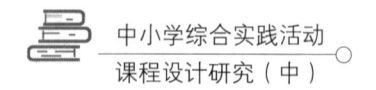

八、拓展延伸

花束设计：节日快要来临，给家人、朋友亲手制作花束是不错的礼物选择。你可以购买花材，再结合身边已有的材料，自己设计一个插花作品，并写上祝福话语。请将你用到的花材与设计的造型用文字和图片的方式记录在下面的框内。

第七课 植物染色课程

一、主题说明

植物染又名草木染、天然染,是一种用天然植物染料,经过提取、制液、上色等一系列工序将织物进行染色的手工艺技术,是与化学染色相对的概念。按照工艺,植物染会细分成不同的类别,比如:生叶染、媒染、煎煮染、发酵染、敲拓染、套染、扎染等。

本课程就是通过对植物染色中扎染技艺的学习,增强学生对植物染色和植物特性的了解,激发学生对非物质文化遗产保护和传承的意识。

二、课程目标

- **价值体认**:通过亲自动手制作扎染作品,了解非遗文化,培养兴趣专

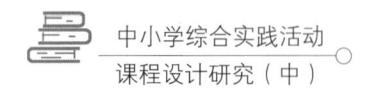

长，懂得劳动的不易，珍惜与感恩劳动成果，形成热爱生活、热爱劳动的意识。

● 责任担当：通过了解染色的种类，认识所需的工具，学习植物染色的制作流程及工艺，同时了解非遗手工技艺，激发民族自豪感，继承和弘扬中国传统文化。

● 问题解决：通过学习扎染技巧，尝试用不同的工具材料和形式进行表现，培养自主、合作、探究的学习能力及动手操作能力，并利用所学知识，增强在生活、劳动中解决实际问题的能力。

● 创意物化：尝试用不同的工具材料和形式进行表现，领悟扎染的独特表现方式，积极参与动手实践，提高艺术欣赏能力，培养创新和实践能力，形成审美与实践创新意识，感受并传承工匠精神。

三、适用学段

小学、初中、高中。

四、实施条件

教具清单：扎线、各种定型模具、剪刀、橡胶手套、围裙等。

五、安全措施

● 课上严格遵守课堂纪律，严禁嬉戏打闹；
● 在老师的指导下安全、正确地使用工具；
● 不能私自动用工具，以免伤人。如有遗忘或损坏，及时报告老师。

六、教学设计

（一）教学重点

了解扎染的传统文化，学会扎染的基本步骤，学会制作扎染手作作品。

（二）建议课时

4课时。

（三）教学过程

1. 课程引入

草木染，亦称植物染色，天然染色，它是一种古代民间的染色方法，采用天然植物、中药材、花卉、蔬菜、茶叶等制成染料，为织物染色。蓝染、扎染、蜡染、蓝印花布等均属此类。植物染色不但颜色质朴、淡雅、经久耐看，而且经过植物染的布料有防霉抗菌作用，对皮肤有好处。

扎染在传统印染工艺中一枝独秀，一直以朴实无华、自然成趣的姿态点缀在人们的生活中，不易被人察觉却能释放出迷人的异彩。扎染后的织物既有浑厚的朴实美，又有流动的现代美；既有匀称的纹路美，又有错杂的融浑美。

2. 扎染步骤讲解

（1）第一步：取。

植物自有沉静安详的气质，正如岁月漂洗后的颜色，有一种宁静的、生活的味道。"取"指的是从天然草木中提取植物染料。这是植物染色的第一步，也是最核心的一个环节。从路边采回原料，收集在一起，浸泡后，将泡有染料的不锈钢盆放在电磁炉上加热，然后过滤即可得到染液。

（2）第二步：扎。

扎结有一百多种变化技法，可以用针线、夹子扎出各有特色、变化自然、趣味无穷的图案。这种独特的艺术效果，是机械印染工艺难以达到的。这也正是扎染独特的魅力。

（3）第三步：染。

- 围巾下锅，加热持续 30 分钟左右，即可上色；
- 将扎好的布料浸入染料中；

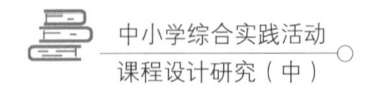

● 之后将布料取出，进行拆线和漂洗。

（4）第四步：成。

将围巾、手帕、衣服等染色后晾干，就可以获得一件全世界独一无二的植物染色扎染作品了。

植物染色扎染取法自然，无污染，染出的作品色泽纯净柔和，散发草木清香，出身自然最后终将回归自然。没有华丽的颜色，没有让人一眼惊艳的外表，但是它拥有的是一种经过时间沉淀的宁静的美。漂洗后，将布料挂在阴凉通风处晾干。整理后就可以当作配饰或礼物送人了。

3. 准备材料

天然布料（100%棉布）（手帕、丝巾、T 恤等）、铁锅（盛放熬制好的染料）、各种染色原材料（靛蓝、苏木、栀子、藏红花、核桃壳、茶砖等）、木棍、棉线、橡皮筋、剪刀、各种定型模具、手套等。

（1）主要色料与染材的染法：

黄色系染料：栀子。

蓝色系染料：靛蓝。

红色系染料：苏木、藏红花。

紫色系染料：茶砖。

（2）染色步骤：

● 染布以丝、麻为佳，先经染前处理，根据自己的想象定型图案；

● 再浸入已备好的染料中浸泡 5~10 分钟；

● 晾晒氧化后，放入水中洗净晒干。

今天我们所体验的是靛蓝染色：

所谓"青出于蓝，而胜于蓝"。经靛蓝印染出的染布表面先是绿色的，放置在空气中 10 分钟左右开始氧化，才逐渐变为深蓝色。

4. 靛蓝扎染制作

（1）捆扎方法一：

● 首先，将面料沿着正反两个方向折成像风琴一样的褶皱长条；

● 折好的面料夹于两块木板之间，并用扎线和皮筋捆扎结实，捆扎形状和皮筋捆扎的多少决定扎染出的图案效果。

图 4-7-1　捆扎方法一示意图

（2）捆扎方法二：

● 将面料以斜角度卷在木棍上，使用扎绳系紧固定住面料一端；

● 以螺旋缠绕的方式使用扎绳捆扎面料，捆扎的同时，将面料推挤在一起。将推挤在一起的面料两端都再次使用扎线捆扎定位，使其在浸泡时也不

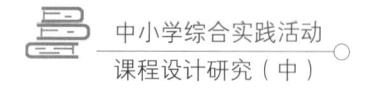

会松散开来。

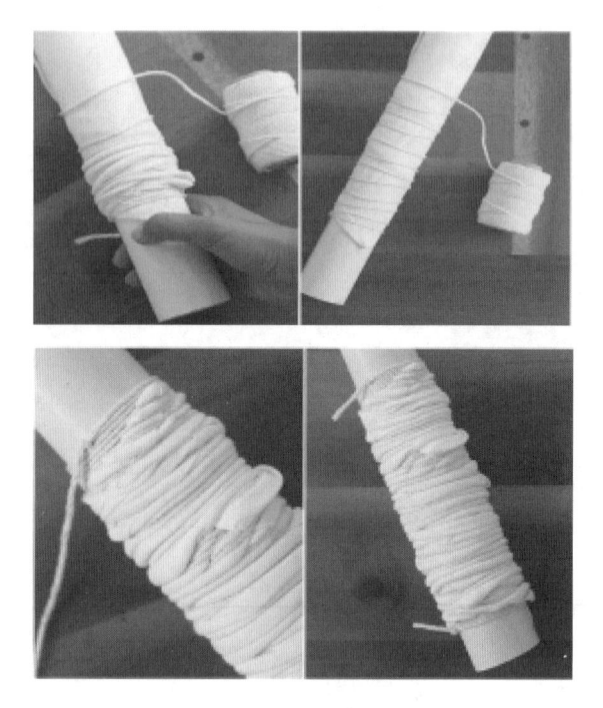

图 4-7-2 捆扎方法二示意图

（3）捆扎方法三：
- 将面料以手风琴的样式折叠成四，再将面料的其中一侧边缘间距均等束扎成 3 个揪；

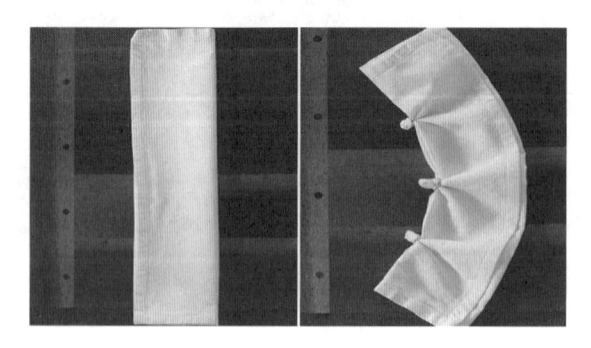

图 4-7-3 捆扎方法三示意图（一）

- 在面料另一侧边缘交错位置间距均等束扎成 4 个揪，使用皮筋继续绑定；

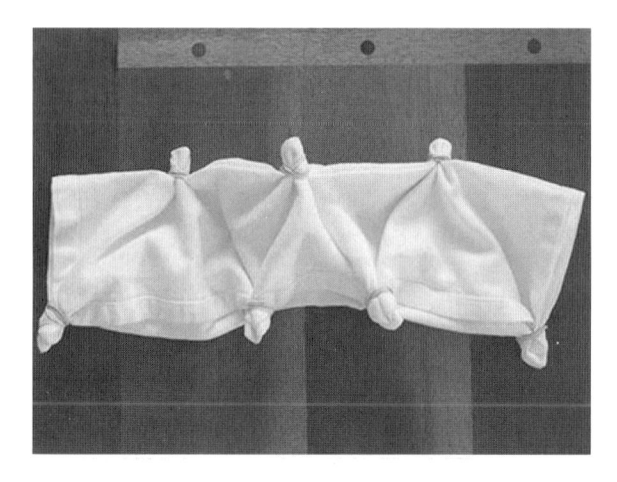

图 4-7-4　捆扎方法三示意图（二）

（4）其他捆扎方法：

● 充分发挥你的想象，使用夹子、回形针、活页夹、奇怪形状的木头碎片等，将面料绑定捆扎成别样的图案。

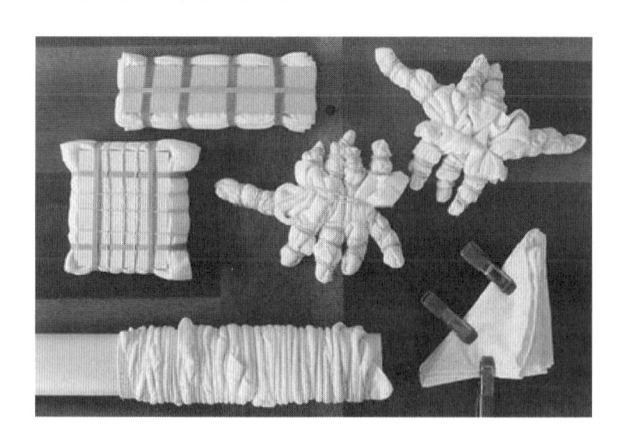

图 4-7-5　其他捆扎方法举例

5. 靛蓝扎染染色步骤

（1）步骤 1：按说明比例将靛蓝染料粉倒入水桶，以顺时针方向均匀搅拌；

（2）步骤 2：再倒入还原剂和固色剂，顺时针反复搅拌，因染料容易氧化，所以在搅拌的时候需动作轻柔，在搅拌好后将其覆盖好，一旦染色充分混合，需要盖至少 1 个小时；

图 4-7-6　调制染料

（3）步骤 3：戴上橡胶手套，在染色开始前，将捆扎好的布料浸入另一只装满干净水的水桶里，取出布料，挤掉所有水，放入染料桶里浸染，10 分钟后取出；

图 4-7-7　浸染作品

（4）步骤 4：浸染好的织物表面是绿色的，放置在空气中 10 分钟开始氧化，逐渐变为深蓝色；

重点提示：纯植物的靛蓝染料不容易上色，需浸染 20 次后才能呈现出深蓝色。因此可以按个人喜好选择浸染次数决定颜色的深浅。

（5）步骤 5：戴上橡胶手套，并准备好一桶干净的水；使用剪刀拆解开橡皮筋和扎线；展开面料，不同的图案呈现在眼前；

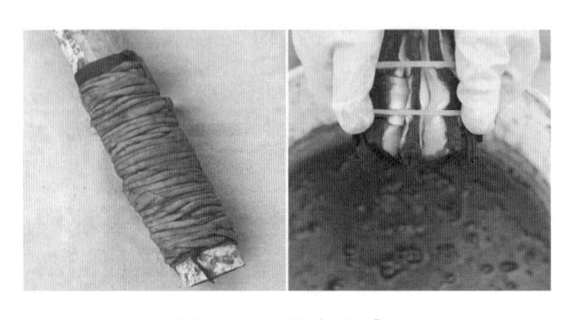

图 4-7-8　染色完成

图 4-7-9　染色效果展示图

（6）步骤 6：清水冲洗后晾干即可呈现对应染色效果。

七、总结评价

学习完本节课程后，尝试完成以下表格，回顾一下本节课的知识点吧！

学习内容	简　答
植物染色有哪些优点	
扎染制作分为哪些步骤	
刚浸染好的靛蓝织物要经过多久才会氧化变色	
通过今天的学习，我们应该如何看待自然与健康	

八、拓展延伸

早在新石器时代，我们的祖先就在采集的过程中发现了诸多花果植物的根、茎、皮、叶可以通过一些方式来提取汁液进行染色，于是，植物染料开始出现。

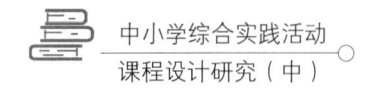

经过反复尝试与摸索，祖先们掌握了运用植物汁液染色的方法，传说轩辕黄帝时人们已经开始使用草木染色制衣。到了夏朝，当时的先民开始人工种植蓝草并使用蓝草进行染色。周朝时，中国古代的草木染技术已趋于成熟，随着草木染料数量和种类规模的扩大，甚至在周礼体制下设立了专职掌管纺织品染色的官员，名为"染人"，他们的职务范围是"染草"。而在民间，诗经中大量"青青子衿"之类的诗句也体现了植物染料在当时的风靡。

想一想你还知道哪些古诗词里的天然植物染料呢？

第八课　中国结

一、主题说明

中国结是中国特有的民间手工编结装饰品，它身上所显示的情致与智慧正是汉族古老文明中的一个侧面。中国结始于上古先民的结绳记事。据《易·系辞》载："上古结绳而治，后世圣人易之以书契。"东汉郑玄在《周易注》中道："结绳为约，事大，大结其绳；事小，小结其绳。"它作为一种装饰艺术始于唐宋时期。到了明清时期，人们开始给结命名，为它赋予了丰富的内涵，如：如意结代表吉祥如意，双鱼结代表吉庆有余等，结艺在当时达到鼎盛。因为其外观对称精致，可以代表汉族悠久的历史，符合中国传统装饰的习俗和审美观念，故命名为中国结。

本课程通过对中国结编结技法的学习，提高学生的审美能力和动手实践能力，同时在编织的过程中，全面激发学生的艺术创作意识和创新意识。

221

二、课程目标

- 价值体认：通过初步了解和掌握中国结编结技法，培养学生耐心细致的认知态度，同时发展学生的兴趣专长，让学生懂得劳动的不易，学会珍惜与感恩劳动成果。
- 责任担当：通过体验编织中国结的过程，培养学生对传统工艺的热爱之情，激发民族自豪感，继承和弘扬优秀民族文化。
- 问题解决：通过对中国结的认识与学习，熟练掌握编织操作技能，培养动手能力，增强在生活、劳动中解决实际问题的能力。
- 创意物化：通过对中国结编结技法的学习，引导学生积极参与动手实践，提高艺术欣赏能力，培养创新和实践能力，形成审美与实践创新意识，感受并传承坚守执着、精益求精的工匠精神。

三、适用学段

初中。

四、实施条件

教具清单：投影仪、塑料泡沫板、三号线绳、大头针等。

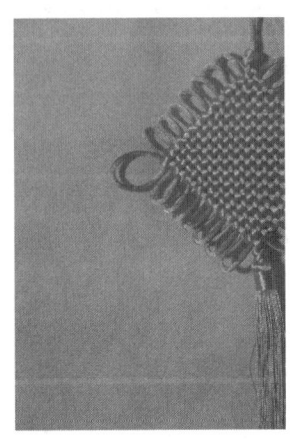

五、安全措施

- 剪刀和针要注意安全使用；
- 分组领用具。

六、教学设计

（一）教学重点

掌握中国结的起源以及编制中国结的技巧，传播中国传统文化。

（二）建议课时

2课时。

（三）教学过程

1. 课程导入

同学们，随着这几年国学的兴起，人们对于中国的传统文化倍加关注，尤其是中国的民间艺术品，是逢年过节家庭装饰的首选，那么你们知道从古至今中国人过节家里都会装饰什么样的民间艺术品吗？

2. 引出课题——中国结

师：那么今天我们就和同学们一起来了解一下中国结的历史及其含义。

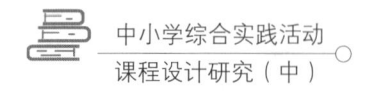

（1）介绍中国结的历史。

师：同学们也许都或多或少地对中国结有一定的了解，请一位同学来介绍一下中国结吧。

生（朗读PPT）：中国结历史久远，始于上古时期的原始人用骨针缝衣打结，兴于唐宋，盛于明清。唐代的铜镜图案中，绘有口含绳结的飞鸟，寓意永结秦晋之好。古人有将印鉴佩挂在身上的习惯，所以流传下来的汉印都带有印纽。古代饰镜背面中央都铸有镜红，可以系绳以便于手持，而古代的才子佳人们则爱把有中国结的佩玉挂在身上来彰显自己有玉一般的品质。

（2）思考交流。

师提问：编织中国结的工具很常见，你知道是什么吗？

（引出编织中国结的工具——绳子；介绍中国结的工具绳子）

思考：中国结的工具太简单了，就是一条绳子。结的工具绳子关系到我们华夏民族的起源。为什么呢？

师提问：在中国人的口口相传中，人类是怎么来的？是上帝创造的吗？是从猿进化到人的吗？

生回答：不是，是女娲造人。在神话传说中，人类是女娲从树藤上甩下来的泥水，而树藤则是最早的绳子，故在上古时期人们是非常崇拜绳子的，认为我们是绳子的传人。而现在我们经常听见的说法是我们是龙的传人，这矛

盾吗？——不矛盾，因为其实龙就是绳子的化身。

师提问：我们中国人崇拜神仙，而神仙从哪儿来呢？

生回答："神"通"绳"，故，神仙也是从绳子引申来的，再加上上古时期，史载："上古结绳而治，后世圣人易之以书契。"并载"结绳为约，事大，大结其绳，事小，小结其绳"。故中国人对用绳子编织的结是有非常特殊的感情的，而情感细腻的中国人把每一个结都赋予了非常美好的寓意。

（3）欣赏传统中国结，了解中国结的含义和文化背景。

中国结全称为"中国传统装饰结"。中国结不仅具有造型、色彩之美，而且皆因其形意而得名，如盘长结、井结、双钱结等，体现了我国古代的文化信仰及浓郁的宗教色彩，体现着人们追求真、善、美的美好愿望。在新婚的婚房内，装饰一个"盘长结"寓意一对相爱的人永远相随相依，永不分离；在佩玉上装饰一个"如意结"，引申为称心如意、万事如意；在扇子上装饰一个"吉祥结"，代表大吉大利、吉人天相和祥瑞、美好；在剑柄上装饰一个"法轮结"，有惩恶扬善之意。

下面欣赏一组中国结并感受其中美好的寓意。

3. 感受中国结，编织吉祥结

吉祥结的编法：

● 取线，对折后用针固定，左右拉出两个线圈，大小和上方的线圈差不多，上面线圈、左右线圈和下方的线构成一个十字，用针固定；

● 上方线圈往右下弯折，放在右边线圈上方，用针固定；

● 右边线圈往左弯折，放在下方两线上，用针固定；

● 下方两线往上弯折，放在左边线圈上，用针固定；

● 左边线圈往右弯折，穿出上方线圈弯折出的绳套，构成一个交织的"井"字，用针固定；

● 把固定针去掉，拉紧结体四边的线，此时出现一个新的十字；

● 十字上边的双线往左下弯折，放在左边线圈上；

● 左边线圈往右弯折，放在下方线圈上，用针固定；

● 下方线圈往上弯折，放在右边线圈上，用针固定；

● 右边线圈往左弯折，穿出上方双线弯折出的绳套，构成一个相反方向的交织井字形，用针固定；

● 取下固定针，拉紧结体四边，调整耳翼大小。

要点：要有耐心，更要细心，注意绳子握得要紧，按顺序穿插，最后的"抽"很重要，要四部分结构一起抽。

七、总结评价

（1）在编织吉祥结的过程中，你都遇到了哪些困难，又是如何克服的呢？

（2）分享一下本节课后你的收获与感悟吧！

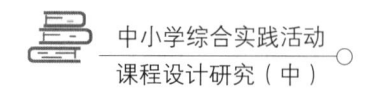

八、拓展延伸

中国结的编织方法中，除了今天我们学习的吉祥结，还有双钱结、万字结、十字结、纽扣结等很多种类，挑选一种你感兴趣的结，摸索学习编织的方法，并将你的劳动过程和成果记录下来吧！

第九课 环保袋制作

一、主题说明

地球是生命的摇篮,她给予了我们生存所需的一切,离开她我们一刻也无法生存下去。

现在,环境保护已成为全球共同关注的焦点,保护环境也是每个公民义不容辞的责任。而要做好环境保护,首先必须抓好环境教育工作,这已成为大家的共识。我国从1983年起就将"环境保护"列为基本国策,并建议从幼儿园到大学开设有关环保教育的课程。

对学生进行环保教育,是实施可持续发展战略的重要举措。本课程通过学习环保袋的设计与制作,让学生体验劳动的快乐,设计出独具个性的作品,同时在课程活动中体会环保的深刻意义,并树立良好的环保意识。

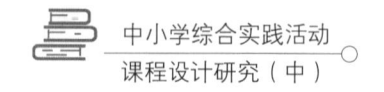

二、课程目标

- 价值体认：了解环境保护的背景、由来，通过动手制作环保袋，培养兴趣专长，懂得环境保护的重要性。
- 责任担当：在制作环保袋的过程中，了解对自然环境的保护、对地球生物的保护、对人类生活环境的保护的重要性，树立良好的环保意识。
- 问题解决：了解塑料袋对环境的危害，明白制作环保袋的价值，通过实操，锻炼动手操作能力，并提高解决问题的能力。
- 创意物化：通过制作富有个性的环保袋，尝试创作自己的作品，在动手操作中融入大胆想象，体现创新创意，提升审美能力，培养积极的劳动体验意识。

三、适用学段

初中。

四、实施条件

教具清单：不织布（无纺布）、装饰物、旧衣布等；剪刀、针、线、尺、记号笔、熨斗等。

五、安全措施

- 使用剪刀时当心剪到手；
- 使用针线时避免扎到手及身体的其他部位，同时要避免扎伤周边的同学；
- 学生自主管理，明确班级干部职责，特别是安全管理员的职责；
- 小组分工，明确每个小组的安全管理员；
- 提前准备扎伤处置的药品，如：创可贴、碘酒、包扎带等。

六、教学设计

（一）教学重点

制作环保袋注意立体感、缝法及外形的美观；了解生存环境遭到的破坏与环境保护的刻不容缓。

（二）建议课时

4课时。

（三）教学过程

1. 导入

（1）让学生观看短片。（播放环境污染和塑料袋丢弃造成的污染视频）

（2）教师用打火机点燃塑料袋，让学生观察燃烧的浓烟，闻燃烧的气味，清除燃烧后的尘污。

（3）学生讨论：环境污染对我们的生存环境带来哪些危害？塑料袋的使用造成哪些危害？保护环境，实现有效垃圾分类可以有哪些方法？

（4）揭题：塑料袋对环境的危害的确很大，今天，就让我们一起来探讨学习制作环保袋来代替塑料袋。

2. 了解环保袋

（1）环保袋的概念：

（让学生根据提前准备的资料分别说一说什么是环保袋。）

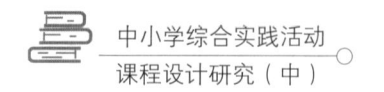

所谓环保袋，一般是指其制作材料能够被自然降解，且被降解的时间不会太长，同时还可以重复多次使用的袋子。

（2）环保袋的结构、用途：

教师出示不同款式和材质的环保袋，让学生观察。

● 观察一下环保袋，回答环保袋由哪几部分组成。

学生讨论后自由发言：袋体、提手。

● 观察环保袋上的装饰（图案、文字）。

学生观察后发言，最好让学生用审美的观点，并联系生活实际发言。

● 讨论：环保袋的用途。

垃圾分类、购物、广告宣传、装饰等。

揭示：原来环保袋上面有这么丰富的内容。款式不一样，材质不一样，图案和文字也不一样。环保袋在我们生活中，不仅能实现垃圾分类收装，还方便了我们购物，又起到了广告宣传的作用，且十分环保。

引出：既然环保袋有这么多作用，我们就来一起制作一个环保袋吧！

（3）认识工具：

● 工具：剪刀、针、线、尺、记号笔等；

● 材料：不织布（无纺布）、装饰物、旧衣布等。

（4）安全讲解：

讨论制作过程中需要注意的安全事项：

● 使用剪刀时当心受伤；

● 使用针线时避免扎到手及身体的其他部位，同时要避免扎伤周边的同学；

● 爱护公物，不要破坏室内的设施设备。

（5）合作分工：

● 学生根据自己选择制作环保袋的样式自由组合，形成小组；

● 每个小组选出小组长、安全员、材料员、记录员、解说员等，明确各自的职责；

● 教师指导学生按照环保袋的制作任务进行分工，适时调控，不同的人员承担不同的任务，要保证每一位同学都有参与制作的机会。

（6）制作过程：

学习穿针引线及基本针法：

● 步骤一：让学生将已有的环保袋成品按照一定的规律拆分，在拆分的过程中观察、讨论、记录针法。

● 步骤二：用视频向学生演示穿针引线及基本针法。

● 步骤三：分小组让学生利用碎布练习，熟练技法。

① 缝法：

● 平针缝法：在布上，一上一下的缝制方法就是平针缝法，这是一种为拼合布块所使用的方法。

● 回针缝法：指在布上，一直重复缝回上一个出针处，缝完看起来没有断的缝线，能够很牢地将两块布结合。

● 卷边缝法：卷边折入，指在两片布上，一直重复向同一方向缝，好像在布边上卷了一道缝线。

② 打结：

● 穿好线并用大拇指压住线，绕两圈；

● 大拇指压住线及绕在针上的线；

● 抽出针，拉紧线；

● 线用完了，打结时要注意线要留两个针的长度才好打结。

③ 裁剪：

● 在幅宽 110 cm 或者 140 cm 的布上剪下 40 cm 的长度；

● 然后在这片布上剪下 2 片 40 cm 宽的布作为包的前后片；

● 再剪下 2 片 13 cm 宽的布作为包带；

● 最后剪下 1 片 16 cm 宽，长度截成 28 cm 长的布作为内袋。

④ 缝制步骤：

● 先制作内袋。将袋布的一端以 0.7 cm、1.5 cm、11 cm 的间距分别用手或者熨斗压出折痕，靠边的两道将作为袋口的折边，中间的一道是袋底的折合处；

● 在袋口的折边上缝合；

● 沿着中间的折痕将内袋布正面朝里折合，缝合两条侧边，起点和终点

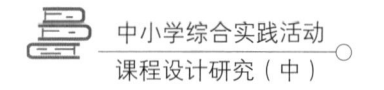

要倒针加固；

●缝合好的口袋前后两片一高一低，对高出的侧边进行折边缝，以保住毛边；

●将内袋翻出正面，备用；

●将两条包带的两边做折边缝，缝不宜过宽，以 0.5~0.6 cm 为宜；

●在两片包面的背面，距离上边缘 2 cm 位置画一水平线。然后将其中一片包面反面朝上，取过两条包带反面朝下平铺在包口的左右侧，距离包口左右边缘约 1 cm，上端边缘对齐包面上所画的水平线，再取过内袋铺在包口正中，上边对齐水平线。先固定，再进行缝合；

●将两条包带的另外一端用相同的方法固定在另一片包面上；

●将两片包面正面朝里对齐，缝合左右两条侧边，先平缝，然后锁边；

●将内袋翻出正面，接着要对包口一圈进行折边缝。第一折宽度约为 0.6 cm，第二折宽度约为 1.4 cm，这样折边刚好覆盖住包带以及内袋的边缘。可以先用熨斗压出折痕然后再压线。缝合好折边后，还要将包带往上翻折，在包口的上边缘再压上一圈线；

●将包带正中部分对折，压线固定，环保袋制作完毕；

●按照喜欢的图案、颜色等，美化环保袋。

注意事项：学生动手制作时，教师巡视指导，了解学生操作进度，规范操作安全，提供适当的帮助和指导，重点是让学生通过观察、讨论、合作、操作等方式自主完成，尺寸学生可以自主设计。

（7）提示：

●在环保袋的制作讲解中，重点要让学生学习如何"打结"；

●在讨论环保袋的制作过程中，要让学生明确并解决以下几个问题：如何保证针脚整齐细密；收针时要注意什么；手提的两根带子装在什么位置比较合适；

●在制作过程中，针对不同的学生可以适当延长或者缩短相应的练习时间；

●在初步完成环保袋的基础上，可以让学生进行个性化的装饰，美化环保袋；

●制作过程与方法的讲解，可以借助视频、图片以及教师实际演示的方式进行。教师要坚持启发式的教学方法，通过提问引发思考。

七、总结评价

（1）说一说你在制作环保袋的过程中遇到了哪些困难？

（2）通过本节课的学习，你对环保有了什么新的认识呢？跟大家交流一下吧！

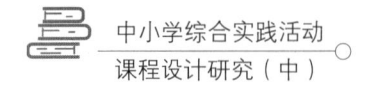

八、拓展延伸

（1）环保与我们未来的发展息息相关，想一想你的身边还存在哪些不环保行为？我们又应该如何去做呢？

（2）在平时的生活中，你有把产生的垃圾进行分类丢弃吗？你了解垃圾分类吗？请查阅资料，并制作垃圾分类卡，将家里的垃圾分类丢弃，将过程用文字或图片记录下来。

第十课 烙画

一、主题说明

烙画亦称烫画、火笔画，起源于西汉，兴盛于东汉。它是在 300~800 °C 下的温度以铁杆或电烙铁代笔，利用控温和碳化原理，在木板、竹木、丝绢、布、葫芦、宣纸等材料上作画，巧妙地把绘画艺术的各种表现技法与烙画艺术融为一体，形成独特的东方艺术风格。

烙画也是中国传统工艺画之一，属于一种自然的画种，不仅有国画的勾、勒、点、染、擦、白描等手法，还可以烫出丰富的层次与色调，具有较强的立体感，酷似棕色素描和石版画，因此烙画既能保持中国传统绘画的民族风格，又可达到西洋画严谨的写实效果，使其具有独特的艺术魅力，给人以古朴典雅、回味无穷的艺术享受。

烙画有着悠久的历史渊源。因其题材广泛、画面丰富而精细、清晰秀丽，具有极高的艺术表现力和艺术价值，作品本身的艺术内涵又具有极高的收藏价值。烙画有其表现上的多样性：京剧脸谱、山水、花鸟、人物、动物、肖像、书法、中国画、西洋画、卡通画、条屏、壁画以及数十米的长卷等，题材广泛，市场前景十分广阔。

而制作一幅烙画作品，要经过多项程序。首先是要充分认识和理解作为画面板材的机理效应。作画的过程是天然肌理与画家的人造肌理相结合而成为"天人合一"的特殊感观效应，这种效应是任何画种不可代替的，今天就

237

让我们一起来学习制作一幅烙画吧！

图 4-10-1　烙画活动　　　　　　　图 4-10-2　烙画作品

二、课程目标

● 价值体认：通过亲自动手学习制作烙画，培养兴趣专长，懂得劳动的不易，学会珍惜与感恩劳动成果。

● 责任担当：了解烙画的意义、由来与历史，培养对传统工艺的热爱之情，激发民族自豪感，继承和弘扬优秀民族文化。

● 问题解决：通过对烙画的认识与学习，熟练掌握操作技能，培养动手能力，增强在生活、劳动中解决实际问题的能力。

● 创意物化：利用不同材料、工具进行创作，积极参与动手实践，培养学生的创新和实践能力，形成审美与实践创新意识，感受并传承坚守执着、精益求精的工匠精神。

三、适用学段

初中、高中。

四、实施条件

（一）知识准备

通过查询，了解烙画的含义及烙画的常见种类。

1. 木板烙画

用烙铁在木板上作画称为木板烙画，又称烫画、火笔画。

图 4-10-3　松鼠烙画　　　　　图 4-10-4　松鹤图

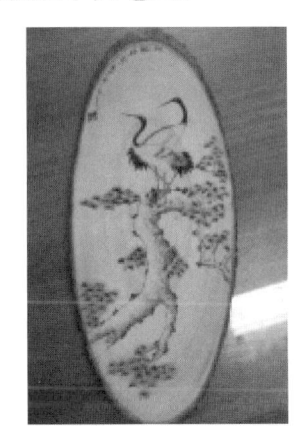

2. 葫芦烙画

葫芦烙画指用电烙铁在葫芦上熨出烙痕作画，与葫芦融为一体，能永久保存、收藏，艺术价值极高。

图 4-10-5　吉祥三多

（二）教具材料

准备木板、铅笔、橡皮、模画、沙皮、复写纸等。

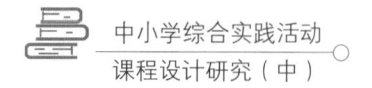

五、安全措施

- 全体学生要在教师的指导下使用工具材料；
- 全体学生不得搬弄电源插座，不得用电烙工具去接触身体；
- 每一位学生使用电烙工具前必须佩戴安全手套，烙画期间不得将手套取下。

六、教学设计

（一）教学重点

烙画的操作流程及方法。

（二）建议课时

4课时。

（三）教学过程

1. 烙画制作步骤

（1）打磨。在板上作画之前要求板材要清洁、光滑，可以用沙皮打磨一下，然后清理干净打磨的木屑。

（2）拓稿。把稿子复写或者直接临摹到板上，在临摹或者复写的时候要求线条简洁，不要弄脏板面。学生也可以自己创作作品。

- 方法1：用复印纸复印。

可把选好的图案打印在纸上，用胶带把复写纸粘在图案后面，把制好的拓稿粘在需要烙画的板材上，用笔把图案描一遍。

注意：新复写纸不但污染板材，而且易留下沉色的印痕，板材格画时是比较难擦掉的，会影响画面效果。新的复写纸可用软纸将其表层的颜色轻轻擦去，然后放在阳光下经过曝晒再用。

图 4-10-6 描绘作品图案

●方法2：用速写铅笔在白报纸上均匀地涂上铅粉，用它来代替复写纸比较理想。

用炭铅笔和棕色炭精棒涂比较快，涂好以后用软纸和软布轻轻擦一遍，炭粉既牢固又均匀；也可以在稿子背后直接涂上炭笔粉，但不要涂得过深，以免弄脏板材。用这种复写纸印出的痕迹，在烙完画以后很容易用橡皮擦去。把画稿与板材对好，用胶带粘好防止移动。用硬铅笔沿着画稿的轮廓和结构拓印。不需要很细致的描绘，只标示出线的精确位置，注意不要有漏拓的地方。

图4-10-7 拓印作品

（3）烙绘。

用烙铁烙画，可采用像炭笔素描那样反复熨烫、增加层次或靠运笔的速度和调节烙铁的温度等办法来解决色调深浅的问题。这也是烙画独有的技法。

●其一：烙铁在恒温下工作，运笔速度快，所烫出的色调就浅；速度慢，色调就深。温度越高，速度越慢，烫出的色调就越深。温度与速度是结合运用的。烫较大幅的画或写意山水、花鸟画，笔触较长，烙铁下去有回旋的余地。烫浅调子可用较快的速度，很少调节熔铁的温度，主要靠运笔速度、腕力的大小和增加层次的办法达到色调的深浅变化。

●其二：高温快速烫出的浅调子与低温慢速烫出的浅调子有质的区别。前者质地粗糙，后者质地细腻。

●其三：烙铁在变换温度时，有一个时间过程。如果频繁调节温度就会浪费时间。为了提高工作效率，可根据画面的需要，先用高温把较深色调烫完，再适当调节烙铁的温度烫中间色或浅色调，最后作统一调整。

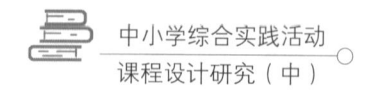

重点提示：在烙画的时候一定要注意烙铁的高温，避免烫伤自己或别人！在烙画的时候可以先从线条开始，线条要流畅，在制作出块面效果的时候，深浅要把握住，用烙铁烙画的时候在一个部位千万不要停留太长，避免烧焦产生一些不美观的效果。在烙的时候要统观全局，注意所画物体的比例关系和点线面的效果。在烙一些有前后关系的画的时候，如中国画中的远山效果，一定要注意虚实关系。

（4）修饰与整理：学生可以根据自己的兴趣爱好，加上自己喜欢的诗句和落款，进行个性化的选择和创作。

2. 烙画的其他技法

● 烫：用烙铁高温在木板上烫制使板材表面呈现不同程度的炭化效果。

● 皴：原指人的皮肤开裂的纹理，移用到画上表现山、石、树给人的感觉，又体现对象的刚或柔，如土山以披麻皴表现土质之柔。

● 点：也称点苔，它可用于表现草苔之类附生于石、树身上的小植物和远山（远景）的小树；或起到优化画面，使之更趋精细的作用；或加重形体的厚重感，拉开或隐晦物与物之间的空间关系，调整画面的轻重、疏密节奏关系等。

● 熏：在画的过程中用高温 300 ℃ 以上的烙铁，不直接接触木板，离板材 1~2 mm，在木板上熏出淡黄、中黄、棕、褐、黑色等多种色调的一种手法。这种手法可以绘制出国画中渲染的效果。

● 烤：在制作中，用明火喷灯、煤气等工具，能使画面产生国画中干、湿的效果，使画面更加丰富多彩。

    3. 尝试用上述方法烙制一幅小作品

七、总结评价

（1）尝试完成下列表格，归纳总结一下本节课的知识。

学习内容	简　　答
用以烙画的特殊材料	
烙画的主要技法	
烙画的基本工序	
学习烙画的意义	

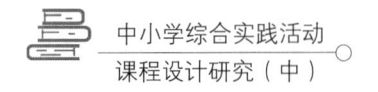

（2）通过本节课的学习，你都有什么收获和感悟呢？请写在下面的框内吧！

八、拓展延伸

1. 填空题

（1）烙画又称_____、_____画。

（2）烙画起源于_____，兴盛于东汉。

（3）烙画巧妙地把_____艺术的各种表现技法与烙画技法融为一体，形成独特的_____风格。

（4）烙画题材广泛，有其表现上的多样性，可以用其表现脸谱、山水、_____、_____、_____、书法、中国画、西洋画、卡通画、_____以及数十米的长卷画等。

2. 问答题

思考一下，你认为烙画作品具有哪些装饰美化作用，可以运用在哪些场景中呢？

_____

_____

_____

_____

第十一课　唤马剪纸

一、主题说明

唤马剪纸产生并发展于四川省苍溪县唤马镇境内及周边地区，是一种古老的传统剪纸艺术，自汉代以来世代相传，距今已有千年的历史。它是唤马民风民俗的结晶，是唤马人精神文化的体现，是记录川北社会发展的典籍，是传承唤马风土人情的载体，是研究川北历史文化的依据。

随着社会的发展，大部分的民间剪纸艺人老龄化，而当代年轻人对于传统艺术缺乏兴趣。因此，了解、学习唤马剪纸有其必要性，它能培养学生的审美情趣，提高学生对传统手工艺的热爱之情，同时能让学生更加热爱民族文化和家乡文化。

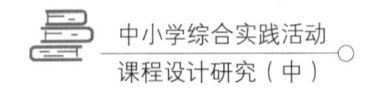

二、课程目标

● 价值体认：通过亲自动手学习唤马剪纸，培养兴趣专长，懂得劳动的不易，学会珍惜与感恩劳动成果。

● 责任担当：了解唤马剪纸的意义、由来与历史，培养对传统工艺的热爱之情，激发民族自豪感，继承和弘扬优秀民族文化。

● 问题解决：通过对唤马剪纸的认识与学习，熟练掌握制作工序，培养动手能力，增强在生活、劳动中解决实际问题的能力。

● 创意物化：利用不同材料、工具进行创作，积极参与动手实践，培养学生的创新和实践能力，形成审美与实践创新意识，感受并传承坚守执着、精益求精的工匠精神。

三、适用学段

小学4~6年级、初中。

四、实施条件

教具清单：剪刀、铅笔、纸、美工刀、固体胶。

五、安全措施

● 全体学生要在教师的指导下使用工具材料；
● 严禁用剪刀和美工刀乱刻乱画；
● 严禁用刀具划伤其他同学；
● 严禁在教室内嬉戏打闹。

六、教学设计

（一）教学重点

学习唤马剪纸的制作工序，并制作出精美的作品。

（二）建议课时

3课时。

（三）教学过程

1. 了解唤马剪纸的品种

"唤马剪纸"通常有剪纸、剪影、刻纸、撕纸和激光分割五个品种。

2. 学习剪纸的制作工序

（1）构思画稿：构思要剪的图案，画出草图。

（2）折叠绘画：将正方形纸张按照不同的方法进行多次折叠，然后用铅笔画上设计好的图案。

（3）剪刻修饰：用剪刀沿着画好的线条进行剪刻。

（4）粘贴裱装：展开剪刻完成的纸张，然后将其粘贴在白纸上，根据自己的喜好用不同的道具进行装裱，可以用作日常装饰。

3. 制作剪纸作品

（1）准备纸张：将大红纸裁剪成大小适中的正方形纸张，便于后续操作。

（2）"双喜字"制作：准备一张正方形红纸，将其左右对折，再左右对折，然后在对折好的纸张上画上如图 4-11-1 的图样，按画好的图样进行裁剪，最后展开即可。

图 4-11-1 "双喜字"制作

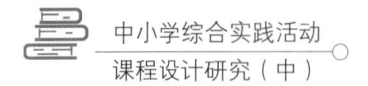

（3）三角折剪：按如图 4-11-2 所示步骤进行制作，最后展开即可。

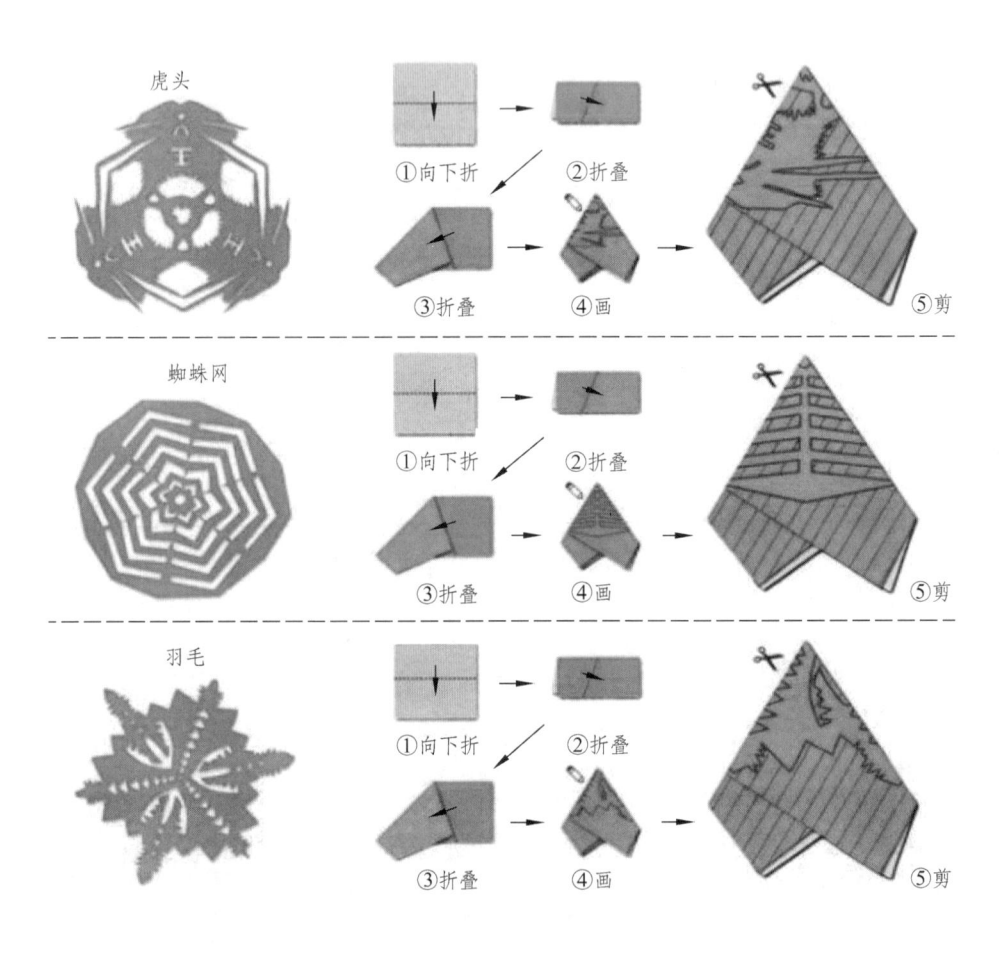

虎头

蜘蛛网

羽毛

①向下折　②折叠　③折叠　④画　⑤剪

图 4-11-2　三角折剪

（4）四角折剪：按如图 4-11-3 所示步骤进行制作，最后展开即可。

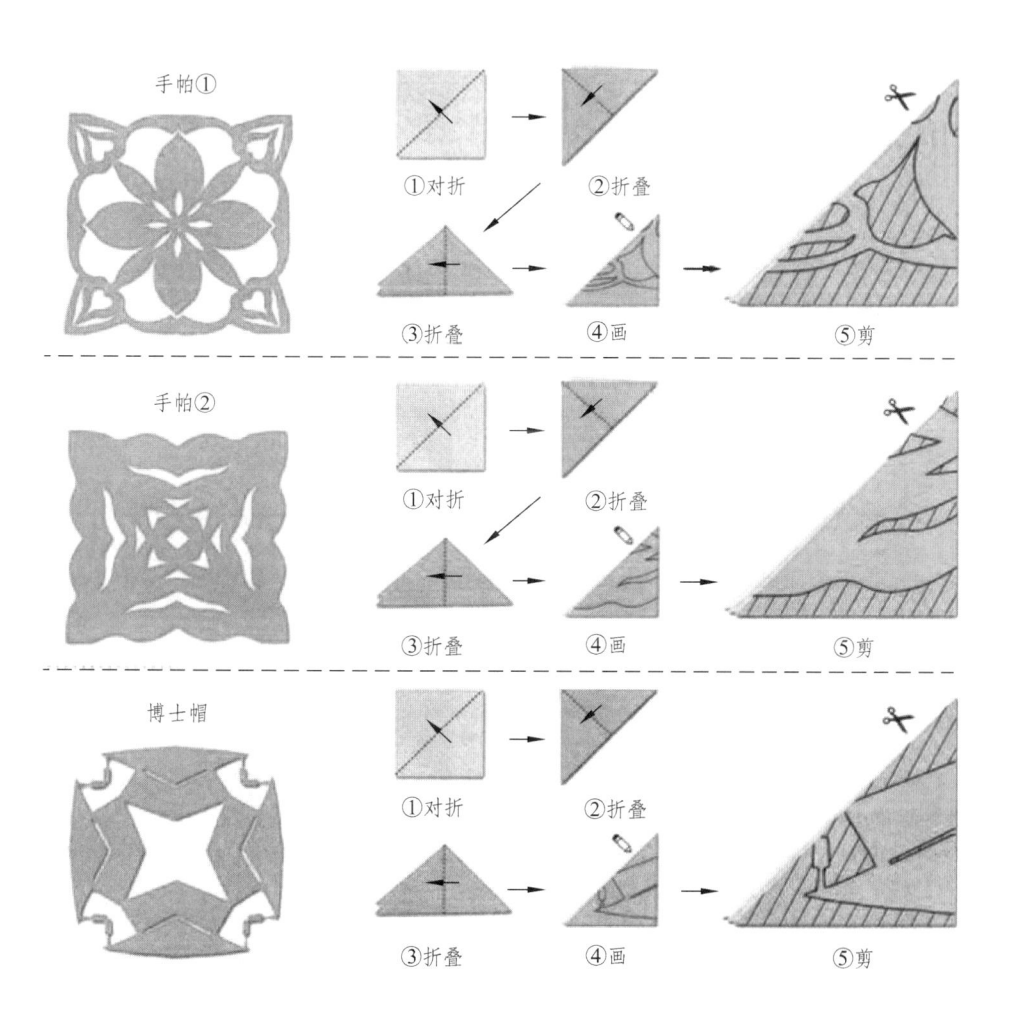

图 4-11-3　四角折剪

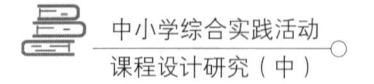

（5）五角折剪：按如图 4-11-4 所示步骤进行制作，最后展开即可。

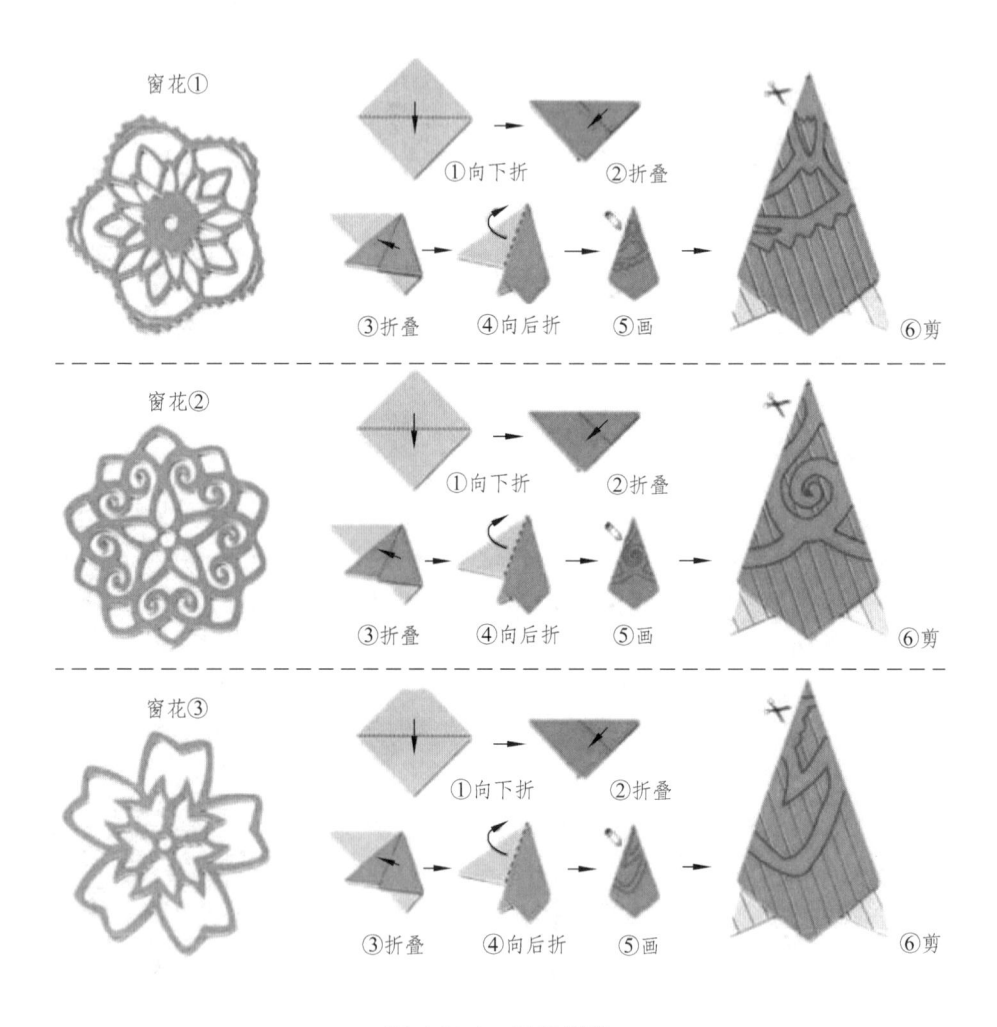

窗花①

①向下折　②折叠
③折叠　④向后折　⑤画　⑥剪

窗花②

①向下折　②折叠
③折叠　④向后折　⑤画　⑥剪

窗花③

①向下折　②折叠
③折叠　④向后折　⑤画　⑥剪

图 4-11-4　五角折剪

（6）六角折剪：按如图 4-11-5 所示步骤进行制作，最后展开即可。

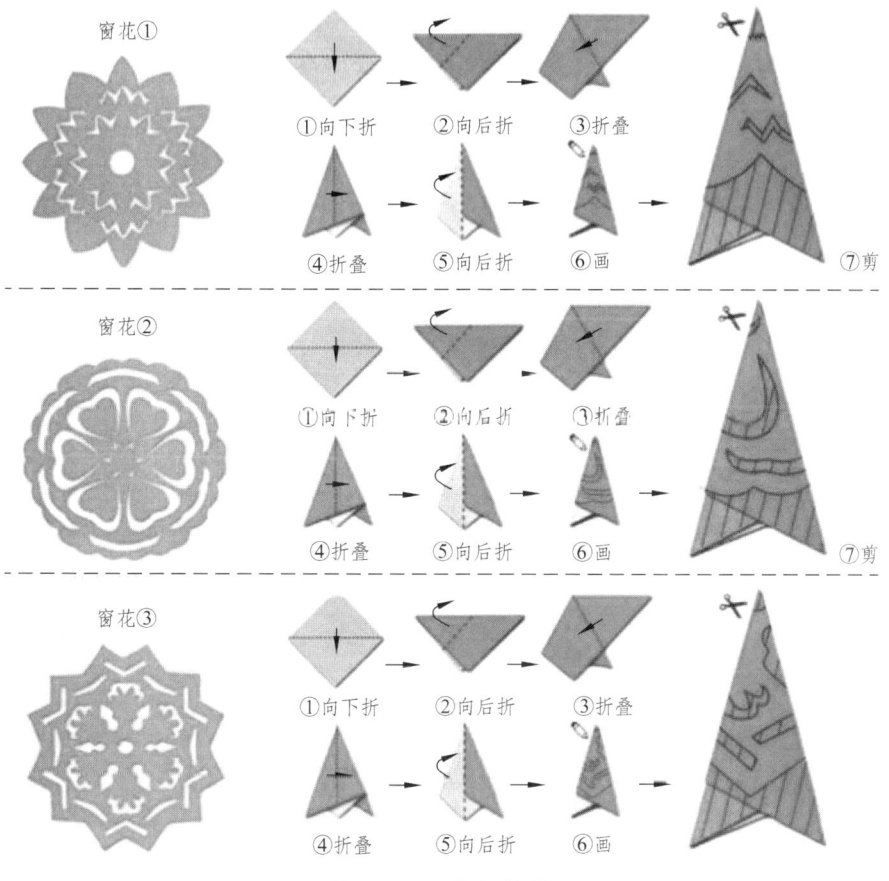

窗花①

①向下折　②向后折　③折叠
④折叠　⑤向后折　⑥画　⑦剪

窗花②

①向下折　②向后折　③折叠
④折叠　⑤向后折　⑥画　⑦剪

窗花③

①向下折　②向后折　③折叠
④折叠　⑤向后折　⑥画

图 4-11-5　六角折剪

4. 学生动手实践

学生根据老师的讲解，自己动手实际操作，教师巡回指导。

图 4-11-6　学生动手进行剪纸活动

251

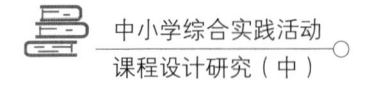

七、总结评价

（1）尝试完成下列表格，归纳总结一下本节课的知识吧！

学习内容	简答	评价
唤马剪纸的品种		
剪纸的制作工序		
学习唤马剪纸的意义		
综合等级		

（2）通过本节课的学习后，将你的作品和感悟记录在下方空白处吧。

八、拓展延伸

（1）请在课后搜集更多有关剪纸和唤马剪纸的知识及更多的技法，并与朋友、父母分享自己学到的剪纸技法，记录在下方吧！

（2）利用课余时间剪制作品装饰周围环境，说说你的成果吧！

（3）填空题。

①唤马剪纸自_____以来世代相传。

②唤马剪纸初始的用途是_____、_____。

③唤马剪纸是_____年四川省_____省级非物质文化遗产代表作。

④唤马剪纸是_____的结晶，是_____的体现，是_____的载体，是_____的典籍，是_____的依据。

（4）问答题。

①作为一门传统技艺，你认为唤马剪纸应该怎样发展才能永葆活力？

②作为新时代的青少年对于传统技艺的传承与发展，我们可以做什么？

第十二课 手绘脸谱

一、主题说明

京剧是我国的国粹。2010年11月16日京剧被列入"人类非物质文化遗产代表作名录",其中京剧脸谱是积淀了中华民族审美和传统文化的艺术瑰宝,凝聚中国人含蓄、稳健、典雅的精神品格。京剧脸谱所演绎的每个历史人物或某种类型人物都有固定的谱式,从谱式中就可以"寓褒贬、别善恶",所以脸谱成为京剧中最形象、最生动的艺术表现形式,为了弘扬民族文化,激发学生热爱祖国、热爱传统文化的情感,结合学生年龄特点和学生绘画实操能力,设计并研发该课程活动。

二、课程目标

● 价值体认:通过学习勾线技巧并使用工具手绘脸谱,培养兴趣专长,懂得艺术劳动的价值,学会珍惜与感恩劳动成果。

● 责任担当:了解京剧脸谱的意义、由来与历史,培养对传统工艺的热爱之情,激发民族自豪感,进而了解、学习、传承民族传统文化。

● 问题解决:通过掌握脸谱色彩与人物性格的关系,制作性格迥异的人

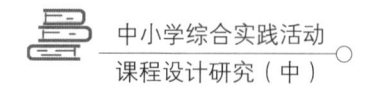

物脸谱，培养动手能力，增强在生活、劳动中解决实际问题的能力。

● 创意物化：通过掌握脸谱的基本谱式，设计谱式与纹样，激发并培养学生的审美情趣，促使学生积极参与动手实践，培养学生的创新和实践能力，形成审美与实践创新意识，感受并传承坚守执着、精益求精的工匠精神。

三、适用学段

初中、高中。

四、实施条件

教具清单：

（1）多媒体图片、音频与演示视频。

（2）材料：白坯面具、各色颜料、铅笔、排笔、调色盘、笔洗盆、毛巾。

五、安全措施

● 注意节约绘彩材料；

● 要保持地面、桌面、墙面的清洁；

● 规范使用工具，注意安全，小心受伤。

六、教学设计

（一）教学重点

根据脸谱谱式与人物性格制作脸谱。

（二）建议课时

2课时。

（三）教学过程

1. 视频导入

欣赏京剧名段（包拯斩陈世美）。

2. 了解京剧与脸谱的相关知识

（1）脸谱的含义：

脸谱是中国戏曲所采用的一种化妆手段，主要是指"涂面"化妆，即用

"油色"和"水色"直接在脸上化妆，以塑造戏中某个角色形象。

因剧中每一个角色化妆时应当使用何种图案，采用哪几种色彩，均有约定俗成的谱式，不能随意勾画，有规律而无定论，故而称为"脸谱"。

（2）京剧中的行当：

生角：京剧里指英俊的男人，生角分别有小生、武生、老生三种。

旦角：京剧的女角，包括青衣、花旦、刀马旦、武旦，旦角的化妆分为拍底色、拍腮红、定妆、涂胭脂、画眼圈、画眉毛、画嘴唇、勒头、贴片子、梳扎、插戴头面等程序。

净角：京剧的净行（男），也就是花脸，在京剧中以净行和丑行的脸谱应用最为普遍，也最为复杂。

丑角：分文丑、武丑。丑行都是在鼻梁眼窝之间用白粉涂一个粉块，与大花脸对比俗称小花脸。白粉块的形状，有方形、元宝形或倒元宝形、腰子形，还有枣核形。社会地位不高的劳动人民，大部分都由丑角来扮演，如渔夫、农夫、樵夫、酒保、打更的、守夜的、差役、书童、乞丐等。而从性格上来说，这些人多半都很滑稽、活泼、乐观。

（3）脸谱的谱氏：

整脸：在整个面部涂一种主色，不勾花纹，而是在主色上画出眉、眼、口、鼻的纹理。

三块瓦脸：在整脸的基础上，用黑色把眉、眼、鼻等在颜色上突出出来，使前额、左右面颊呈现出三块明显主色，平整得如同三块瓦。

十字门脸：由"三块瓦"发展而来，特点是将主色缩小为一个色条，从月亮门一直勾到鼻头以下，主色条与眼窝在构图上形成一个"十"字形。

碎花脸：由"花三块瓦"演变而来，保留正额主色，而在其他部位用辅色添勾花纹，色彩种类丰富，构图形式多样，线条复杂而细碎。

象形脸：一般应用于神话戏。构图和色彩均从每个精灵神怪的形象特征出发，无固定谱式。

歪脸：色彩、构图不对称，表现人物形象反常、丑陋的脸谱谱式。

（4）脸谱色彩与人物性格：

红脸：人物有关羽、荆轲等，象征忠义、耿直、有血性，也具有讽刺意义，表示假好人。

黑脸：人物有张飞、包公等，象征性格严肃，不苟言笑，为中性，指猛

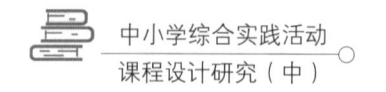

智又威武有力、粗鲁豪爽的人物形象。

白脸：人物有曹操、赵高等，代表奸诈多疑，含贬义，指凶诈的人物形象。

黄脸：人物有典韦、宇文成都等，表示勇猛、暴躁或凶暴残忍的人物形象。

蓝脸：人物有窦尔敦、雷震子等，指性格刚直、桀骜不驯的人物形象。

绿脸：人物有程咬金、彭越等，表示勇猛、莽撞、冲动的人物性格。

金脸：威武庄严，用于佛祖和神仙一类人物。

银脸：奸诈多疑或威武庄严，用于一些比较有法力的精怪。

3. 设计与制作

（1）设计脸谱：

PPT展示脸谱中的常见眉型：本眉、细眉、直眉、老眉、点眉、环眉、奸眉、凝眉；PPT展示脸谱中的各种图案：脸谱图案非常丰富，大体上分为额头图、眉型图、眼眶图、鼻窝图、嘴叉图、嘴下图。每个部位的图案变化多端。如：包拯黑额头有一白月牙，表示清正廉洁。

分组完成设计图，确定脸谱谱式，设计眼窝、额头图等纹样。（歪脸除外，注意左右对称，确定竖中线，师巡视指导）

（2）勾线着色：

了解脸谱的勾线着色方式主要有揉、抹、勾、涂、破等几种基本技法。

揉：用掌或指将颜色在整个脸膛或局部部位揉匀。

抹：用手指或毛笔将颜色在脸上一抹而过，一次不够可以重复，合适为止。在眼窝、鼻窝等位置抹出需要勾画位置的轮廓，起到定位的作用。

勾：用毛笔或手指尖蘸色勾画出脑门、眉毛、鼻子、嘴部等装饰线。

涂：用毛笔蘸色将脸上较大面积块涂匀，随后再进行小面积涂色。

破：在一块揉好或涂好的色块上，勾画出各种颜色的点、线、形，以此种颜色破掉原先匀整的色块，此谓之"破"。

以手绘白坯脸谱为例：第一步在白坯面具上先确定竖中线，确保脸谱左右对称；第二步确定谱式，在准备好的白坯面具上定出眉、眼、口、鼻的位置；第三步用铅笔勾画脸谱图案，勾画谱式时注意左右对称（歪脸除外）；第四步涂色，先从白色入手，要从浅入深地按顺序涂色，最后着墨色。

注意事项：上色时先浅色后深色，运用好排笔的特点画好色块的边缘。（教师巡视，回答疑点，指导学生）

七、总结评价

（1）尝试完成下列表格，归纳总结一下本节课的知识吧！

学习内容	简答	评价
谱氏设计		
脸谱色彩与人物性格		
勾线技巧与图案设计		

（2）通过本节课的学习后，将你的作品和感悟记录在下方空白处吧！

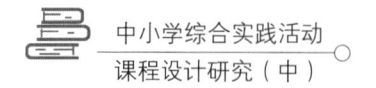

八、拓展延伸

（1）填空题。

①京剧角色主要分为_____四种，其中脸谱往往运用于_____和_____的角色中。

②脸谱分类：_____。

③脸谱的特点：_____。

（2）学习完本节课后，试着完成下方的表格吧！

脸谱用色与人物性格		
颜色	人物	性格特点
红		
黑		
白		
黄		
蓝		
绿		
金		
银		

（3）问答题。

① 收集资料了解中国戏剧文化，将你收集到的记录下来吧！

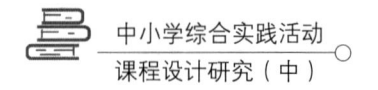

②在进一步了解京剧、了解中国的戏剧文化的发展后，说说你的个人心得与体会。

第十三课　陶艺制作

一、主题说明

陶瓷艺术，简称"陶艺"，起源于中国，历史悠久，是中华民族的文化瑰宝。陶艺密切地满足着人们在物质和精神生活方面的需求，并以物载道，蕴含着深厚宏博的中华民族文化精神。

陶瓷作品，一直为国人所熟悉和喜爱。以黏土为原料生产制作的器皿，如陶罐、紫砂壶等，作品风格粗犷、奔放；如瓷碗、瓷瓶等，作品细腻、含蓄。因而，陶瓷可分为"陶"和"瓷"两种形式。

现代陶艺，从功能上分为艺术性陶艺和实用性陶艺。以中国传统陶艺技法为基础，结合现代艺术，注重造型与结构，融入更多的人文因素，使艺术作品更具个性。

陶艺课程是一门体现个人、自然、社会内在整合的综合性课程，具有特定的教育价值，对学生综合素质发展有积极的促进作用。立足于学生全面发展的要求，课程以活动为主要开展形式，充分尊重学生的兴趣，发挥学生的创作思维和自我意识，着重培养学生的实践能力和创新意识，附以开放的内容和展现的形式以及多元的评价标准，为学生的个性发展提供展示的平台。如今，在美国、日本等国家和中国台湾等地区，从小学至大学都有一套完善的陶艺教育体系，陶艺早已走向世界，获得了广泛的欢迎。

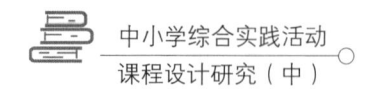

二、课程目标

● 价值体认：通过学习陶艺手工塑型的基础技法，培养兴趣专长，懂得艺术劳动的价值，学会珍惜与感恩劳动成果。

● 责任担当：认识陶艺文化，培养对传统工艺的热爱之情，激发民族自豪感，进而了解、学习、传承民族传统文化。

● 问题解决：通过学习陶艺手工塑型的基础技法，培养动手能力，增强在生活、劳动中解决实际问题的能力。

● 创意物化：通过学习陶艺手工塑型的基础技法，激发并培养学生的审美情趣，促使学生积极参与动手实践，培养学生的创新和实践能力，形成审美与实践创新意识，感受并传承坚守执着、精益求精的工匠精神。

三、适用学段

小学4~6年级、初中。

四、实施条件

（一）知识准备

了解陶艺基础知识、陶艺常用工具和材料和基本的制作工序。

（二）教具清单

帆布、木质平板、木条、刮片、泥塑刀、海绵、陶泥。

五、安全措施

● 按照指导教师要求，合理使用陶艺工具，特别注意可能在使用过程中有危险的工具，注意不要被切割针扎伤、被刮刀划伤；

● 陶艺馆内严禁喧哗、追逐打闹，防止意外伤害发生；

● 不要私自动用电气设备。

六、教学设计

（一）教学重点

（1）了解陶艺文化及其发展。

（2）了解陶艺手工成形的技法。

（3）能够进行有主题或无主题的自由创作。

（二）建议课时

4课时。

（三）教学过程

教师根据学生人数，将班级平均分为 4 个学习小组，学生自主选出小组长。各小组长在小组内选出安全员、材料员、卫生员和发言人。教师告知、明确各角色的职责。

1. 情境创设，导入主题

（1）优秀作品欣赏，认识陶艺的功能。

【教师活动】

使用实物和多媒体，展示优秀陶艺作品，引导学生认识陶瓷的价值，激发学习兴趣。

【学生活动】

结合生活经验，认识陶艺的实用和艺术价值，产生学习兴趣。

（2）自主学习，认识陶艺分类及发展。

【教师活动】

多媒体展示，提供相关学习资料，引导学生归纳总结陶艺分类及发展。

【学生活动】

自主学习，归纳陶瓷的分类和基本特点；根据不同历史时期的陶瓷作品，总结陶瓷的发展趋势。

（3）合作学习，学习陶艺制作的基本流程。

【教师活动】

展示陶艺室进行创作的视频，引导小组讨论，认识常见的陶艺制作工具，归纳陶艺制作的基本流程。

基本工序：设计→制坯→装饰→烧制。

2. 实践体验，自主创作

砖瓦、陶瓷、景泰蓝等在制造过程中，用原料做成器物的形状，还没有

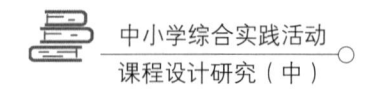

放在窑里或炉里烧制的，叫作"坯"。

【学生活动】

认真观摩，自主思考，小组合作交流。认识常用的工具，总结陶艺制作的基本流程。

（1）展示讲解，演示活动。

【教师活动】讲解并演示陶艺塑形的基础方法。

陶艺制作可以使用手工制作，也可以使用转台进行电动拉坯制作。手工制作包括捏塑成形法、泥条盘筑法和泥板成型法等。

捏塑成形法，示例：手捏陶碗。

泥条盘筑法，示例：泥条小猪。

泥板成型法，示例：小猫圆盘。

【学生活动】学习陶艺成形的方法，思考不同方法进行创作的思路，为自由创作进行初步的构思设计。

（2）思考创新，自主创作。

【教师活动】发布制作任务，要求如下：

①严格落实安全措施要求；

②充分构思设计，练习手工塑形的方法；

③作品完整，细节完善。

【学生活动】允许小组内交流，充分思考设计，自由主题创作，完成至少一个完整的作品。

七、总结评价

（1）学习完成后，尝试互评一下吧！

① 学生评价。

评价标准：活动过程中表现良好；能利用手工成型的技法做出完整的作品，成形美观，创意充分。

② 教师评价。

评选出每个小组的代表作品，点评鼓励。

③ 成果交流。

各小组指定代表发言人谈谈学习创作感谢与体会。

（2）通过本节课的学习后，将你的作品和感悟记录在下方空白处。

八、拓展延伸

（1）大英博物馆是世界三大博物馆之一，也是收藏中国流失文物最多的一家。该馆收藏中国古代陶瓷上千件，每一件都是价值连城的精品。对此，同学们有怎样的看法和想法？

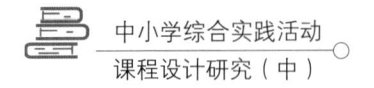

（2）本次陶艺体验活动之后，请同学们分享对陶瓷的认识和心得体会。

单元五

素质拓展

第一课 场地拓展训练——撕名牌

一、主题说明

本课程将通过撕名牌的活动，帮助同学们在繁忙的学习之余放松心情，舒缓压力，补充心理学健康知识，同时营造充满活力和健康向上的校园气氛，充分展现同学们积极、乐观的精神风貌，丰富同学们的课余生活，促进同学们之间的团结和友谊，加强同学们的团队合作意识。

二、课程目标

● 价值体认：通过体验团结协作完成任务，培养团体意识，形成勇于迎接挑战、团结协作、不怕困难的积极价值观。

● 责任担当：培养同学们之间的团结和友谊，加强同学们的团队合作意识，树立牢固的集体主义精神，增强爱国意识。

● 问题解决：通过活动体验，提高完成任务的能力，同时增强生活中解决问题的能力。

● 创意物化：通过亲身参与实践活动，将一定的想法或创意付诸实践，发展实践创新意识和审美意识，提高创意实现能力。

三、适用学段

小学 5~6 年级、中学各年级。

四、实施条件

教具清单：带有参赛选手名字的布条、胶带、活动衣服。

五、安全措施

场地清除可见的危险物品，如石子。活动过程中，奔跑注意安全。

六、教学设计

（一）教学重点

活动中团队的配合。

（二）建议课时

1 课时。

（三）教学过程

1. 情景导入

师：同学们都看过 2014 年浙江卫视的大型户外竞技真人秀节目《奔跑吧

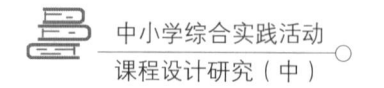

兄弟》吧？那么我们今天就来当《奔跑吧兄弟》里的主角，看谁撕名牌又快又准，同学们准备好了吗？

2. 规则讲解

双方在不伤害对方的情况下可以采用运动战或者正面对战，想方设法把对方后背上的名牌撕下来即为胜利者，比如 A 队两人把 B 队两人的名牌全部撕下，即 A 队获胜。如果途中一人名牌被撕，则被撕名牌者淘汰。

- 通过抽签方式将参加游戏的人员分为两组；
- 划定游戏区域，游戏时不能超过该区域；
- 两队人员互撕对方人员名牌，被撕掉名牌的人员必须即刻停止攻击对方，且自动退出游戏；
- 根据人数设置游戏时间，在规定时间内撕掉名牌多的队伍获胜，或者直到一方名牌被全部撕掉则游戏结束。

3. 撕名牌游戏技巧

- 出手快，力量狠，角度准。
- 比起面对面靠力量硬拼，在有机会的前提下先转移对手的注意力。
- 能把别人名牌撕下的前提是自己的名牌还在。在没有把握的情况下，保命为上。
- 如果一起"撕名牌"的小伙伴是自己的熟人，可以根据每个人的特点提前做一个思量，谁最弱，谁最强，由谁下手，提前做好准备一定好过临时乱撞。

● 在一人撕名牌胜利无望的前提下，可以联合其他同伴一起参与，撕掉其他队实力最强的人的名牌。

● 靠墙、躺地，虽然产生不了威胁力，但却是拖时间的好方法。

● 撕得过就撕，撕不过就躺。

● 躲起来，坐山观虎斗，以逸待劳。

4. 撕名牌安全注意事项

● 一定要使用专业的撕名牌道具，千万不要用贴纸；

● 活动前要去除佩戴物，剪掉指甲；

● 不许运用暴力和借助其他工具；

● 撕名牌的时候只能从上往下或者从左往右撕；

● 不许偷袭胸和臀部；

● 女生倒地后，不能撕名牌；

● 倒地的保护动作，是先蹲下，然后再倒下；

● 听到口哨，1秒钟分开；

● 任何人不许离开规定的有效区域。

七、总结评价

（1）分享一下在撕名牌活动中的技巧以及自己撕了几个名牌吧！

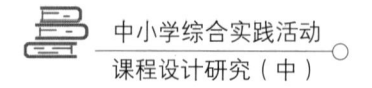

（2）说一说这次活动你的收获与感悟吧！

八、拓展延伸

撕名牌游戏还可以分为以下多种玩法：

● 团队战：是较为普遍的玩法，即撕完敌方团队所有名牌即取得胜利。

● 个人战：最后存活的人获胜，不过中间可以结盟，也因此增加了很多可玩性。

● 间谍战：分别有一个间谍在两边的队伍中。还可以设置一名黑衣人，由黑衣人选间谍。

● 撕公主名牌：3 名公主和 6 名骑士，每次由 1 名公主和 1 名蒙眼骑士出来应战，公主先贴上应战骑士的名牌，如果公主被撕掉名牌，则更换为另外 1 名骑士的名牌，如果再被撕掉，就换掉公主的名牌，最后应战的骑士由公主决定。

选择其中一种玩法，和同学们一起玩一次，并说说你和你的团队都采取了哪些技巧呢？最终有没有获胜呢？

第二课 军事列队训练

一、主题说明

队列，是军人进行集体活动必不可少的组织形式，凡是集体活动，都离不开队列。队列训练是按照《中国人民解放军队列条令》规定内容进行的各种制式训练，通过规范的动作训练使部队整齐划一，有助于培养军人的高度责任感和整体观念以及严肃认真履行职责的习惯；养成整齐划一、令行禁止、协调一致的动作，一往无前的精神，坚韧不拔的作风；也有助于增强军人体质，对于提高队伍的整体战斗力具有重要意义。

本课程将通过队列训练，培养同学们团结协作的团队精神，同时在训练中，感受军营生活的乐趣。

二、课程目标

- 价值体认：通过参加军事列队训练，形成国家认同，同时培养勇于迎接挑战、不怕困难的积极的价值观。
- 责任担当：让学生掌握基本队列训练方法，感受军营集体生活的乐趣，培养集体意识、荣誉意识，激发民族自豪感，培养学生对中华民族的热爱之情，同时培养学生吃苦耐劳的品质，养成独立的生活习惯。
- 问题解决：通过队列训练，提高学生身体素质，培养学生吃苦耐劳的品质，让学生熟练掌握技能并增强其综合运用技能解决问题的能力。
- 创意物化：通过参加训练，体会职业劳动的艰辛，感受各行各业的职业精神，并在实操体验中融入大胆想象，体现创新创意，同时感受并传承坚守执着的精神。

三、适用学段

小学 4~6 年级、初中、高中。

四、实施条件

教具清单：迷彩服、军靴。

按连分组，每连人数不定，最多不超过 70 人。

每连选出 1 名连长，负责本组纪律、安全、卫生；1 名发言人，负责做活动记录和总结发言。

五、安全措施

- 注意安全，令行禁止，一切行动听指挥，严格遵守队列纪律；
- 克服环境及天气带来的不良影响；
- 不得私自脱离队伍，不打闹，不乱跑，不大声喧哗，礼貌待人；
- 认真听、仔细看、用心体会，尽早掌握动作要领。

六、教学设计

（一）教学重点

队列训练的方法。

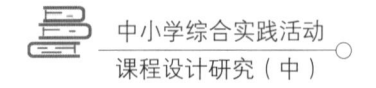

（二）建议课时

4课时。

（三）教学过程

1. 第一个科目：立正、稍息、跨立

（1）立正：

立正是军人的基本姿势，是队列动作的基础，在宣誓、接受命令、进见首长和向首长报告、回答首长问话、升降国旗、迎送军旗、奏响国歌和军歌等庄重严肃的时机和场合，均应当立正。

- 口令：立正。
- 动作要领：听到"立正"口令后，两脚跟靠拢并齐，两脚尖向外分开约60°；两腿挺直；小腹微收，自然挺胸；上体正直，微向前倾；两肩要平，稍向后张；两臂下垂，自然伸直，手指并拢自然微曲，拇指尖贴于食指第二节，中指贴于裤缝；头要正，颈要直，口要闭，下颌微收，两眼向前平视。

（2）稍息：

- 口令：稍息。
- 动作要领：左脚顺脚尖方向伸出约全脚的三分之二，两脚自然伸直，上体保持立正姿势，身体重心大部分落于右脚。稍息过久，可以自行换脚。

（3）跨立：

- 口令：跨立。
- 动作要领：当听到"跨立"口令后，左脚向左跨出约一脚之长，两腿挺直，上体保持立正姿势，身体重心落于两脚之间。两手后背，左手握右手手腕，拇指根部与外腰带下沿（内腰带上沿）同高；身体挺直，肩部外展，右手手指并拢自然弯曲，手心向后。

（4）训练步骤与方法：

① 立正手形练习：

口令：手形定位练习，1、2。

要领：听到"1"的口令，两手向前平伸，掌心相对（检查手形是否正确）。听到"2"的口令，两手收回原处。

② 立正、稍息练习：

立正与跨立互换练习。

持久站立练习。

要领：按立正的动作要领站好，持续一段时间，时间可由短到长，养成习惯。

2. 第二个科目：整齐、报数

（1）整齐：

讲解：整齐，是使队列人员按规定的间隔、距离，保持行、列齐整的一种队列动作。整齐分为向右（左）看齐和向中看齐。

口令：向右（左）看——齐，向前——看。

● 动作要领：基准兵不动，其他士兵向右（左）转头，眼睛看右（左）邻士兵腮部，前4名能通视基准兵，自第5名起，以能通视到本人以右（左）第3人为标准；后列人员，先向前对正，后向右（左）看齐；听到"向前——看"的口令，迅速将头转正，恢复立正姿势。

● 口令：以×××为准，向中看——齐，向前——看。

● 动作要领：当指挥员指定"以×××为准（或者以第×名为准）"时，基准兵答"到"，同时左手握拳高举，大臂前伸与肩略平，小臂垂直举起，拳心向右；听到"向中看——齐"的口令后，其他人员按照向左（右）看齐的要领实施；听到"向前——看"的口令后，基准兵迅速将手放下，其他士兵迅速将头转正，恢复立正姿势。

一路纵队看齐。

一路纵队看齐时，可以下达"向前——对正"的口令。

（2）报数：

● 口令：报数。

● 横队从右至左（纵队由前向后）依次以短促洪亮的声音转头（纵队向左转头）报数，最后一名不转头。数列横队时后列最后一名报"满伍"或"缺

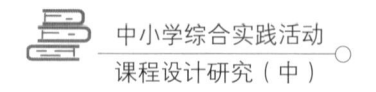

××名"。

3. 第三个科目：停止间转法

（1）停止间转法是停止间变换方向的方法，分为向右（左）转，半面向右（左）转、向后转。

● 口令：向右（左）——转、半面向右（左）转、向后——转。

● 动作要领：向右（左）转，以右（左）脚跟为轴，右（左）脚跟和左（右）脚掌前部同时用力，使身体协调一致向右（左）转90°，体重落在右（左）脚，左（右）脚取捷径迅速靠拢右（左）脚，成立正姿势。转动和靠脚时，两腿挺直，上体保持立正姿势。

半面向右（左）转，按向右（左）转要领转45°。向后转，按照向右转的要领向后转180°。

（2）训练步骤与方法：

● 分解练习，口令：分解动作，向右（左、后）——转。

● 动作要领：听到"向右（左、后）——转"的口令，按向右（左、后）转的要领转向新的方向，不靠脚，听到"2"的口令，左（右）脚靠拢右（左）脚，成立正姿势。

连贯练习，按向右（左、后）转的要领，转到新的方向立即靠脚。

4. 第四个科目：蹲下、起立

（1）蹲下、起立：

● 口令：蹲下。

● 动作要领：右脚后退半步，前脚掌着地，臀部坐在右脚跟上（膝盖不着地），两腿分开约60°，手指自然并拢放在两膝上，上体保持正直。蹲下过久，可以自行换脚。

● 口令：起立。

● 当听到起立的口令后，全身协力迅速起立，左脚取捷径靠拢右脚，成立正姿势。

（2）训练步骤与方法：

● 分解练习，口令：分解练习，蹲下。

● 动作要领：听到"蹲下"的口令后，右脚后退半步，前脚掌着地，两腿挺直，体重落于左脚掌；听到"2"的口令后，身体重心后移的同时下蹲身体，体重落在右脚，臀部坐在右脚跟上（膝盖不着地），两腿分开约60°，手指自然并拢放在两膝上，上体保持正直。

连贯练习，按照蹲下、起立的动作要领反复练习，注意体会下蹲时身体重心的移动变化，并注意强调动作的节奏。

5. 第五个科目：敬礼、礼毕

敬礼分为举手礼、注目礼和举枪礼。

（1）敬礼。

● 口令：敬礼。

● 举手礼动作要领：上体正直，右手取捷径迅速抬起，五指并拢自然伸直，中指微接帽檐右角前约 2 cm 处（戴卷檐帽、无檐帽或者不戴军帽时微接太阳穴，约与眉同高），手心向下，微向外张（约 20°），手腕不得弯曲，右大臂略平，与两肩略成一线，同时注视受礼者。

● 注目礼动作要领：面向受礼者成立正姿势，同时注视受礼者，并目迎目送，右、左转头角度不超过 45°。

图 5-2-1　敬礼

（2）礼毕：

● 口令：礼毕。

● 动作要领：行举手礼者，将手放下；行注目礼者，将头转正，成立正姿势。

6. 第六个科目：行进、停止

横队和并列纵队行进以右翼为基准，纵队行进以左翼为基准（一路纵队行进以先头为基准）。

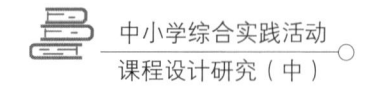

（1）行进，指挥员应当下达"×步——走"的口令。听到口令，基准兵向正前方前进，其他士兵向基准翼标齐，保持规定的间隔、距离行进。纵队行进时，排、连通常成三路纵队，也可以成一、二路纵队。行进中，需要时，用"一二一"（调整步伐的口令）、"一二三四"（呼号）或者唱队列歌曲，以保持步伐的整齐和振奋士气。

图 5-2-2　齐步走

（2）停止指挥员应当下达"立——定"的口令。听到口令，按照立定的要领实施，分队的动作要整齐一致；停止后，听到"稍息"的口令，先自行对正、看齐，再稍息。

（3）齐步：

齐步是军人行进的常用步法。

● 口令：齐步——走。

● 动作要领：左脚向正前方迈出约 75 cm，按照先脚跟后脚掌的顺序着地，同时身体重心前移，右脚照此法动作；上体正直，微向前倾；手指轻轻握拢，拇指贴于食指第二节；两臂前后自然摆动，向前摆臂时，肘部弯曲，小臂自然向里合，手心向内稍向下，拇指根部对正衣扣线，并高于常服最下方衣扣约 5 cm（着作训服时，与外腰带扣中央同高），离身体约 30 cm；向后摆臂时，手臂自然伸直，手腕前侧距裤缝线约 30 cm。行进速度每分钟 116~122 步。

（4）训练步骤与方法：

摆臂练习：

● 口令：摆臂练习，1，2。

● 动作要领：听到口令，按齐步行进中摆臂的要领进行。需要停止练习时，下达"停"的口令；听到口令，两手放回原处，成立正姿势。

（5）立定练习：
● 口令：三步一靠，齐步——走，2。
● 动作要领：听到"三步一靠，齐步——走"的口令，按齐步行进的要领，向前迈出三步，不靠脚；听到"2"的口令，靠脚同时将手放下。

（6）连贯练习：
按齐步、立定的要领反复练习。
跑步主要用于快速行进。
● 口令：跑步——走。
● 动作要领：听到预令，两手迅速握拳（四指蜷握，拇指贴于食指第一关节和中指第二节），提到腰际，约与腰带同高，拳心向内，肘部稍向里合。听到动令，上体微向前倾，两腿微弯，同时左脚利用右脚掌的蹬力跃出约85 cm，前脚掌先着地，身体重心前移，右脚照此法动作；两臂前后自然摆动，向前摆臂时，大臂略垂直，肘部贴于腰际，小臂略平，稍向里合，两拳内侧各距衣扣线约5 cm；向后摆臂时，拳贴于腰际。行进速度每分钟170~180步。

（7）训练步骤与方法：
原地摆臂练习：
● 口令：跑步原地摆臂练习，跑步，1，2，停。
● 动作要领：听到"跑步"的口令，双手迅速握拳并提于腰际；听到"1"的口令，右臂迅速向前摆出并定位，左臂不动；听到"2"的口令，两臂前推后拉，自然换摆；听到"停"的口令，左臂由前收回腰际，右臂不动，然后双手迅速放下，成立正姿势。

（8）立定分解练习：
● 口令：跑步立定分解练习，跑步，1，2，3，4。
● 动作要领：听到"跑步"的口令，两手迅速握拳提于腰际，听到"1"的口令，左脚按齐步动作要领迈出，右臂按跑步动作要领摆出；听到"2"的口令，右脚向前迈出，两臂换摆；听到"3"的口令，左脚向前大半步，脚尖向外分开约30°着地，同时左拳由前收回，与右臂停于腰际，两腿停止，身体重心移于左脚；听到"4"的口令，右脚迅速取捷径靠拢左脚，同时将手放下，成立正姿势。

（9）踏步：
踏步用于调整步伐和整齐。
● 停止间口令：踏步——走。

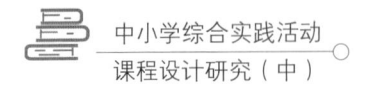

● 行进间口令：踏步。

● 动作要领：两脚在原地上下起落（抬起时，脚尖自然下垂，离地面约 15cm；落下时，前脚掌先着地），上体保持正直，两臂按照齐步或者跑步摆臂的要领摆动。

（10）立定：

● 口令：立——定。

● 动作要领：齐步、正步和礼步时，听到口令，左脚再向前大半步着地，脚尖向外约 30°，两腿挺直，右脚取捷径迅速靠拢左脚，成立正姿势。跑步时，听到口令，继续跑 2 步，然后左脚向前大半步（两拳收于腰际，停止摆动）着地，右脚取捷径靠拢左脚，同时将手放下，成立正姿势。踏步时，听到口令，左脚踏 1 步，右脚靠拢左脚，原地成立正姿势；跑步的踏步，听到口令，继续踏 2 步，再按照上述要领进行。

7. 第七个科目：集合、离散

（1）集合：

集合，是使单个军人、分队、部队按照规范队形聚集起来的一种队列动作。

集合时，指挥员应当先发出预告或者信号，如"全连注意"或者"×排注意"，然后，站在预定队形的中央前，面向预定队形成立正姿势，下达"成××队——集合"的口令。所属人员听到预告或者信号，原地面向指挥员成立正姿势；听到口令，跑步到指定位置面向指挥员集合（在指挥员后侧的人员，应当从指挥员右侧绕过），自行对正、看齐，成立正姿势。

（2）离散：

离散，是使列队的单个军人、分队、部队各自离开原队列位置的一种队列动作。

图 5-2-3　集合

- 口令：各营（连、排、班）带开（带回）。
- 动作要领：队列中的各营（连、排、班）指挥员带领本队迅速离开原列队位置。
- 口令：解散。
- 动作要领：队列人员迅速离开原列队位置。

七、总结评价

（1）完成今天的队列训练后，请自评并邀请小组成员互评，看看今天的表现吧！（表现分为"A""B""C"三个等级）

内容	自评	同学互评
军容整理		
科目类别		
整齐划一		
动作连贯		

（2）在完成今天的训练后，你有什么收获和感悟呢？请写下来吧！

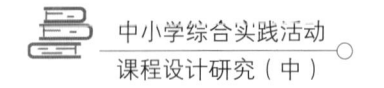

八、拓展延伸

上网查阅部队纪律作风要求，看看还有哪些要求，记录下来并在生活中严格要求自己。

第三课 军事内务课程

一、主题说明

　　内务是军队建设的基础和载体，离开了军队内务建设，军队建设就成为"无源之水，无本之木"。所以整理内务在部队是一项很重要的工作，它大量地存在于军队日常生活之中，比如整理室内的卫生，包括叠被子与室内各种物品的摆放及其个人卫生等，是军队需要经常处理的现实性问题。

　　本节课将通过军事内务的课程学习，培养同学们独立的生活习惯与团结互助的集体主义观念，同时在训练中，感受到军营生活的乐趣。

二、课程目标

● 价值体认：通过学习了解军事内务的内容及其意义，形成国家认同，同时培养勇于迎接挑战、不怕困难的积极价值观。

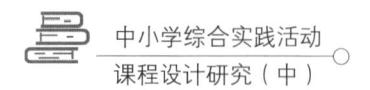

● 责任担当：通过军事内务的学习让学生学会感恩，能回家帮助家长整理家务，养成独立的生活习惯，同时激发民族自豪感，培养学生对中华民族的热爱之情。

● 问题解决：通过军事内务的学习，培养学生雷厉风行的生活作风与团结互助的集体主义观念，增强解决生活中遇见问题的能力。

● 创意物化：通过参加训练，感受各行各业的职业精神，并在实操体验中融入大胆想象，体现创新创意，同时感受并传承坚守执着的精神。

三、适用学段

小学、初中、高中。

四、实施条件

教具清单：军用被子、牙刷、牙膏、牙缸、脸盆、毛巾、水杯、垃圾桶、笤帚和簸箕等。

五、安全措施

● 教学活动场地宽敞安全；
● 体验活动防止推搡、踩踏等意外事故；
● 跟班老师、安全员随队管理纪律。

六、教学设计

（一）教学重点

怎么整理寝室内务才算规范；培养学生良好的生活习惯。

（二）建议课时

1课时。

（三）教学过程

1. 课程导入

（1）观看规范整理内务的图片。

军事内务是综合实践课程的一个重要内容，它能锻炼我们生活的自理自立能力，培养我们发现美、欣赏美、创造美的情操，让我们用眼睛去观察生活，用双手去打造生活，用心灵去感受生活。

（2）内务整理的四个环节。

四个环节分别是床上用品的整理；床下脸盆及拖鞋的摆放；地面的要求及卫生工具的摆放；床头柜、窗台及窗帘的整理。

2. 教师讲解示范

床上用品的整理主要包括三大件，即床单、被罩、被子。

（1）铺床单。

床单：床单图案由方格和线条组成。

要求：方格和线条是直的，不要倾斜。床单的长度和床的长度基本一致，要求把床长的两端包齐即可。

操作步骤：

● 第一步：找出一个参照物。可以是线条，也可以是方格作参照物，把离开你身体那一端的褥子和垫子用床单包紧；

● 第二步：用手扯平床单，用力往外拽；

● 第三步：把靠近你身体一端的褥子和垫子用床单包紧，用手伸平床单即可。

（2）套被罩。

操作步骤：

● 第一步：被罩平铺在床上，把被子放在床边；

● 第二步：一名同学将被子的一角塞进被罩对应的角，另一名捏住它，然后再按照同样的方法，把另外的三个被子角装进对应的被罩角处；

● 第三步：塞完后，两名同学各拎一侧的两个角抖平。

（3）叠被子：被子要求叠成豆腐块状。

操作步骤：

● 第一步：把被子伸平，平均分成三等份；

● 第二步：把离开你身体的被子的三分之一折叠，用手压平；

● 第三步：把靠近你身体的被子的三分之一折叠，用手压平；

● 第四步：在被子的二分之一处往上提，并用手或胳膊挤压出一道拱形（或称之为分水岭）；

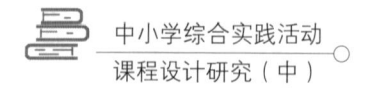

- 第五步：分别在被子两边的四分之一处各用手或胳膊挤压出一道分水岭；
- 第六步：折叠，重合，并把所挤压的分水岭整理成型；
- 第七步：摆放，被口朝门。

（4）枕头和枕巾。

操作步骤：

- 枕头放平，放在被子的外侧；
- 枕巾铺平，搭在枕头上面即可。

3. 学生分组实践

（1）整理床上三大件。

把所有学生分成5个小组。小组成员相互合作、团结协作、共同完成。最后评选"最佳叠被手"以及"最佳组合"。

（2）整理脸盆和鞋子。

- 脸盆内需要摆放同学们自己所带的洗漱用品。包括牙膏、牙刷、牙缸等，要求摆放整齐，毛巾叠成小方块放在脸盆内；
- 脸盆统一放在靠近走廊的一端，要求放在一条直线上；
- 鞋子（包括拖鞋和旅游鞋）统一放在脸盆内侧，鞋头朝前，鞋头和床边垂直，摆放整齐。

（3）整理地面及卫生工具的摆放。

- 地面要求干净整洁，无杂物、垃圾。先用笤帚把地面打扫干净，然后用拖把拖净地面；
- 卫生工具包括垃圾桶、笤帚和簸箕等。垃圾桶的垃圾要随时产生随时倒掉，不遗留任何垃圾。簸箕、垃圾桶和笤帚要整齐摆放在门后指定位置。

（4）整理桌子、窗台及窗帘。

- 桌子上只需摆放饮水杯，要求饮水杯按从左到右、从高到低的顺序摆放。
- 窗台每天要擦干净；
- 窗帘要求早晨起床后拉开并用夹子固定好。

七、总结评价

（1）说说你在整理床铺时都遇到了哪些困难。

（2）通过本节课的学习，你有什么样的收获和感悟呢？跟大家分享一下吧！

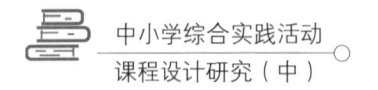

八、拓展延伸

回家以后整理和收拾自己的房间，锻炼独立能力，并将过程及遇到的困难用文字或图片记录下来。

第四课 攀 岩

一、主题说明

攀岩属于登山运动，攀岩对象主要是岩石峭壁或人造岩墙。攀岩时不用工具，仅依靠手脚和身体的平衡向上运动，手和手臂要根据支点的不同，采用各种用力方法，如抓、握、挂、抠、撑、推、压等，所以对人的力量要求及身体的柔韧性要求较高。攀岩时要系上安全带和保护绳，配备绳索等以免发生意外。

本节课将通过学习攀岩技巧，锻炼学生不怕困难、勇于接受挑战的精神。

二、课程目标

● 价值体认：通过参加攀岩活动，发展兴趣专长，培养学生遇到困难永不退缩的精神，形成勇于迎接挑战、不怕困难的积极的价值观。

● 责任担当：通过亲身参与实践，初步养成自理能力，培养自立精神与热爱生活的态度，养成独立的生活习惯。

● 问题解决：学生能关注自然、社会、生活中的现象，深入思考并提出有价值的问题，通过学习操作技能解决生活中的问题，并在实践中学会用科学的方法解决实际存在的问题。

● 创意物化：通过亲身参与实践活动，体会职业劳动的艰辛，在动手操作的过程中，将一定的想法或创意付诸实践，发展实践创新意识和审美意识，提高创意实现能力。

三、适用学段

小学 5~6 年级，初、高中各年级。

四、实施条件

教具清单：攀岩专用场地、安全保护衣、绳索、安全帽等。

五、安全措施

● 场地清除可见的危险物品，如石子；
● 安全设备检查。

六、教学设计

（一）教学重点

安全装备的讲解，攀岩时的安全保护。

（二）建议课时

1课时。

（三）教学过程

1. 情景导入

师：同学们看过由金国威、伊丽莎白·柴·瓦沙瑞莉联合执导的纪录片《徒手攀岩》吗？如果没看过，大家可以课后看一看，纪录片的主人公艾利克斯·洪诺德，是徒手攀岩领域赫赫有名的人物，影片讲述了艾利克斯于2017年6月征服"绝对的攀岩圣地"——酋长岩的历程。

徒手攀岩，即 Free Solo，指单人无保护自由攀登，除了可以使用攀岩鞋和粉袋之外，其他一切保护设备都不会使用，它不仅考验人的身体素质，更考验人的心理素质。

2. 规则讲解

（1）安全装备：

● 安全头盔：穿戴安全头盔时，女生应把头发盘起来，注意从后往前穿。首先找到松紧装置，也就是一个圆形装置，罩于脑后，拧至头盔不晃，然后找到卡扣，先不要扣上，找到三角口，三角口应距耳垂一指距离为宜；比量一下长短，应是扣好后两指能在下颚处自由活动为宜；比量后再将卡扣扣好，松紧装置拧紧。至此安全头盔穿戴完毕。

● 半身式安全衣：穿戴前先找到主保护环，抖两下，将安全衣整理好；穿戴时，主保护环应在身前，将脚穿过腰带和腿带，然后将腰带提至肚脐位置，通过收紧扣将腰带收紧，松紧标准为一指插进能自由活动；然后将腿带

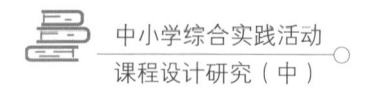

收紧，松紧标准为两指插进能自由活动，将腰带和腿带多余的部分用塑料卡环固定；最后检查安全衣有无折叠扭曲的部分，至此半身式安全衣穿戴完毕。

●全身式安全衣：穿戴前先找到背部调节卡扣，抖两下，将安全衣整理好；穿戴时，先将腿带穿好，再背上肩带，将肩带收紧；然后将腿带收紧，将多余部分用塑料卡环固定；最后检查安全衣有无折叠扭曲的部分，至此全身式安全衣穿戴完毕。

（2）攀岩方法：

攀岩前，应做徒手操热身活动，将手脚活动开；攀岩时，手臂尽量伸直，双腿弯曲，身体贴住岩壁，用脚的内侧着力；注意攀爬时双手双脚四个点要有三个点是固定的，一个点移动；若觉得攀爬路径困难时，应调整路径，向上看时应侧脸向上，用余光看；如出现脱手或踩空的现象，应将双手收于胸前，双腿微曲；下降时，双手握住胸前的保护绳，用脚尖轻点岩壁；注意无论是脱手踩空还是下降，都不能用腿蹬岩壁，以防摆荡撞击岩壁。

七、总结评价

（1）请分享一下你在攀岩的过程中有哪些技巧及克服恐惧的方法？

（2）通过本节课的学习，你有哪些收获与感悟呢？

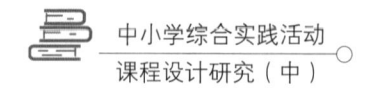

八、拓展延伸

攀岩运动源自一个美丽的爱情故事:在欧洲阿尔卑斯山区悬崖峭壁的绝顶上,生长着一种珍奇的高山玫瑰。相传只要拥有这种玫瑰,就能获得美满的爱情。于是,勇敢的小伙子便争相攀岩,摘取花朵献给心爱的人。

你知道攀岩分为哪些种类吗?攀岩这项运动又对你的生活以及未来产生了哪些有利的影响呢?

第五课 中空心理行为训练

一、主题说明

　　中空心理行为训练是一种磨炼人意志的训练方式。通过挑战一些极限的训练科目，受训者经过一段时间的培训后，被激发出潜能，从而超越自我。

　　中空心理行为训练分为横吊桩桥、吊板台桥、钻网桥、斜坡桥、吊桩桥、单板桥、秋千桥、吊板桥、抱桩、牵引绳桥、U型绳桥等。

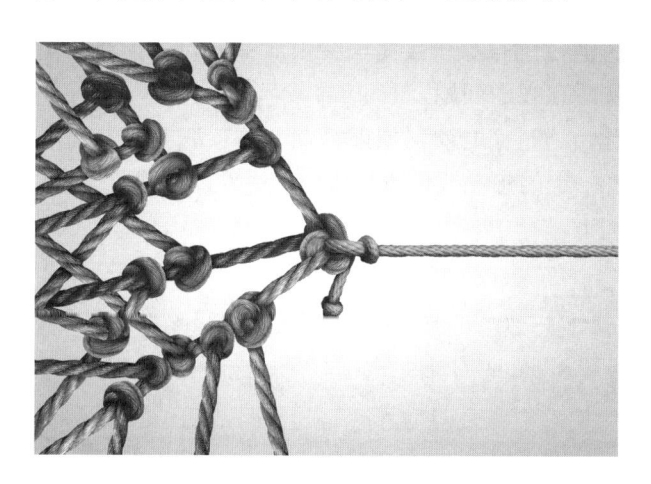

　　中空项目是在相对较高的专业设施器材上进行活动的，活动中不能直接跳上跳下。中空活动能使学生在应对心理冲击与团队配合方面得到很好的锻炼，属于操控难度较大的项目，可能产生中等伤害事故。

在学生的成长过程中经常会遇到许多烦恼，给学生带来焦虑和恐惧等形式的情绪反应。强烈的情绪反应会导致认知能力下降，进而影响正常的行为发挥。

中空体验项目的难易程度不同，其目的正是让学生通过体验去面对焦虑和恐惧情绪，并在这种情绪反应下培养冷静思考和大胆精细操作的能力，以此锻炼学生临危不乱、自我控制、挑战自我、超越自我的良好心理素质。

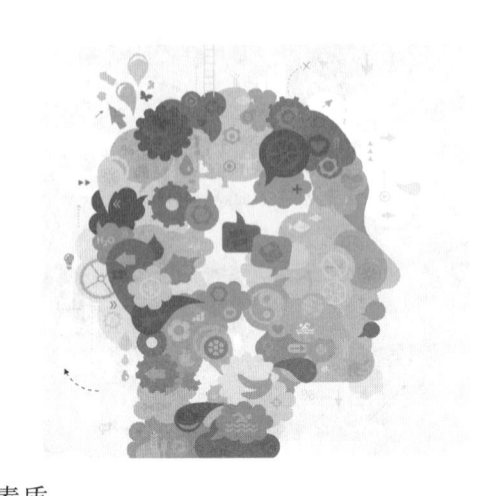

二、课程目标

● 价值体认：通过参加高空实践教育活动，发展兴趣专长，形成积极的生活观念和态度，形成勇于迎接挑战、不怕困难的积极的价值观。

● 责任担当：通过亲身参与实践，初步养成自理能力，培养自立精神与热爱生活的态度，增强服务意识，养成独立的生活习惯。

● 问题解决：学生能关注自然、社会、生活中的现象，深入思考并提出有价值的问题，通过学习操作技能解决生活中的问题，并在实践中学会用科学的方法解决实际存在的问题。

● 创意物化：通过亲身参与实践活动，体会职业劳动的艰辛，在动手操作的过程中，将一定的想法或创意付诸实践，发展实践创新意识和审美意识，提高创意实现能力。

三、适用学段

初中、高中。

四、实施条件

教具清单：半身保护装、安全带、安全锁、安全帽、手套等。

五、安全措施

- 一切行动听指挥。授课过程中学生要认真听讲、体验；
- 对体验者身体状况进行调查评估。特殊情况不能参加运动的情况：一年内有做过开放性手术的，患有心脏病、严重高血压、恐高症、心理疾病等人员不能参加本次活动；
- 不得穿有碍运动的服装、鞋子，头上不得戴发箍、夹子等饰品；
- 体验者衣兜、腰间、脖子不能有硬物；
- 不得在课堂中打闹嬉戏，不得私自离开规定区域，更不能闯入体验区下方并在下方随意穿插；
- 不得攀爬周围护栏和周围设施设备。

六、教学设计

（一）教学重点

克服心理障碍，顺利通过体验项目。

（二）建议课时

2课时。

（三）教学过程

1. 开始部分

（1）集合整队，清点人数；

（2）宣布本节课的主要内容和任务；

（3）进行安全教育并告知学生注意事项；

（4）安排见习；

（5）分组分工：按报数分组，每组5人，并对5人分别编号、分工。

2. 准备部分

（1）教学分组，明确各自职责。各小组成员在组内可自由选择适合自己的角色，进行身份确认，对号入座。写出小组成员分工职责表；

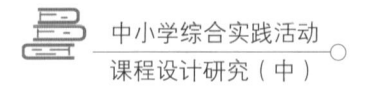

（2）围绕场地趣味慢跑两圈；四级进化论游戏；徒手操以及拉伸运动；

（3）将所需的各种安全装备在现场按序摆放，最好下面铺一块塑料布。

3．体验部分

（1）介绍"二战"故事：介绍心理行为训练项目背景。心理行为训练起源于"二战"期间的英国，当时大西洋商务船队屡遭德国潜艇的袭击，许多缺乏经验的年轻海员葬身海底，人们从生还者身上发现，他们并不一定都是体能最好的人，但却都是求生意志最顽强的人。因此有必要让学员克服心理障碍，树立积极的学习观念和培养求真务实的探究精神。

（2）内容介绍：讲解中空项目的发展史，介绍体验项目名称，根据不同体验者的年龄进行行走安全说明、讲解。

（3）讲解示范：在挑战完成中空项目的过程中，挑战队员必须要按照规定穿着安全装备，方可进行。

● 保护装备检查：无破损，无其他物体嵌在装备内，安全锁应挂在手握把环不锈钢前耳。

● 保护装备穿戴讲解及示范。

头盔：调节扣在头部的后端，调节带可根据头部大小进行调节，通过试戴，将调节带调到合适位置，戴在头上后，头的顶部与头盔的顶部之间应有 10 mm 左右距离，头盔不可左右晃动，前头盔下沿与眉毛有 1 cm 左右距离为宜。在头盔左右下端，有两条固定带扣，将带扣调到合适位置，左手食指与中指贴紧队员头部左侧，将扣扣好。

图 5-5-1　头盔

图 5-5-2　安全带

全装安全带：安全带能承受的纵拉力都在 22~25 kN，并能承受大约 2 t 的重量。

使用前，首先要找到它的后挂点——半圆形日字扣，然后顺着打开这个金属后挂点，理顺带子。穿着方式是两脚分别从两个腿带圈穿进去，从下而上，再从后往前，将肩带搭在肩膀上。调节全身安全带的方法为先调节腿带，松紧程度以可以塞进一个拳头为宜；调节肩带时，以人体站直后不绷为原则。

在这里有一点必须牢记，多出调节扣的余带，如果是斜角形状，又没有压边，一定要把余带从带扣回索反扣回来，穿过调节扣。如果余带头是平直线形状，又有压边，这种带子是不用反扣的，只需向下拉紧到合适程度即可。最后要用丝扣锁将前挂点扣上。

丝扣锁：在拓展培训活动中，要用到主锁，通常叫丝扣锁。丝扣锁的纵向拉力一般都在 22 kN 以上，横向拉力也大于 700 kg 以上。丝扣锁目前分为自动型和线扣型两种。自动型的使用时比较方便，只要将外保护套旋转 90°，一松手就会自动弹回到安全锁死的状态；线扣型的则要在使用时将丝套拧开，连接好装备后再将丝扣拧回尽头，并记住一定要再将丝扣松动半圈。

钢锁：在活动中，我们还要用到一种锁扣，它与丝扣锁形状大致相同，功能、性能和使用方法也基本相似，只是它的制作用料不同，是钢材制作；并且与丝扣的使用位置不同，一般用在保护系统的上方与保护钢丝连接的地方。

安全绳：队员穿好安全装备，还必须要与安全员用安全绳连接起来才可起到保护作用。安全绳也叫主绳、动力绳等。它的作用是使挑

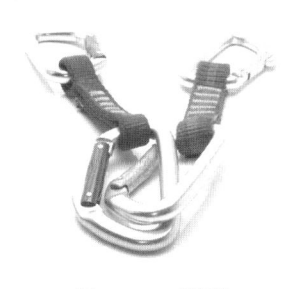

图 5-5-3　钢锁

战者无论任何原因坠落时，都能起到保护作用。主绳是由高强度的尼龙按特殊的方法编织而成，结构上由绳心、绳壳两部分组成，规格有不同的直径可供选择，我们常用的有 9 mm、10 mm、10.5 mm、11 mm。安全绳分动力绳、静力绳二种，动力绳具有高伸展性，可吸收冲坠时产生的冲击力。静力绳延展性低，操控性高。我们通常用动力绳较多。安全绳与队员的连接按规定使用单 8 字结或双 8 字结。

半装安全带：制动器还要与安全员的安全带前挂点用丝扣锁连接起来。安全员用的安全带，通常用半装安全带或坐式安全带。它的承重也通常是 22~25 kN。使用时，首先找到它的前挂点，顺着腰带打开它，双脚从腿带插

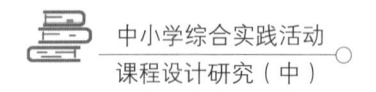

入，向上提到腰间。半装安全衣最重要的一个要点是腰带一定要提到胯骨以上，调节方法与全身的相反，先调整腰带，再调节腿带，松紧程度以能插入双手的四个手指为宜。余带必须反扣回索后穿入后面的松紧护圈。

（4）穿戴装备。

● 一名学员负责给另一名穿戴装备，其余学生观察存在的问题，并指出问题，教师总结纠正错误动作。

● 学生按分好的组自己或帮助他人穿戴安全装备，教师巡回指导。

● 钢锁和安全绳由教师穿戴并检查穿戴是否符合标准。

● 小组所有人员穿戴好装备后，站在门外等待辅助老师进一步检查装备是否穿戴合格。

（5）探索体验。

● 教师允许学生进入体验区域时，学生方可进入，挂锁后，教师再次检查穿戴装备情况，穿戴装备合格后本组成员允许进行体验。

● 小组成员按商定好的方案依次进行训练。互相鼓励，互相出谋划策，教师注意观察体验者的体验动作，及时指导学生并纠正不规范的体验动作，特别要给予体验者心理支持和人文关怀，确保学员都能安全顺利体验。

4. 结束部分

（1）体验结束后，必须让体验者站在安全区，教师站在盲区为体验者取锁，并将锁挂于体验者腰部安全装备上，体验者一只手提安全带走下中空，教官提醒学生下楼注意安全；

（2）脱下安全装备后，拓展老师播放优美的音乐，带领学生做放松运动及韧带拉伸运动。

七、总结评价

在完成了本节课的学习与挑战后，完成下列表格，归纳一下本节课的所学内容吧！

学习内容	简　答
用以体验的必要装备	
体验过关的主要技法	
安全装备的穿戴流程	
学习心理行为体验课的意义	

八、拓展延伸

你知道绳结中的"逃生结"是如何系的吗？查阅资料学习一下，将过程中你遇到的困难记录下来，与老师和同学交流。

第六课 动力圈

一、主题说明

学员通过齐心协力、步调一致的摇动动力圈活动，体验感受团队的力量，相信队友，团结协作；培养集体主义精神，增强爱国意识。

二、课程目标

- 价值体认：通过参加动力圈活动，发展兴趣专长，形成积极的生活观

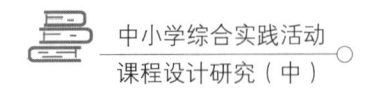

念和态度，形成勇于迎接挑战、不怕困难的积极的价值观。

● 责任担当：通过亲身参与实践，体验感受团队的力量，相信队友，团结协作，培养集体主义精神，增强爱国意识。

● 问题解决：通过熟练掌握摇动力圈的动作要领，学会手脑并用，并在实践中学会用科学的方法解决实际存在的问题。

● 创意物化：通过亲身参与实践活动，在动手操作的过程中，将一定的想法或创意付诸实践，发展实践创新意识，提高创意实现能力。

三、适用学段

初中。

四、实施条件

教具清单：动力绳 1 根（20 米以上），保护手套每人一双。

五、安全措施

● 开始活动前，指导教师带领学员认真检查活动地面，确保地面无石子、玻璃、铁器等尖硬的异物和杂质；

● 全体学员在活动中听从指挥，不得随意攀爬，不得高声喧哗，追逐打闹，避免摔伤跌倒、划伤等意外事故发生；

● 上课和课间休息期间不允许离开场地，未经指导老师允许，学生不得私自离队；

● 身体有不适合参加本项活动的，比如：患有高血压、心脏病，近期做过开放性手术以及有其他不适宜参加本次活动情况的学员，请在一旁休息等候；

● 在开始摇动力圈之前，要求所有人戴好手套，防止绳子磨破手。

六、教学设计

（一）教学重点

摇动力圈的动作要领讲解。

（二）建议课时

1课时。

（三）教学过程

1. 动力绳和动力圈活动介绍

动力绳有较好的延展性，可吸收下坠时的冲力，吸收更多能量，减少对人体的伤害，登山、攀岩宜用动力绳。

动力圈是一个团队协作的活动项目。需要全体成员每个人握住动力绳的一部分围成一个圆圈，拉紧绳圈，然后整齐划一地摇动动力圈。

2. 热身运动

组织全体学员集合整队，呈体操队形散开，然后依次做头部运动、肩部运动、扩胸运动、腹背运动、弓步压腿、高抬腿跑、纵跳、腕踝关节运动等热身运动。

3. 三个破冰游戏（可选）

通过破冰游戏打破人与人之间的隔阂，增进队友间的友谊与互信，为团结协作、培养集体主义精神奠定良好的基础。

（1）游戏一：名字接龙。

游戏规则：

● 小组成员围成一圈，由主持人指定任意一位成员，让该成员进行自我介绍，介绍的内容包括：来自哪里、姓名等。

● 第一名成员介绍完毕后，由第二名参与人员介绍，但是要说：我是×××后面的×××。

● 同样，第三名参与人员在介绍自己的名字时要说：我是×××后面的×××的后面的×××，依次下去，实现接龙……

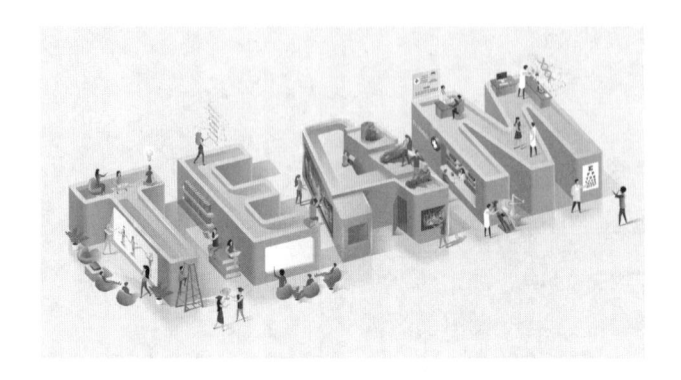

● 最后介绍的一名参与人员要将前面所有参与人员来自哪里和名字是什么复述一遍。

提示：参与游戏的成员可以接受旁边人员的提示。

（2）游戏二：教练说。

接下来，当每句口令前有"教练说"三个字时，大家都遵照执行；口令前如果没有"教练说"三个字，大家就保持原样，什么都不要做。

举例：

● 教练说：请不要讲话。

● 请蹲下（如果有人蹲下则挑战失败）。

● 教练说：请不要讲话。

● 教练说：请击掌一次。

● 请击掌两次（如果有人击掌则挑战失败）。

● 以此类推……

（3）游戏三：大风吹。

游戏规则：

小组成员围成一圈，每个人站定一个位子，由主持者开始说大风吹，所有成员回应"吹什么"，由主持者指定小组成员或者成员身上的物品或特征，比如说"吹戴眼镜的人"，等等，主持人说完后所有被吹到的人，即拥有这些特征的队员需要互换位置，

没有被吹到的组员待在原地不动，这时主持人视情况加入占位置，保证最后会有一个组员没有位置，没有占到位置的组员将会接受一份特殊的奖励（惩罚），接受完奖励（惩罚）之后，由没有占到位置的组员担当下一轮的主持人，继续活动。

4. 动力圈准备练习活动

所有人手握动力绳，围成一个圆圈站立。

（1）同起同坐练习：

当指导老师数"1"的时候，学员一起手握绳子举过头顶；当指导老师数"2"的时候，学员一起手握绳子放于胸前与腰部齐高位置。以此反复练习，达到步调一致的目的。

（2）花开花落练习：

学生一起手握绳子，拉成一个正圆站立，手握绳子绷紧，并放于胸前位置。当指导老师数"1"的时候，学员全部双手握住绳子，慢慢伸直手臂，身体微微倾斜；当指导老师数"2"的时候，所有人双手握住绳子，手臂弯曲，身体保持直立；以此反复练习，直到动作协调一致。

（3）云端漫步练习：

所有人一起手握绳子，坐在地上拉成一个正圆，手握绳子并绷紧，指导老师首先检查绳子是否绷得够紧。

然后由指导老师选择一人，由两人扶住这个人的双手，让其站于绷紧的绳子之上，然后向前行走。从中体验和亲身感受集体的力量。

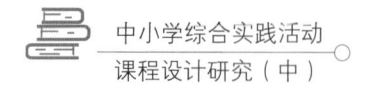

5. 动力圈动作要领讲解示范

（1）坐姿：身体与大腿保持垂直，双手握住动力绳，坐于地上，慢慢用力拉紧绳子，绳和手不得接触大腿。

（2）调整坐姿保持绳子在大腿的上方位置。

（3）按照统一口令，双手握住绳子在胸前画一个直立的正圆。

6. 动力圈任务布置

为保持所有人节奏一致，指导老师可以要求学生一起数数，每数满100又重新从1开始数，当再次满百时就数"200"，以此类推。

指导教师在活动过程中要时刻注意学生的动作，当学生动作不正确或者发生危险时，要及时纠正、制止。

（1）初次挑战动力圈目标：20个。

（2）再次挑战动力圈目标：100个。

（3）最后终极挑战动力圈：500个。

七、总结评价

当活动结束，我们的心情平静下来之后，回想一下，你有哪些想法和感悟？请分享一下吧！

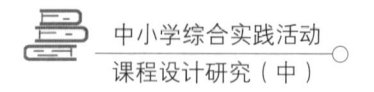

八、拓展延伸

一只蚂蚁虽然很渺小，但可以背负自身体重三十几倍的重量，一群蚂蚁只要团结起来甚至可以吃掉一头大象。

当我们初试锋芒，完成挑战动力圈 20 个的时候，觉得 100 个的目标太遥远了；当完成 100 个目标的时候，又觉得 500 个动力圈是几乎不可能完成的任务。但通过不断的坚持与挑战，我们都挑战了极限，超越了自我。

（1）通过参与体验动力圈活动，你感受到了什么？

（2）你觉得自己在活动中，表现得怎么样？回想一下在自己的生活、学习中你还经历过哪些需要团结协作才能完成的事？跟大家分享一下吧！

第七课　能量传递

一、主题说明

本课程是一项考验团队协作和挑战精神的综合实践活动。通过学员交替使用半圆形管道进行接力连接，传送小球到达目的地，培养学员团队领导能力、沟通协调能力和在规定时间内调动各种资源解决问题的能力，培养集体主义精神，增强爱国意识。

图 5-7-1　能量传递活动

二、课程目标

- 价值体认：通过体验团结协作完成任务，培养团体意识，形成勇于迎接挑战、团结协作、不怕困难的积极的价值观。
- 责任担当：培养团队意识和领导才能，牢固树立集体主义精神，增强爱国意识。
- 问题解决：掌握使用半圆形PPC管道进行接力传递的方法技巧，锻炼与人沟通、协调完成任务的能力，同时增强生活中解决问题的能力。
- 创意物化：通过亲身参与实践活动，在动手操作的过程中，将一定的想法或创意付诸实践，增强实践创新意识和审美意识，提高创意实现能力。

三、适用学段

初中。

四、实施条件

教具清单：圆形ppc管道50个、乒乓球4个、水4瓶、纸杯4个。

五、安全措施

- 选择较平整的地面或者草坪开展活动；
- 活动开始前检查地面，确保无玻璃、小石子或其他影响活动的碎片、物品等异物和杂质。

六、教学设计

（一）教学重点

各组团结协作精神的养成训练；集体主义意识的牢固树立。

（二）建议课时

1课时。

(三)教学过程

1. 能量传递活动介绍

每位成员会拿到一个半圆形的 PPC 管道,然后每个小组纵向排成一队,各小组的队长还会领到一个乒乓球。各小组需要把乒乓球放在起点线的位置,利用半圆形管道进行接力,让乒乓球滚动到终点的纸杯里面。

2. 热身运动

组织全体学员集合整队,呈体操队形散开,然后依次做头部运动、肩部运动、扩胸运动、腹背运动、弓步压腿、高抬腿跑、纵跳、腕踝关节运动等热身运动。

3. 三个破冰游戏(可选)

通过破冰游戏打破人与人之间的隔阂,增进队友间的友谊与互信,为团队组建、培养集体主义精神奠定良好的基础。

(1)游戏一:名字接龙。

游戏规则:

● 小组成员围成一圈,由主持人指定任意一位成员,让该成员进行自我介绍,介绍的内容包括:来自哪里、姓名等。

● 第一名成员介绍完毕后,由第二名参与人员介绍,但是要说:我是×××后面的×××。

● 同样,第三名参与人员在介绍自己的名字时要说:我是×××后面的×××的后面的×××,依次下去,实现接龙……

● 最后介绍的一名参与人员要将前面所有参与人员来自哪里和名字是什么复述一遍。

提示:参与游戏的成员可以接受旁边人员的提示。

(2)游戏二:教练说。

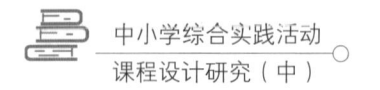

接下来，当每句口令前有"教练说"三个字时，大家都遵照执行；口令前如果没有"教练说"三个字，大家就保持原样，什么都不要做。

举例：

● 教练说：请蹲下。（如果有人蹲下则挑战失败）
● 教练说：请击掌一次。（如果有人击掌则挑战失败）

以此类推……

（3）游戏三：大风吹。

游戏规则：

小组成员围成一圈，每个人站定一个位子，由主持者开始说大风吹，所有成员回应"吹什么"，由主持者指定小组成员或者成员身上的物品或特征，比如说"吹戴眼镜的人"，等等，主持人说完后所有被吹到的人，即拥有这些特征的队员需要互换位置，没有被吹到的组员待在原地不动，这时主持人视情况加入占位置，保证最后会有一个组员没有位置，没有占到位置的组员将会接受一份特殊的奖励（惩罚），接受完奖励（惩罚）之后，由没有占到位置的组员担当下一轮的主持人，继续活动。

大风吹也可以吹特定的物体或人，第一个队员手搭在特指的物体或者人身上，其他所有的队员全部依次将手搭在前一位队员肩上，在队尾最后一名的组员将会接受一份特殊的奖励，接受完奖励之后继续担当下一轮的主持人。

（4）活动分组。

集合列队，采用依次报数的方式进行随机分组，每组人数保持基本相等，约20人。

（5）团队组建。

团队组建与展示：各组选一名队长，取一个队名，想一个口号，确定一个展示的队形，最后确定一首队歌。
分组进行展示，训练各组成员的团队协作精神，增强小组集体荣誉感。

（6）能量传递任务布置。

每个小组成员将会拿到一个半圆形的ppc管道。以小组为单位，利用

半圆形管道进行接力，使乒乓球滚动到终点的纸杯里面。

传递规则：

● 每位学员只能拿一节管道，不可以一人拿多节管道。

● 乒乓球必须以管道进行交替连接使球以自由滚动的方式传递，不可以用管道端着球跑动。

● 乒乓球只能在管道中向终点方向滚动，不可以逆向滚动。

● 球在向前滚动时，不可以用任何物体将球挡住，比如手指，导致球的滚动暂停。

● 球在向前滚动时如果掉到地上，则全组人员必须重新回到起点，重新开始本次传递。

● 终点的纸杯位置不可移动，学员不可以因为方向偏移去移动纸杯的位置。

● 如发现大家动作有危险时，指导教师必须立即叫停活动，该小组需回到起点重新开始。

以上规则，违反任意一项都必须回到起点重新开始。

（可选难度）所有人在传递过程中都不准讲话，但在每次传递之前可以进行小组讨论。

（7）任务开始。

任务一：传递乒乓球（比速度）。

● 各组讨论制定方案（3分钟）；

● 各组展开练习（5分钟）；

● 开始比赛；

● 总结反失败原因，重新挑战。

任务二：传递矿泉水（比速度和哪个组传过去的水多）。

● 各组讨论制定方案（5分钟）；

● 各组展开练习（10分钟）；

● 开始比赛。

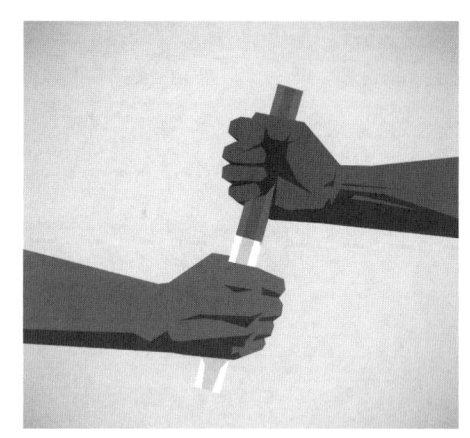

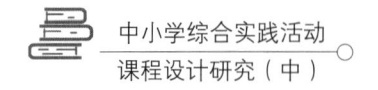

七、总结评价

说一说学习了本节课后，你有什么收获和感悟呢？

八、拓展延伸

（1）活动中，你认为团队的组织和领导对于整个任务的完成发挥了什么样的作用？

（2）回想一下，活动中，你认为团队成员应该如何做才能更好地完成任务？

第八课 水上六桥体验

一、主题说明

　　水上训练源于"二战"期间的英国，当时大西洋上有很多船只由于受到攻击而沉没，大批船员落水。海水冰冷，又远离大陆，许多年轻海员葬身海底，少部分人存活了下来，人们从生还者身上发现一个令人非常惊奇的事实，那就是这些人并不一定都是体能最好的，但却都是求生意志最顽强的。当时有个德国人库尔特·汉恩提议，利用一些自然条件和人工设施，让年轻的海员做一些具有挑战性的心理活动和项目，以训练和提高他们的心理素质。后来其好友劳伦斯在1942年成立了一所阿德伯威海上训练学校，以年轻海员为训练对象，这就是拓展训练的雏形。

　　拓展训练1995年进入中国大陆，发展到现在，它主要是通过精心设计的特殊情境，以户外活动的形式让参与者进行体验，从中感悟出活动所蕴含的理念，通过反思获得知识，改变行为，实现可趋向性目标的一种教育模式。拓展训练主要包括水上、场地、野外三部分。

其中水上拓展是依托于水上环境，构建在水域之上的拓展训练项目，模拟自然水体环境，借助简易器具实现某种特定目标，以此实现锻炼学生手臂能力、手脚并用能力和身体平衡能力的目的，增强克服困难的勇气和信心。

水上拓展训练能让学生之间建立良好的合作意识，认识到个人能力的不足，感受集体和个人利益的关系，懂得团队合作和沟通的重要意义，掌握沟通技巧，达到心理素质提高和升华的目的；感受体能极限，锻炼平衡协调能力和克服困难坚持到底的决心和毅力。

二、课程目标

● 价值体认：了解拓展训练的相关基础知识，在拓展训练中了解船员的不易，使学生崇尚劳动、尊重劳动，培养吃苦精神与挑战精神，形成积极进取、乐观开朗的生活态度。

● 责任担当：通过拓展活动，充分发挥学生个人的领导能力及团队合作精神，增强集体荣誉感，培养学生的自理能力与自立精神。

● 问题解决：通过对拓展训练的学习，在体验中学会思考，增强平衡能力、全身协调性与心理素质，运用所学知识，更好地克服恐惧心理，提升跨越障碍的信心和勇气。

● 创意物化：积极参与拓展活动，掌握多项技能，尝试利用大胆的想象，创新思维，解决活动中遇到的难题，同时体验船员的艰辛与不易，感受坚持不懈、坚韧不拔的职业精神。

三、适用学段

初中。

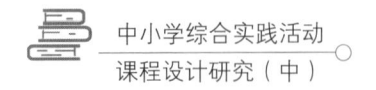

四、实施条件

教具清单：场地固定器械、半身安全装、简单急救用品、袖章、口哨、记录本、记录表。

五、安全措施

● 着运动服和防滑运动鞋，体验前需将身上可能对自己或他人造成伤害的硬物去除；

● 学生若有高血压、各种心脑血管疾病、传染疾病、严重心理障碍、癫痫、哮喘、骨折等特异体质或疾病，一律不允许体验；

● 女学员需把头发扎起来，不能披头散发。

六、教学设计

（一）教学重点

引导学生克服恐惧心理，培养学生团队协作、互帮互助的精神。

（二）建议课时

4课时。

（三）教学过程

1. 情景创设阶段

（1）整队集合、清点人数。

（2）师生问好，宣布教学内容。

（3）安全教育，安排见习生。

（4）准备活动：徒手操、破冰游戏"大风吹"。

（5）分组分工。

● 将全班同学分为男女人数基本相等的两个组，命名为红队和蓝队。红队先体验第一组项目，蓝队先体验第二组项目，然后交换。

● 每队推荐队长、安全员、裁判员、记录员各 1 名，下发佩戴各角色的袖章，明确各角色职责，协助教师。队长负责协调全组的活动，按要求确定参加各项比赛的队员；安全监督员负责在比赛时，协助教师监督活动及比赛的安全和纪律工作；裁判员主要协助教师监督对方比赛时有无违规现象并及时纠正；记录员负责记录各项目队员按要求完成任务所用的时间及违规扣分情况。

2. 课题引入

红军长征两万五千里，走了很多崎岖艰险的山路及水路，红军这种艰辛历练、克服困难、相互帮助的精神值得我们学习，今天我们以简单的设备来体验一下他们在水路中是如何克服困难的。

3. 实践体验阶段

（1）介绍设施设备：水上六桥包含水上秋千桥、悬崖峭壁桥、水上漂、穿越时空桥、滚筒桥、水上软桥六个项目。根据项目难易程度分为两个组。

（2）第一组：水上秋千桥、悬崖峭壁桥、水上漂。

（3）第二组：穿越时空桥、滚筒桥、水上软桥。

（4）讲解并示范安全装备的穿戴。

（5）组织学生穿戴安全装备并检查。

（6）分组体验。

4. 设施设备介绍

第一组

（1）水上秋千桥：

● 活动规则：

学生从桥的一端出发，脚踩钢板，手握钢链，双手过肩紧握，迈步向前，从一块钢板移动到下一块钢板，到达对岸。

● 操作要领：

注意自我身体平衡控制。

图 5-8-1　水上秋千桥

● 注意事项：

行进过程中不可剧烈晃动，保持平衡；学生不得相向而行；不得直接从桥面跳入水中；同时上桥体验人数不超过 3 人。

（2）悬崖峭壁桥：

● 活动规则：

悬崖峭壁桥是指用一面镶嵌小石块的悬崖架在水面上，学生通过悬崖峭壁桥上镶嵌的小石块到达对岸。

● 操作要领：

努力控制自己的身体并紧贴崖壁，保持平常心，勇往直前。

● 注意事项：

行进过程中要控制自己的身体，防止掉入水中；同时上桥体验人数不超过 3 人。

图 5-8-2　悬崖峭壁桥

（3）水上漂：
- 活动规则：

学生双脚交替，踏板而行，到达对岸。
- 操作要领：

努力控制自己的身体，脚踩木板中间部位，保持平衡，勇往直前。
- 注意事项：

行进过程中要控制自己的身体，防止掉入水中；同时上桥体验人数只能1人。

图 5 8-3　水上漂

第二组

（1）穿越时空桥：
- 活动规则：

穿越时空桥由水上软桥和软桥上的"时空隧道"组成，学生在通过水上软桥的同时穿过软桥上的"时空隧道"到达对岸。穿过时身体不接触"时空隧道"为成功体验。（教师安排1名学生示范后，所有学员依次进行体验，教师巡回指导，保护帮助，鼓励学员。）
- 操作要领：

努力控制自己的身体，保持重心平稳。
- 注意事项：

行进过程中要控制自己的身体，不可剧烈晃动，防止掉入水中；同时上桥人数只能1人。

图 5-8-4　穿越时空桥

（2）滚筒桥：

● 活动规则：

学生在滚筒内，两脚前后站立，重心前移，使滚筒沿轨道匀速前进到达对岸。

● 操作要领：

注意身体的协调性和团队的配合。

● 注意事项：

行进过程中不可剧烈晃动，保持重心平稳，双手不能碰滚筒，不能坐下，速度不能太快；同时上桥体验人数不超过 3 人。

图 5-8-5　滚筒桥

（3）水上软桥：

● 活动规则：

由两条铁链和若干木方组成，横跨于水面之上，保持平衡，从一端走到另一端。

● 操作要领：

保持身体平衡；快速前进。

● 注意事项：

行进过程中不可剧烈晃动，保持平衡；同时上桥人数不得超过 3 人。

图 5-8-6　水上软桥

5. 成果展示阶段

（1）小组比赛：

● 比赛项目：悬崖峭壁桥。

● 比赛规则：红蓝两队各派出 3 名学生参加比赛，其中女队员不少于 1 名，采用计时法，用时少的组获胜。获胜的小组评为"优秀小组"，获胜组的 3 名学生评为"优秀学员"。

● 教师强调安全第一，比赛第二。

● 各组队长、安全监督员、裁判员、记录员各司其职。

● 教师当裁判，并给学生加油助威。

（2）教师公布比赛结果、评奖。

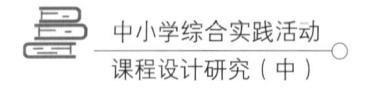

七、总结评价

说说通过本节课的学习和活动体验，你有什么感悟和收获。

八、拓展延伸

尝试接触其他类型的拓展训练，如野外训练和场地训练，并想一想通过活动，你在哪些方面有所提高？

第九课 真人CS射击

一、主题说明

真人CS是一种军事模拟类真人户外竞技运动，是使用模拟类游戏战术发射器（BB弹、水弹、彩弹、激光等），身着战术装备进行的模拟军队作战训练的一种游戏，也是国际上风行的野战游戏。

真人CS游戏最早源自美国中西部。美国与苏联的冷战进入新的高峰，美国中情局为了训练大批的特务，开始引进生存游戏作为训练课程的一部分，这是生存游戏跟军事活动产生联系的开始。后来，许多退伍军人、退休警察及民兵组织都相继成立生存游戏俱乐部，许多公司也利用它来训练自己的员工干部，生存游戏就此风行起来了。传入日本后，玩具厂商开始以色弹枪为原型，开发出游戏枪，用来发射6 mm BB弹，后又研发出激光枪等高科技枪支，使用更加安全，受到极大欢迎，同时，游戏枪也成为军品收藏家偏爱的藏品之一。

由于使用的装备非常逼真，模拟作战演习的效果非常好，近年来，生存游戏蓬勃发展，"穿着军服进行丛林枪战"已成为大家所熟知和喜爱的休闲游戏，其魅力在于可以训练人的反应速度。现在它的玩法更是多姿多彩，趣味横生，按其基本内容可分为模拟战役作战法、战斗法、射击比赛和人质救援。参与此项活动，学生本能的反应将被充分激发，并能同时提升随机应变的能力，还可以锻炼团队协作的能力和互帮互助的精神。

二、课程目标

- 价值体认：了解基础的军事知识，形成国家认同，增强学生的自信心，懂得安定幸福生活的来之不易，让学生懂得感恩和珍惜。
- 责任担当：通过射击训练，明白"落后就要挨打"的道理，激发爱国热情，为祖国的发展和强大自豪，从而努力学习、为国争光。
- 问题解决：掌握基本的射击要领，提升心理素质和平衡能力，培养专注力和耐心，从而增强生活中解决问题的能力。
- 创意物化：通过训练，让学生体验成功的喜悦的同时，体会军人的艰辛，同时感受并传承精益求精、追求极致的精神。

三、适用学段

初中。

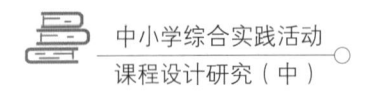

四、实施条件

教具清单：场地掩体、仿真激光枪、头盔。

五、安全措施

● 活动时需穿运动鞋，身上严禁带小刀、钥匙等尖锐器物，贵重物品自行保管；

● 使用设备时需轻拿轻放，避免损坏，切勿与水接触；

● 女生不得披头散发；

● 有高血压、各种心脑血管、传染疾病、严重心理障碍、癫痫、哮喘、颈椎腰椎等疾病或有骨折病史的人员严禁参加体验。

六、教学设计

（一）教学重点

射击的正确姿势、装备运用、"实战"射击体验。

（二）建议课时

4 课时。

（三）教学过程

1. 情景创设阶段

（1）整队集合，清点人数。

（2）师生问好，宣布教学内容。

（3）安全教育，安排见习生。

（4）准备活动：徒手操、破冰游戏"进化论"。

（5）分组分工。

将全班同学分为男女人数基本相等的两个组，命名为红队和蓝队，每队推荐队长、安全员、裁判员、记录员、卫生员各 1 名。

2. 实践体验阶段

（1）介绍枪支、装备及军事基础知识。

（2）讲解射击姿势、并示范：立姿、跪姿、卧姿。

（3）讲解装备穿戴并演示。

（4）组织学生穿戴装备。

（5）各组同学在组长的带领下领取器材进行布阵。

（6）讨论战术。

（7）分组体验模拟作战。

（8）分组讨论总结。

3. 射击技能学习阶段

（1）立姿射击：

● 动作要领：移动靶射击据枪时，取站立姿势，身体的面与射向的夹角为 60~80°，两脚自然分开，开度与肩同宽，不宜过大或过小。开度过大不宜均匀转体，开度过小会使重心上移，支撑面减小，不利于稳定性的保持。上体保持正直，微塌腰、含胸，头部微前倾，视线指向出靶位置，左手握于枪的下护木的前部，左上臂与前臂成 120~150° 夹角。右手自然握住枪颈，上臂自然张开，肩关节自然放松，集中注意力盯住出靶位置，待靶出现时，及时、迅速起枪。起枪时，右臂用力将枪托提至肩窝，手腕对枪托稍向内压，右臂抬起与身体的夹角不小于 45°，面颊正直向下压在贴腮板上，贴腮后头部保持正直，贴腮完成的同时，运动员的视线从瞄准镜的上方进入视野，枪上肩接靶，同时进入转体运枪状态，以腰、髋、膝、踝的关节协调同步转动，带动身体做均匀平稳的转动。接靶后，转体的同时调整瞄准关系，达到准星与瞄准点（实际是瞄准区）的吻合。

图 5-9-1　立姿射击

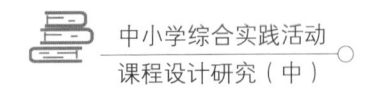

● 注意事项：起枪干净利索，抵肩、贴腮；接靶迅速、准确、平稳；转体均匀协调；力量始终一致地出枪，击发后保持 1 秒钟然后"收枪"。

（2）跪姿射击：

● 动作要领：身体的面稍向右转，右膝着地跪在地上，臀部坐于右脚跟上，使身体获得正确的支撑力。上身略向前倾，左肘支撑在左膝盖上，通过枪托抵肩的力量使枪与人体密切地结合起来。头部肌肉放松，腮部自然贴于枪托上，贴腮后，瞄准动作必须很自然。

图 5-9-2　跪姿射击

● 注意事项：跪姿射击据枪时，跪下时须坐实、跪稳，体会身体与枪结合后的整体力量是否正确，跪下后身体各部位是否平稳、协调，各部位肌肉用力是否踏实、舒适。

（3）卧姿射击：

● 动作要领：卧姿射击据枪时，身体与射向之间的夹角为 20°~40°，两腿分开，腿部伸直或右膝稍有屈曲，左肘前伸使其左后侧着地，地面水平面与前臂轴线的夹角不得小于 300°，枪托抵在肩窝的中上部。托枪时，下护木通过虎口压在掌心与大鱼肌之间，抵肩时，枪底部抵于右肩窝靠近锁骨处。贴腮时头部正直，便于瞄准。

● 注意事项：卧姿射击时，在姿势确立后，整个身体赋予枪支的力量，其方向只能是向前向下，不能向左、向右。枪支的指向自然，呼吸缓慢且均匀，瞄准、呼吸和击发的动作要协调。

图 5-9-3　卧姿射击

4. 成果展示阶段

分组模拟对抗比赛：

● 比赛规则：两个队在指定范围内进行模拟作战比赛，被击中"阵亡"的同学要马上出列停止比赛，直到其中一队组员全部"阵亡"，则比赛结束。获胜的队评为"优秀小组"，教师再根据各队同学们的战绩和战损记录评出 4 名"优秀学员"。

● 教师强调安全并当裁判。比赛结束后，各队记录员向教师报告队员的战绩和战损情况。

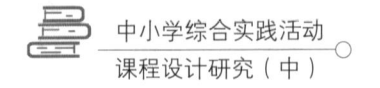

七、总结评价

（1）你在学习射击技巧时，都遇到了哪些困难？还有什么做得不足、你觉得可以改进的地方呢？

（2）说说你在学习了本节课后，都有什么收获与感悟呢？请分享一下吧！

八、拓展延伸

观看一部爱国主义军事射击题材的电影,并谈论一下你的观后感。

第十课 高空心理行为训练

一、主题说明

高空心理行为训练是一种磨炼人意志的训练方式。通过一些极限的训练科目，挑战自我激发受训者潜能，从而超越自我。

高空项目是在相对较高的专业设备器材上进行的活动，活动中不能直接跳上跳下。高空活动项目能使学生在应对心理冲击与团队配合方面都得到很好的锻炼，属于操控难度较大的项目，可能产生高等伤害事故。

高空心理行为训练分为巨人天梯、高空断桥、空中抓杆、飞夺泸定桥、天使之手、空中相依、高空绳网、软梯、合力制胜、高空天平、高空独木、极限攀岩等。

二、课程目标

● 价值体认：通过参加高空实践教育活动，发展兴趣专长，形成积极的生活观念和态度，形成勇于迎接挑战、不怕困难的积极的价值观。

● 责任担当：通过亲身参与实践，初步养成自理能力，培养自立精神与热爱生活的态度，增强服务意识，养成独立的生活习惯。

● 问题解决：学生能关注自然、社会、生活中的现象，深入思考并提出有价值的问题，通过学习攀岩等技能解决生活中的问题，并在实践中学会用科学的方法解决实际存在的问题。

● 创意物化：通过亲身参与实践活动，体会职业劳动的艰辛，在动手操作的过程中，将一定的想法或创意付诸实践，发展实践创新意识和审美意识，提高创意实现能力。

三、适用学段

高中。

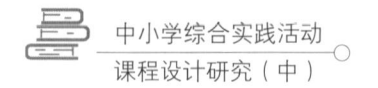

四、实施条件

教具清单：全身保护装、安全带、安全锁、安全帽、手套、安全绳等。

五、安全措施

● 一切行动听指挥。授课过程中学生要认真听讲、体验；

● 对体验者身体状况进行调查评估，一年内有做过开放性手术的，患有心脏病、严重高血压、恐高症、心理疾病等特殊情况的人员不能参加本次活动；

● 不得穿有碍运动的服装、鞋子，头上不得戴发箍、夹子等饰品；

● 体验者衣兜、腰间、脖子不能有硬物；

● 不得在课堂中打闹嬉戏，不得私自离开规定区域，更不能闯入体验区下方和在其下随意穿插；

● 不得攀爬周围护栏和周围设施设备。

六、教学设计

（一）教学重点

排除受训者心理障碍，顺利通过体验项目。

（二）建议课时

1课时。

（三）教学过程

1. 开始部分

（1）集合整队，清点人数。

（2）宣布本节课的主要内容和任务。

（3）进行安全教育及宣布学生注意事项。

（4）安排见习。

（5）分组分工：报数分组，每组5人，并对5人分别编号、分工。1号为组长，负责本组纪律、安全、卫生；2号为安全保护装备穿戴员；3号为助理，负责小组人员安全，保护装备穿戴员；4号负责为本组做活动记录；5号负责本组活动总结发言。各小组成员在组内可自由选择适合自己的角色，进行身份确认，对号入座。

2. 准备部分

（1）教学分组，明确各自职责。

（2）围绕场地趣味慢跑两圈热身（抱团）。

（3）进行"四级进化论"游戏、徒手操以及拉伸运动。

（4）将所需的各种安全装备在现场按序摆放，最好下面铺一块塑料布。

3. 活动环节

（1）故事引入：

介绍心理行为训练项目背景：心理行为训练起源于"二战"期间的英国，当时大西洋商务船队屡遭德国潜艇的袭击，许多缺乏经验的年轻海员葬身海底，人们从生还者身上发现，他们并不一定都是体能最好的人，但却都是求生意志最顽强的人。引导学生，让学生克服心理障碍，树立积极的学习态度、求真务实的科学探究态度、宽容合作的人生态度，增强其创新精神和团队责任感。

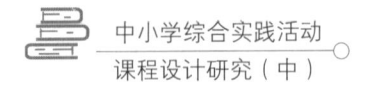

（2）内容介绍：

讲解高空项目的发展史，介绍体验项目名称，根据不同体验者年龄进行体验安全说明。

图 5-10-1　安全装备

（3）引导体验：

接下来，我们要挑战高空项目。在我们挑战完成高空项目的过程中，挑战队员必须按照规定穿着安全装备，方可进行挑战。

● 保护装备检查：无破损，无其他物体嵌在装备内。

● 保护装备穿戴讲解及示范。

头盔：首先，上去之前，我们要佩戴头盔。拿到头盔后，先确认里圈有调节扣的应放于头部的后端。调节带可根据队员的头部大小进行调节，通过试戴，将调节带调到合适位置。

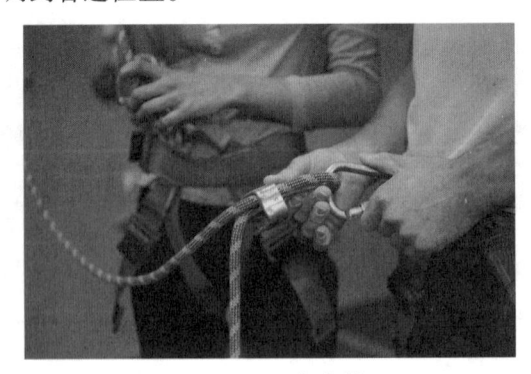

图 5-10-2　安全带

全身安全带：接下来学生需要穿着教师手中拿的安全装备和安全带，这些装备能承受的纵拉力都在 22~25 kN，并能承受大约 2 t 的重量。在使用前，要首先找到它的后挂点——半圆形日字扣，然后顺着打开这个金属后挂点，理顺带子。穿着方式是两脚分别从两个腿带圈穿进去，从下而上，再从后往前，将肩带搭在肩膀上。调节全身安全带的方法为先调节腿带，松紧程度以能塞进一个拳头为宜；调节肩带时，以人体站直后不绷为原则。

丝扣锁：在拓展培训活动中，我们还要用到主锁，通常叫丝扣锁。丝扣锁的纵向拉力一般都在 22 kN 以上，横向拉力也大于 7 kN。丝扣锁目前分为自动型和线扣型两种。自动型的使用时比较方便，只要将

图 5-10-3　线扣型丝扣锁

外保护套旋转 90°，一松手就会自动弹回到安全锁死的状态；线扣型的则要在使用时将丝套拧开，连接好装备后再将丝扣拧回尽头，并记住一定要再将丝扣松动半圈。

图 5-10-4　自动型丝扣锁

钢锁：在活动中，我们还要用到一种锁扣，它与丝扣锁形状大致相同，功能、性能和使用方法也基本相似，只是它的制作用料不同，是用钢材制作的。它与丝扣锁的使用位置不同，一般用在保护系统的上方与保护钢丝连接的地方。

安全绳：队员穿好安全装备，还必须要与安全员用安全绳连接起来才可起到保护作用。安全绳也叫主绳、动力绳等。它的作用是使挑战者无论任何原因坠落时，都能起到保护作用。

制动器：制动器位于安全绳下方，由专职安全员负责操控。安全绳与安全员连接之间，必须要增加制动器，也叫确保器，常用的这种像"8"字样的确保器也俗称"8"字环。它利用器械与绳子产生摩擦力来保障跌

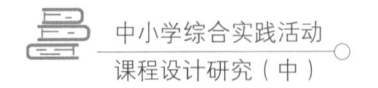

落者不会继续下坠，从而起到保护作用。把安全绳对折，大头插入，小头插出。需要注意的是，这种装置，在两条绳子平行的时候，不起制动保护作用，成180°的时候，才起制动作用。

图 5-10-5　制动器

半装安全衣：制动器还要与安全员安全带的前挂点用丝扣锁连接起来。安全员通常用半装安全带或坐式安全带。它的承重也通常是 22~25 kN。使用时，首先找到它的前挂点，顺着腰带打开它，双脚从腿带插入，向上提到腰间，半装安全衣最重要的一个要点是腰带一定要提到胯骨以上，调节方法与全身的相反，先调整腰带，再调节腿带，松紧程度以能插入双手的四个手指为宜。余带必须反扣回索后穿入后面的松紧护圈。

图 5-10-6　连接丝扣锁

收绳法：绳索连接好后，攀登时，安全员要按照规范的"五步"收绳法进行收绳操作。

方法如下：左手往下拉绳，右手向上抽绳；右手顺势将通过保护装置的绳子抽出，折放至髋关节处，手心朝里；松开左手在制动器下方抓住下端绳子，位置离"8"字环 20 cm 为宜；松开右手去抓握左手与"8"字环之间的绳段位置；在右手握住绳子不动的情况下，左手回到与攀登者连接的绳子上，顺绳向上，伸直手臂，握住下垂的绳子，成保护状态；重复以上的步骤。

放绳法：双手紧握绳索，右手紧贴右边大腿；左手微微张开，成空心拳；右手紧握绳索，屈臂把下绳往确保器送；当离确保器约 10 cm 时，双手应同时紧握绳索；右手握空心拳，沿绳索把手移回开始的位置，重复动作。

4. 结束部分

（1）体验结束后，必须让体验者站在安全区，教官站在体验出口处为体验者取锁，并将锁挂于体验者腰部安全装备上，体验者一只手提扁带走到安全处，脱下装备，并提醒学员注意安全。

图 5-10-7　绳索连接工具

（2）脱下安全装备后，拓展教师播放优美的音乐，教师带领学生做放松运动及韧带拉伸运动。

七、总结评价

在完成了今天的学习与挑战后，你认为高空心理行为训练具有哪些锻炼效果？给你带来了什么帮助？

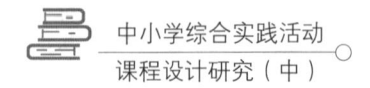

八、拓展延伸

高空心理行为训练是对人勇气、意志、信心等因素的综合训练，只有敢于挑战、超越自我，心理素质才会得到极大提升。回想一下在你平时的生活与学习中，是否也遇见过很多困难，你是否也退缩过？在完成了今天的学习后，想一想，未来在遇见挫折与困难后，你应该如何去面对呢？

第十一课　信任背摔

一、主题说明

信任背摔是锻炼团队协作能力，培养成员之间的信任和凝聚力的一项综合实践活动。学员通过从台上背摔倒下，其他保护队友在台下结成三重保护，接住背摔队友的体验活动，建立起团队成员之间的信任感和凝聚力，培养社会责任意识，达到激发潜能、挑战自我的目的。

二、课程目标

●价值体认：通过体验感受团队的力量，树立自信，形成勇于迎接挑战、团结协作、不怕困难的积极的价值观。

●责任担当：通过背摔体验，克服恐惧心理，激发潜能。牢固树立集体主义精神，增强责任担当与爱国意识。

●问题解决：体验者掌握背摔倒地动作要领，背摔保护人员掌握倒地保护动作要领，培养人与人之间的信任和协调完成任务的能力，同时增强生活中解决问题的能力。

●创意物化：通过亲身参与实践活动，在体验过程中，将一定的想法或创意付诸实践，增强实践创新意识和审美意识，提高创意实现能力。

三、适用学段

高中 1~2 年级。

四、实施条件

教具清单：背摔台 1 张（离地约 1.5 米高）、绑手软绳 1 根、地面保护地毯 1 张。

五、安全措施

- 学员不超过 10 人，或者男学员少于 5 人时此项目禁止开展，体重大于 90 kg 者倒下时，保护者中至少要有 6 名男学员；
- 外训坚硬地面必须铺地毯；
- 指导老师必须以严肃的语言引起学员对背摔项目安全性的高度重视；
- 指导老师必须认真教授学员倒下的姿势和保护人员的动作要领；
- 保护阵形第 3 排和第 4 排必须是整个队伍中的身体最强者；
- 摔者的选择顺序：第 1 位选轻巧、胆大、活泼的，第 3 位选最重的，最后选胆小的；
- 每次学员在倒下之前，指导老师必须确保保护人员队形紧凑整齐，保护人员头、手、腿、脚等部位的保护姿势动作正确，防止保护队形被冲散，增强保护人员的责任感和使命感。

六、教学设计

（一）教学重点

背摔者动作要领讲解及示范练习；保护阵形人员动作要领讲解及示范练习。

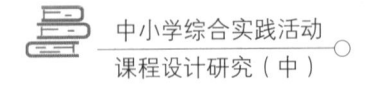

（二）建议课时

2课时。

（三）教学过程

1. 活动安全介绍

（1）场地安全：

● 开始活动前，指导教师带领学员认真检查活动地面，确保地面无石子、玻璃、铁器等尖硬的异物和杂质。

● 全体学员在活动中听从指挥，不得随意攀爬背摔台以及旁边的所有栏杆护栏，不得高声喧哗，追逐打闹，避免摔伤跌倒、划伤等意外事故发生。

（2）人身安全：

● 身体有不适合参加本项活动的，比如：患有高血压、心脏病，近期做过开放性手术以及有其他不适宜参加本次活动情况的学员，请在一旁休息等候。

● 开始活动之前，请把帽子、硬质发卡、眼镜、项链、胸针、手机、手表、戒指和身上所有的硬质、尖锐的物品取下放在一旁，如果在冬季，提醒学员把羽绒服脱下。

2. 热身运动

组织全体学员集合整队，呈体操队形散开，然后依次做头部运动、肩部运动、扩胸运动、腹背运动、弓步压腿、高抬腿跑、纵跳、腕踝关节运动等热身运动。

第十一课　信任背摔

3. 背摔任务布置

学员从背摔台上背对队友倒下，其他队友在台下结成三重保护，接住倒下来的背摔队友，其他学员依次进行体验。

4. 背摔者动作要领讲解及示范

（1）动作要领：

伸出双手，手掌向外翻转，保持掌心朝外，双臂体前交叉、双手十指握拢，从下方翻转到胸前，抵向下颚处，身体笔直，埋头。（指导教师讲解示范）

特别强调：

● 背摔学员只能倒在保护阵型队员的手臂上，同时手、肘关节和脚要收紧，不能随意打开，因为这样会碰伤下面保护的队友和自己，背摔学员倒下，教练用一根软绳绑紧背摔学员的双手。

● 背摔学员在倒地时必须保持笔直。这样倒下去的力量才会均匀分配到每一位保护者的手臂上。严禁以向后坐下的姿势倒地，因为这样倒下会导致整个人身体的重量全部集中在接住背摔者臀部位置的学员身上，砸伤下面的保护者。

（2）背摔动作练习：

● 推背练习，2人一组进行练习。

动作要领：1人背对另1名队友，保持背摔者动作姿势站立，另1名队友在背后呈保护姿势，时刻准备撑起背摔者。当保护者就绪后，就开始轻拍背摔者肩膀示意已准备好了，此时背摔者才可以缓慢向后倒，保护者接住后将背摔者扶正站正。照此反复练习、

353

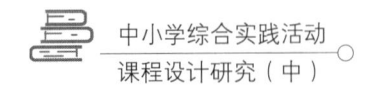

每人交替练习至少 10 次。

● 不倒翁练习（也叫"风中柳"），6 人一组进行练习。

动作要领：1 人保持背摔者姿势站在圆圈中央，其余 5 人在其周围围成圆形站立，手全部搭在背摔者的肩上。5 名保护者准备好后，由 1 人轻拍背摔者肩膀示意开始，此时背摔者身体打直，保持姿势慢慢向后倒，保护者依次扶住背摔者，以顺时针方向缓慢交替移动、转动背摔者。照此每人反复、交替练习至少 1 次。

5. 保护阵形队员动作要领讲解及示范

（1）保护队员 2 人一组，由指导教师讲解示范，学员进行练习。指导教师逐个小组进行检查，并测试手臂是否绷紧，保护力量是否足够。

（2）保护者动作要领：身高体型相仿的 2 人组成一组，面对面站立，右腿微弓，左腿蹬直，脚和膝盖互相顶住，双手手掌伸直并重叠，十指贴紧、掌心向上放在对方肩膀上，手臂略弯，绷上劲，头后仰。形成手臂、膝盖、脚背三重保护。

（3）重点强调：

● 保护者在任何时候都不能松开手和脚的三重保护；

● 要向后仰头并调整好位置，避免背摔者倒下时被砸到头和颈部；

● 放下背摔者时，始终保持其头朝上，脚先着地，缓慢放下。

6. 准备工作

在背摔台前，保护队员组成保护阵形，做好保护准备。

7. 开始背摔

（1）助威：

背摔者手扶背摔台，所有人将手搭在背摔者身上，并齐声助威。

（2）背摔准备：

背摔者在背摔台上背对台下站立，脚掌三分之一伸出台外，手臂交叉，十指相扣，反转顶住下颚。指导教师用软绳一端缠住学员手腕，另一端握在自己手中，作准备背摔姿势。

（3）背摔：

指导教师在背摔者耳边小声问："准备好了吗？"背摔者（大声回答）："我准备好了！"

保护阵营所有人（齐声回应）："请相信我们！"培训师小声发布口令："1，2，3！开始。"

背摔者：开始慢慢抬起脚尖，身体打直，自然笔直倒向保护阵营队员手臂。

此时保护阵营的队员根据背摔者倒下的方向接住背摔者。全体队员照此反复、轮流体验背摔。

（4）注意事项：

● 指导教师在背摔时，必须保证背摔者倒下的方向正对保护人员手臂；

● 所有保护队员头要向后仰，避免被砸伤；

● 同时保护阵形要始终保持紧密结实，活动中严禁保护人员在背摔者倒下时松开双手。

● 全队最重者最好安排在第 3~4 个体验，每背摔 5 次后必须交换一次保护队员的位置，避免疲劳，确保安全。

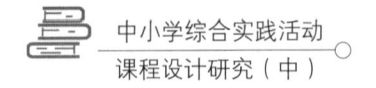

七、总结评价

在背摔体验中,倒下即是信任,保护背摔者是一种责任,除了这些以外,你通过本节课还有什么收获和感悟呢?请分享一下吧!

八、拓展延伸

（1）想一想，为什么指导老师特别强调背摔者一定要笔直倒下？

（2）你觉得自己在背摔活动中还有哪些方面做得不够好的？应该如何改进？

附件·课程资料来源

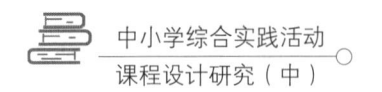

单元四　艺术美育

才艺展示：四川省广元市示范性综合实践基地管理中心　冯潇文
绘本与版画的融合教学：四川省广元市旺苍县张华镇中心小学校　康桂蓉
茶艺：四川省广元市示范性综合实践基地管理中心　李茂华
戳针绣：四川省广元市苍溪县秀艺毯业研学实践教育基地　赵锐
木刻艺术：四川省广元市苍溪县歧坪镇中心小学校　卢周
插花：四川省广元市示范性综合实践基地管理中心　苟秋香
植物染色课程：四川省广元市苍溪县秀艺毯业研学实践教育基地　刘华
中国结：四川省广元市示范性综合实践基地管理中心　须茜茜
环保袋制作：四川省广元市示范性综合实践基地管理中心　郭永昌
烙画：四川省广元市示范性综合实践基地管理中心　侯明华
唤马剪纸：广元市示范性综合实践基地管理中心　孙溦娜
手绘脸谱：广元市示范性综合实践基地管理中心　郭艺丹
陶艺制作：四川广元市示范性综合实践基地管理中心　黄浩　邓亮

单元五　素质拓展

场地拓展训练——撕名牌：四川省广元市示范性综合实践基地管理中心　向志朝
军事列队训练：四川省广元市示范性综合实践基地管理中心　陈业昊
军事内务课程：四川省广元市示范性综合实践基地管理中心　许宗国
　　　　　　　四川省广元市昭化区元坝镇第一小学　黄顺荣
攀岩：四川省广元市示范性综合实践基地管理中心　向志朝
中空心理行为训练：四川省广元市示范性综合实践基地管理中心　赵兵
动力圈：四川省广元市示范性综合实践基地管理中心　杨广超
能量传递：四川省广元市示范性综合实践基地管理中心　杨广超
水上六桥训练：四川省广元市示范性综合实践基地管理中心　王芳
真人CS射击：四川省广元市示范性综合实践基地管理中心　王芳
高空心理行为训练：四川省广元市示范性综合实践基地管理中心　赵兵
信任背摔：四川省广元市示范性综合实践基地管理中心　杨广超

中小学综合实践活动课程设计研究
（下）

主 编 郭永昌 杨广超 赵 蓉
副主编 孙 亮 付丽霞 赵 兵

图书在版编目（CIP）数据

中小学综合实践活动课程设计研究. 下册 / 郭永昌，杨广超，赵蓉主编. -- 成都：西南交通大学出版社，2023.11

ISBN 978-7-5643-9588-9

Ⅰ.①中… Ⅱ.①郭… ②杨… ③赵… Ⅲ.①活动课程 – 课程设计 – 教学研究 – 中小学 Ⅳ.①G632.3

中国国家版本馆 CIP 数据核字（2023）第 229776 号

编委会

主　　编：郭永昌　杨广超　赵　蓉

副 主 编：孙　亮　付丽霞　赵　兵

分册编委：陈青秀　陈业昊　龚青宇

　　　　　黄　浩　黄开富　刘绍琼

　　　　　王彩霞　王　菲　王　欢

　　　　　王　茗　徐显平　杨露兰

　　　　　张　军　左自仙

目 录

单元六　科学实践 ··· 359

　　第一课　　观察齿轮，搭建风扇 ······························ 360

　　第二课　　科普剧——静电魔法 ································ 372

　　第三课　　热膨胀放大器 ··· 380

　　第四课　　科学秀——编创与表演 ···························· 387

　　第五课　　电磁探秘 ··· 395

　　第六课　　奇幻的声光 ··· 407

　　第七课　　运动与机械 ··· 424

　　第八课　　模拟轮船驾驶 ··· 444

　　第九课　　神奇的遥控小车 ····································· 453

　　第十课　　微视频制作 ··· 472

　　第十一课　走进科学之杆秤制作 ······························ 480

　　第十二课　3D 装饰眼镜的制作 ································ 489

　　第十三课　趣味科技体验·3D 打印 ··························· 499

单元七　专题教育 ·· 505

　　第一课　升旗仪式 ·· 506

　　第二课　感恩教育 ·· 512

　　第三课　家庭保健 ·· 519

　　第四课　家乡美——模拟导游 ································ 526

　　第五课　国情省情课程设计 ···································· 534

　　第六课　生命的探究 ·· 541

　　第七课　青春期心理教育 ······································ 548

　　第八课　模拟汽车驾驶 ·· 556

　　第九课　禁毒法规与案例剖析 ·································· 563

　　第十课　模拟庭审 ·· 569

　　第十一课　心理咨询与辅导 ···································· 581

　　第十二课　禁毒防艾主题教育 ·································· 588

　　第十三课　廉洁奉公——李榕家风馆系列体验活动 ············ 595

附件·课程资料来源 ·· 599

单元六

科学实践

第一课 观察齿轮，搭建风扇

一、主题说明

手表指针之间的传动、电风扇的摇头装置、空调的摆风装置、自行车的变速、汽车的变速箱、洗衣机的转动，以及同学们使用的一些玩具、文具等，这些机器里面都有齿轮的影子，齿轮在生活中可以说是无所不在、无处不有。齿轮与齿轮构成的齿轮传动装置可完成减速、增速、变向等功能，是机械装置中进行力的传递最为常见的一种传动方式。

此次活动我们将从生活经验入手，通过对生活中齿轮的观察，了解齿轮在机械传动中的应用，知道利用机械可以提高工作效率，了解一些简单的机械使用。

第一课　观察齿轮，搭建风扇

图 6-1-1　学生搭建活动

二、课程目标

● 价值体认：体验搭建风扇的过程，发展兴趣专长，在动手的过程中形成积极的劳动观。

● 责任担当：激发学习兴趣、增强劳动意识，同时形成较强的时间观念和团队合作与沟通的能力。

● 问题解决：通过对生活中齿轮的观察，发现齿轮的奥秘，了解机械可以提高工作效率，养成善于思考和解决问题的好习惯。

● 创意物化：利用所学知识结合自己的创意设想，设计搭建一个自己的风扇。

三、适用学段

小学 4~6 年级。

四、实施条件

教具清单：创新课程传动机构套装。

进行分组，4~6 人一组，每组配置一套创新课程传动机构套装。

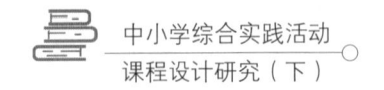

五、安全措施

- 不得私自启动场馆内各种电器设备；
- 不得在场馆内大声喧哗，追逐打闹；
- 按照指导教师要求，进行规范操作。

六、教学设计

（一）教学重点

认识齿轮及齿轮传动的原理与特点，运用齿轮传动原理搭建迷你风扇。

（二）建议课时

4课时。

（三）教学过程

1. 导入活动主题，确认活动目标

当炎炎夏日来临，轻轻转动小风扇就可以给我们带来丝丝凉意。本次课程的学习任务就是自己动手，利用创新课程传动机构套装，制作一个这样的手摇风扇。学生要完成这个任务，首先需要认识一个重要零件——齿轮。

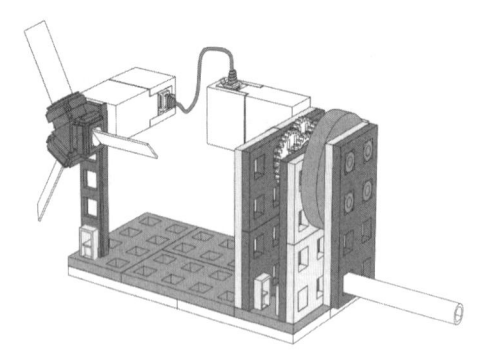

（1）发现身边的齿轮：

首先，找一找生活中的齿轮。除了常见的小风扇，你知道还有哪些机器里面有齿轮的影子？

手表、自行车、汽车……

（2）齿轮的定义与分类：

● 齿轮的定义：

师：我们生活中有这么多含有齿轮的物品，你能用自己的话来描述一下什么是齿轮吗？

生：圆形、边缘有齿、有轴、可以转动……

齿轮：轮子边缘有齿，能连续啮合传递运动和动力的机械元件。

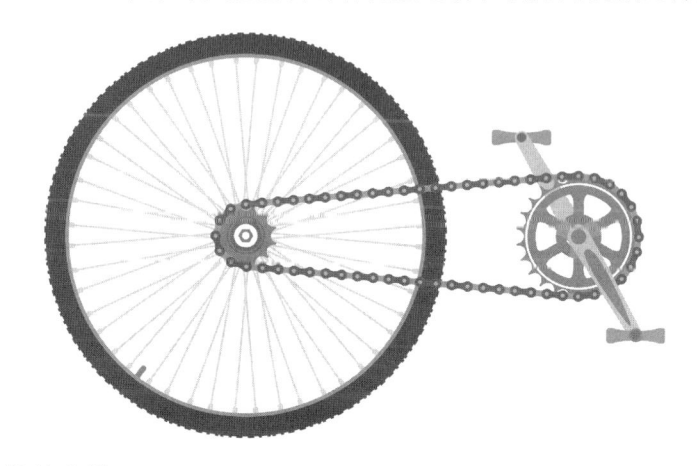

● 齿轮的分类：

根据对齿轮特点的描述，在套件箱中找出所有的齿轮，并给它们做个简单的分类。

师：当然，齿轮不止这几种，在后续的课程中我们将继续认识其他形态的齿轮。

（3）齿轮传动的原理与特点：

直齿轮　　　　　　　内啮合齿轮　　　　　　冠齿轮

图 6-1-2　齿轮的分类

师：齿轮在我们生活中的应用非常普遍，齿轮的种类也很多。不同的齿轮相互组合，能实现不同的功能，接下来我们就一起动手操作，探究齿轮传动的原理与特点吧！

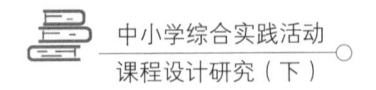

● 直齿轮和冠齿轮在使用时有什么区别呢？

直齿轮是一种最为常见的齿轮。当一对直齿轮正确地啮合在一起时，安装在它们上的轴是相互平行的。因此，直齿轮用于两根平行的轴上。

而长得像王冠的冠齿轮，当它与直齿轮正确地啮合在一起时，安装在它们上的轴是相互垂直的。因此，冠齿轮用于两根垂直的轴上。

● 主动齿轮与被动齿轮。

师：在一号平板上安装两个轴承，分别将 40 和 50 的小方管穿在轴承的孔里，再分别安装 12 齿齿轮和 28 齿齿轮。

图 6-1-3　主动齿轮与被动齿轮（一）

师：这样我们就做好了一个最简单的齿轮传动装置。分别转动大小齿轮的轴，观察它们的转向、转速，同时感受你的用力情况。

在外力作用下转动的齿轮叫作主动齿轮，而在主动齿轮带动下转动的齿轮叫作被动齿轮。

● 费力加速装置和减速省力装置。

大齿轮带动小齿轮转动可以提速，但转动更费力，称为费力加速装置；小齿轮带动大齿轮转动可以省力，但速度会减慢，称为减速省力装置。

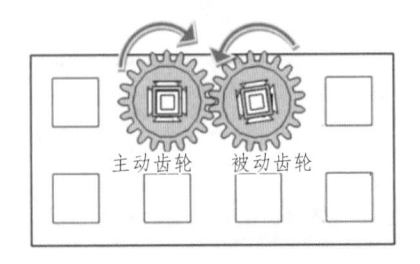

图 6-1-4　主动齿轮与被动齿轮（二）

第一课　观察齿轮，搭建风扇

● 齿轮的作用。

齿轮的作用：传递动力、改变运动的速度和方向。

多个齿轮并排传动的过程中，相邻的两个齿轮转动方向相反；相隔的两个齿轮转动方向相同。

传统齿轮的连接方式是多种多样的，根据不同的需要可以设计各种不同齿数比的齿轮传动装置。

2. **套件功能学习**

师：万丈高楼是由一砖一瓦建成的，创新项目也得从一个一个零件拼拼搭搭做起。在进行搭建之前，让我们来认识一下手中的套件内容吧。根据它们的功能，我们把创新课程传动机构套装分为结构件、连接件、传动件三类，下面一一来认识一下它们吧！

（1）结构件：

结构件就如同盖房子用的砖头，是构建项目最基础的组件，这些结构件分为点、线、面三种类型，彼此之间可以直接连接或者借助连接件连接并进行三维扩展，构建三维空间里的项目模型。

表 6-1-1　三维结构的基础组件

序号	类型	基础组件			
A	点	正立方体	半高立方体	45°斜方	60°斜方
B	线	梁 160/240/300/320	20 mm 外径		
		多孔梁	五孔梯	10 mm 外径	
C	面	小平板	5 mm 厚度		
		1号平板	2号平板	3号平板	4号平板	10 mm 厚度

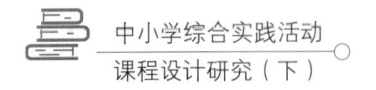

（2）连接件：

连接件类似盖房子用的水泥，它提供一种合适的方式将结构件彼此连接起来。

一些结构件不需要额外的连接组件就能够相互连接，如立方体和梁。其余大部分结构件都要借助连接件才能连接。结构件有点、线、面三种类型，相对应地，连接方式也分为点与点、点与线、点与面、线与线、线与面、面与面之间的连接。

表 6-1-2　连接件列表

序号	连接方式	连接件类型			
A	点与点连接	立方体连接器			
B	点与线、点与面连接	短插销		长插销	
C	线与线连接	圆管（40）	圆管（80）	梁支架	
D	线与面连接	短插销		长插销	
E	面与面连接	中 L 型连接器（垂直关系）		中 H 型连接器（平行关系）	
F	其他连接	中 A 型连接器	小 A 型连接器	小特 A 型连接器	五孔梯

（3）传动件：

传动件主要用于传递动力或者改变运动的方向和速度，这些组件在设计时同时考虑了灵活性与易用性，因此组合效率高，而且能够实现多种传动方式，包括齿轮传动、齿轮齿条传动、涡轮蜗杆传动、皮带传动、螺旋传动等。

表 6-1-3　传动件列表

序号	类型	传动件类型					
B	传统齿轮	12齿齿轮	14齿齿轮	20齿齿轮	28齿齿轮	12/28组合齿轮	52齿内齿轮
C	带轴的蜗杆及齿轮	蜗杆			12齿耦合器		
D	齿条	齿条					
E	轴承	轴承		滑动轴承		关节件	

3. 动手实践

认识完齿轮及齿轮传动的原理，接下来我们就来动手搭建风扇的结构。

（1）画一画：思考并讨论，你们打算搭建一个什么样的风扇，它具备哪些功能和特征，试着在下面画出它的草图。

功能：_____

_____

特征：_____

_____

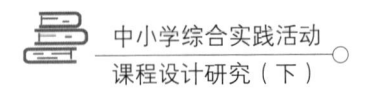

（2）搭一搭：将你的设计理念记录下来，并根据设计图纸，利用创新课程套件内容搭建风扇。

4. 成果展示交流分享

以小组为单位进行成果展示：展示迷你风扇。

七、总结评价

（1）说一说：在搭建的过程中，你都遇到了哪些问题，又是怎么解决的呢？

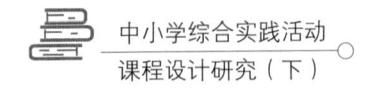

（2）分享一下：在今天的学习过程中，你有哪些收获和感悟？

八、拓展延伸

回家后利用家里的齿轮零件设计并搭建一个小风扇,并说说你都遇到了哪些困难,将你的设计过程和成果通过图片或文字记录下来吧!

第二课 科普剧
——静电魔法

一、主题说明

静电是一种处于静止状态的电荷。在日常生活中,人们常常会碰到各种有关于静电的神奇现象,比如:晚上脱衣服睡觉时,黑暗中常听到噼里啪啦的声响,而且伴有蓝光;见面握手时,手指刚一接触到对方,会突然感到指尖针刺般刺痛;早上起来梳头时,头发会经常"立"起来,越理越乱;拉门把手、拧开水龙头时都会"触电",时常发出"啪"的声响,这些都是发生在人体的静电。

而本节课主要通过学生表演的方式,让学生认识到生活中的静电是如何产生的,启发学生观察、认知现象背后的规律,感受其中的智慧,领会科学精神和科学方法,从而激发学生对探索静电奥妙的兴趣和热情。

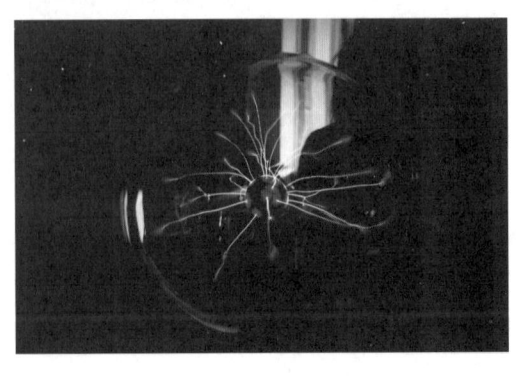

二、课程目标

- **价值体认**：通过观看剧本表演，探寻静电现象背后的奥秘，启发学生参与科学实践的兴趣，感悟"电"对人们生活的影响，达到培养科学思想和方法的目的，形成良好的科学实践践行品质。
- **责任担当**：以表演的形式感知丰富的微观世界，激发学生探究身边科学现象的兴趣，使学生形成科技强国的意识，培养其科学与创新精神和爱国情操。
- **问题解决**：关注自然现象，激发学习兴趣，深入思考，通过观看剧本表演掌握摩擦起电、带电体质吸引轻小物体的性质及世上只有两种电荷，同种电荷相互排斥，异种电荷相互吸引等知识，并将科学知识运用于生活实践。
- **创意物化**：通过对静电现象发生原理的学习，拓展思维，发展创新创意与科学创新实践精神。

三、适用学段

小学。

四、实施条件

教具清单：气球、纸屑、纸杯、PVC管、干毛巾；塑料丝做成章鱼状。

五、安全措施

- 注意用电安全，不得用手拨弄桌面上的电源插座；
- 在表演过程中要注意气球和PVC管等材料的使用，避免安全事故。

六、教学设计

（一）教学重点

静电产生的基本原理。

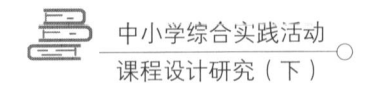

（二）建议课时

4课时。

（三）教学过程

1. 导　入

师：同学们，今天老师给大家带来了一个漂亮的气球小朋友，可是，它有一些烦恼，因为它觉得自己没有头发，太难看了。老师今天请了几位魔法师来帮助它，让它重新长出头发，我们一起来看看吧！

（进行表演的同学准备开始表演）

2. 剧本表演

（1）第一幕：开场。

合：亲爱的同学们，你们好！

文文：我是探索科学魅力的文文。

琳琳：我是喜爱科学魔法的琳琳。

文文：哎，琳琳，你冬天的时候有没有发现一种烦人的现象？

琳琳：什么现象？我怎么没有发现。

文文：就是每天晚上脱毛衣的时候会发出噼里啪啦的响声，关上灯的话还会发出像闪电一样的光亮呢。

琳琳：哦，我想起来了，我每天梳头发的时候，也有这样的声音，而且头发还会像被施了魔法一样竖立起来。

文文：那同学们，你们知道这是什么原因吗？（与台下同学互动）

琳琳：文文，大家都说这是出现静电了，对不对呀？

文文：哇！大家都好聪明，那你们知道静电现象到底是怎样产生的吗？

（2）第二幕：带入实验一（气球吸纸屑）。

文文：想要了解静电，我需要一位同学来帮助我，和我一起完成，谁来呢？

琳琳：哈哈，这位同学先举手，就请你来吧。

文文：非常感谢这位小勇士，首先，我需要用气球快速地在这位同学的头发上摩擦，然后，请大家注意，见证奇迹的时刻到了。

（用气球将碎纸屑吸起）

琳琳：哇！气球就像吸尘器一样，把碎纸屑全都吸起来了，怎么会这么神奇？

文文：我们都知道摩擦起电，正是因为这个基本原理，当气球在头发上摩擦时，气球和头发分别会产生正电荷与负电荷，而气球经过摩擦，就具有了吸引轻小物体的性质，这就是摩擦起电的现象。

琳琳：原来是这样呀，静电确实在我们的日常生活中无处不在，你把静电说得那么神乎其神，它还有其他神奇之处吗？

（3）第三幕：带入实验二（气球改变水流方向）。

文文：虽然它叫静电，但它可不安静，它的力量非常强大，甚至可以吸引水流，改变水流的方向。

琳琳：这么夸张？静电怎么可能吸引水流呢？我觉得这不可能，大家觉得呢？

文文：哈哈，那下面这个实验，就要刷新你对静电的认知啦！现在，我还需要一位小勇士的头发。

琳琳：现场的同学，谁来当这位小勇士？好的，请你上来。

文文：这位同学准备好了吗？首先看我手上的纸杯，它的底部有一个小洞，我把它倒满水，然后把气球放在这位小勇

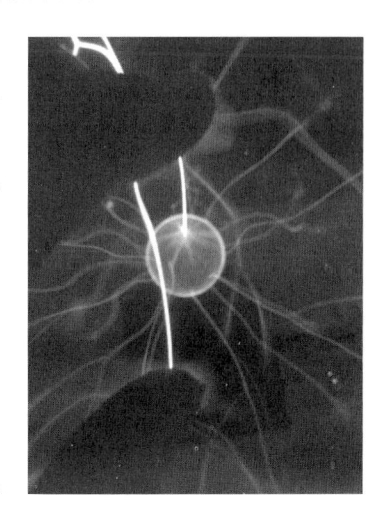

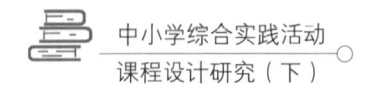

士的头发上摩擦。

琳琳：杯子底部有一条细小的水柱流出。

文文：现在，请大家不要眨眼。

（用气球靠近水柱）

琳琳：哇，文文，水柱直接拐弯了，被气球吸引了过去，气球在哪里，水柱就往哪边走，这怎么可能？

文文：这就是静电强大的功能！摩擦气球后，气球上产生静电，由于静电吸附的原理，气球会把垂直流动的水引向自身，导致水流变得弯曲，靠得越近吸附力就越大。

（4）第三幕：带入实验三（静电大章鱼）。

琳琳：我真的太小看静电了，好神奇的魔法！哎，文文，我看你还准备了一些道具，这是做什么用的？

文文：这是我为在场的同学们准备的一个终极实验，叫"静电大章鱼"。

琳琳："静电大章鱼"？听起来就觉得超级有趣，真是迫不及待地想知道会发生什么了呢！

文文：这是一根PVC管，这只大章鱼是用塑料丝制作的，我先用干毛巾顺着一个方向摩擦大章鱼，直到章鱼平整地吸附在桌面上，然后快速地摩擦管子。

琳琳：文文，我听到噼里啪啦的声音啦。大家听到了吗？（与同学们互动）

文文：是的，听到声音证明已经产生了静电，1，2，3，静电大章鱼横空出世啦！

琳琳：哇，实在是太酷炫了，大章鱼的脚悬浮在空中啦，现场的朋友们，我们给文文一些掌声吧！感兴趣的同学也可以上来实验一下。（邀请2~3位观众互动体验）

文文：同学们都太棒了，全部都让章鱼悬浮起来了。那静电是怎么让章鱼悬浮起来的呢？同学们你们知道吗？

琳琳：这个问题由我来回答吧，这就是我们所知的"同性相斥，异性相吸"的原理，我们在摩擦塑料丝和PVC管时，由于所用的物品都是毛巾，所以产生的静电就带有同种电荷，因为同性电荷会相互排斥，所以大章鱼就会

受到PVC管向上的排斥力而飘起来了。

文文：哎呀，琳琳，你还真是无师自通呀！

琳琳：那可不，要不怎么能成为你最好的搭档呢！

3. 分组重演实验

（1）把所有同学分成小组，每组分发实验材料，分别进行实验。

（2）组织学生对实验结果进行分析整理，并完成表格。

表 6-2-1　实验分析表

实验名称	实验现象	实验原理
气球吸纸屑		
气球改变水流方向		
静电大章鱼		

七、总结评价

（1）判断题。

① 生活中有很多静电现象，通过摩擦等方式可以使物体带电。（　　）

② 闪电不是静电现象。（　　）

③ 电荷在电路中持续流动可以形成电流。（　　）

（2）填写题。

① 物质同时具有两种电荷，分别是_____和_____。

② 同种电荷相互_____，异种电荷相互_____。

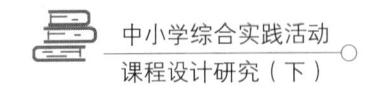

（3）选择题。

①我们通常感觉不到物体带电的原因是（　　）。

A. 人对电不敏感　　　　B. 物体的正负电荷数量相等，相互抵消

C. 物体带电量少

②用羊毛制品分别摩擦两个气球相互接触的部位，两个气球会（　　）。

A. 相互排斥　　　　　　B. 相互吸引　　　　　C. 不动

（4）说一说通过本节课的学习你有什么收获与感悟呢？

八、拓展延伸

静电现象的应用：

（1）静电喷洒：该技术应用高压静电使雾滴充电，带电的雾滴在静电场作用下，快速、均匀飞向并吸附在作物上，减少了雾滴漂移，提高了农药在

作物茎叶正反面、隐蔽部位的沉积率，增加了药物与病虫害接触的机会，减少了药液损失，降低了对环境的污染。

（2）静电复印：复印机利用了静电吸附原理，具有简便、迅速、清晰、可扩印和缩印，还可复印彩色原件等优点。复印机的核心部件是有机光导体鼓（OPC）。它是一个金属圆筒，表面涂覆有机光导体。没有光照时 OPC 是绝缘体，受到光照时变成导体。

（3）静电除尘：是气体除尘方法的一种。利用静电场使气体电离为正离子和电子，电子在奔向正极的过程中遇到尘粒，使尘粒带负电吸附到正极从而被收集。常用于以煤为燃料的工厂、电站，用来收集烟气中的煤灰和粉尘。在冶金中用于收集锡、锌、铅、铝等氧化物。

除了这些以外，你知道静电在我们的生活中还有哪些应用吗？

第三课　热膨胀放大器

一、主题说明

热膨胀通常是指外压强不变的情况下，大多数物质在温度升高时，其体积增大，温度降低时体积缩小。热膨胀与温度、热容、结合能以及熔点等物理性能有关。影响材料膨胀性能的主要因素为相变、材料成分与组织、各异性。

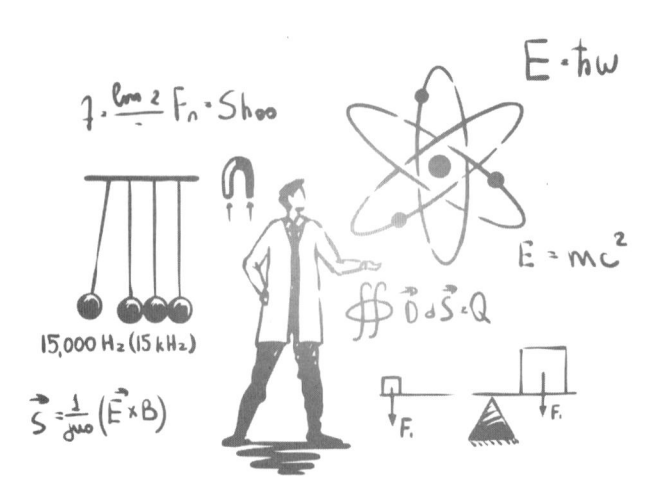

热膨胀的测量方法主要包括光学法、电测法和机械法。本次课程通过对热胀冷缩现象的观察，了解热胀冷缩在生活中的应用。

二、课程目标

- 价值体认：学习热胀冷缩原理，探寻神秘现象背后的奥秘，激发学生的兴趣，形成良好的科学实践践行品质。
- 责任担当：观察周围的现象，学习物理知识，形成科技强国的意识，培养科学与创新精神，同时培养学生的爱国情操。
- 问题解决：关注自然现象，激发学习兴趣，深入思考，掌握热胀冷缩现象的基础知识，培养学生的实践探索精神与动手能力，并鼓励学生将科学运用于生活实际。
- 创意物化：通过对热胀冷缩现象发生原理的学习与思考，拓展思维，发展科学创新实践精神。

三、适用学段

小学 4~6 年级。

四、实施条件

教具清单：钢制铁棒一段，30 cm 长的钢条，一段厚木板，钉子，小锤，大头针，百分表 1 只，酒精灯 1 个，铁架台、固定元件、垫块各 1 个，铜球（或钢珠），金属环。

五、安全措施

- 物品使用钉子固定时要注意不要锤到、扎到手指；
- 使用酒精灯时，不要倾斜酒精灯，在使用完后，要用灯帽熄灭酒精灯，切记不要吹灭。

六、教学设计

（一）教学重点

热胀冷缩原理。

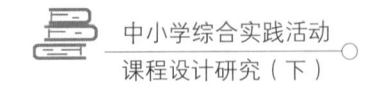

（二）建议课时

2课时。

（三）教学过程

1. 课程导入

（1）中国是全世界铁路总里程第一的国家。在建设铁路时，为什么要在两段铁路之间留一点缝隙呢？根据学生回答情况作解答。

（2）展示铜球（钢珠）与铁环，在未加热铁环前，铜球（钢珠）不能穿过铁环，加热铁环后，铜球能顺利穿过铁环。

（3）出示实验材料钢条，并提出问题：这个钢条有热胀冷缩的性质吗？怎么才能观察到这个性质？

（4）根据回答问题情况，将实验材料厚木板、钉子、大头针拿出，与学生讨论能否用这些材料组装一个实验器具来观察热胀冷缩现象。（注意学生使用钉子与大头针时的安全）

2. 组装实验

（1）用一段 30 cm 左右长的钢条固定在厚木板上，并在当中用钉子固定好，一端伸出木板待加热，另一端用一个大头针稍稍卡住。

（2）实验的意图是借助一根大头针，通过钢条受热观察大头针的倾斜角度，把钢条的细微长度变化"放大"，让学生能直接看到加热钢条的"膨胀"情况。

注意：可能出现当用酒精灯加热钢条一端时，即使钢条"膨胀"了，也只能向没有固定的一端膨胀，而不会把大头针顶得倾斜的情况。

第三课　热膨胀放大器

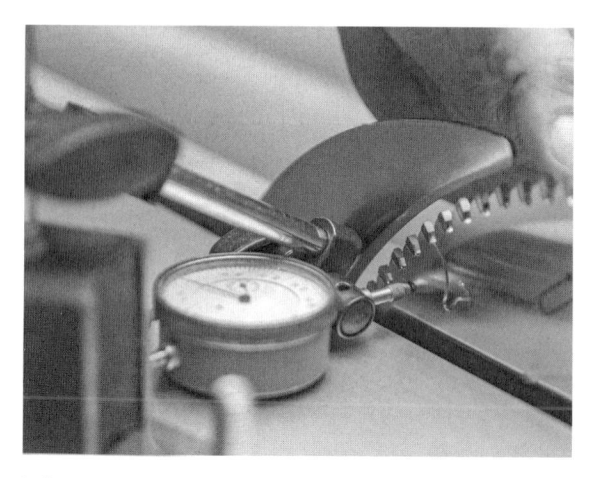

3. 引入百分表

大家都知道，只有数字是最准确的吧！所以，我们把大头针换成百分表，这样，表里的数字就更能准确地告诉我们结果了。

百分表的工作原理，是将被测尺寸引起的测杆微小直线移动，经过齿轮传动放大，变为指针在刻度盘上的转动，从而读出被测尺寸的大小。百分表是利用齿条齿轮或杠杆齿轮传动，将测杆的直线位移变为指针的角位移的计量器具。

4. 讲解注意事项

展示酒精灯，并着重讲解酒精灯的使用方法和注意事项。

5. 拿出实验材料

（1）钢制铁棒 1 段，百分表 1 只，酒精灯 1 个，铁架台及固定元件、垫块各 1 个，并组装完成；

（2）用铁架台及固定元件将百分表和铁棒固定好（保证百分表被轻微压缩一点后，将百分表指针归零），然后将铁架台倾斜放置，用垫块调整高度（保证酒精灯能加热倾斜的铁棒），然后点燃酒精灯并观察百分表指针的正向变化，加热一段时间后，停止加热，继续观察百分表指针负向变化，直至重新归零；

（3）在此过程中，要求学生仔细观察指针变化。

6. 学生实验

教师指导学生实验，注意学生百分表和酒精灯的使用。

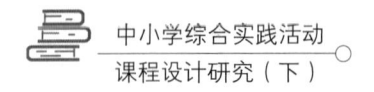

7. 分析结果

组织学生交流汇报实验现象，并分析实验结果。

七、总结评价

（1）你知道热胀冷缩原理在生活中都有哪些运用吗？试着结合本节课所学知识，想一想我们生活中的"热胀冷缩"现象吧！

（2）分享一下你通过本节课的学习都有哪些收获与感悟吧！

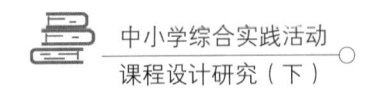

八、拓展延伸

（1）除了在铁路建设中运用金属热胀冷缩的性质，想一想在我们生活中还有什么地方运用到了这个性质呢？

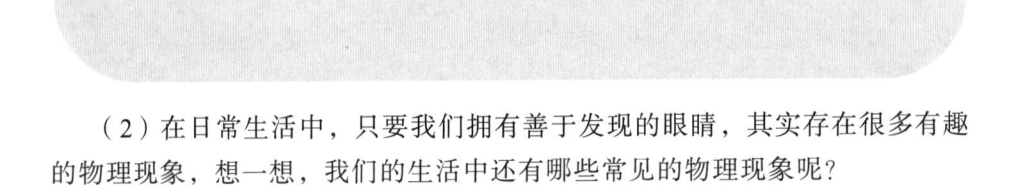

（2）在日常生活中，只要我们拥有善于发现的眼睛，其实存在很多有趣的物理现象，想一想，我们的生活中还有哪些常见的物理现象呢？

第四课 科学秀
——编创与表演

一、主题说明

将沉浮、光的颜色、物质发生了什么变化等几种科学实验编创在一起，将学生分成小组，每组分别准备，然后连贯表演。该课程形式新颖，可以激发学生的学习兴趣。

通过学生编创与表演的方式，让学生对科学产生兴趣，启发学生观察、认知现象背后的规律，感受其中的智慧，领会科学精神和科学方法，从而激发学生对科学探索的兴趣和热情。

二、课程目标

● 价值体认：本次科学秀课程经过精心设计，通过观看剧本表演的方式，

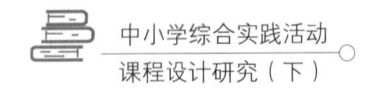

启发学生参与科学实践的兴趣，达到培养科学思维和促进学生掌握科学方法的目的，形成良好的科技创新品质。

● 责任担当：以表演的形式激发学生探究身边科学现象的兴趣，同时形成科技强国的意识，培养科学与创新精神和爱国情操。

● 问题解决：关注自然现象，激发学生对学习科学的兴趣，培养学生探究科学的能力，让学生学会深入思考，并将科学运用于生活实际。

● 创意物化：通过观看剧本表演，拓展思维，发展创新创意与科学创新实践精神。

三、适用学段

小学、初中。

四、实施条件

教具清单：

1组：小铁块、泡沫块、回形针、橡皮泥、铅笔、木头、砝码、橡皮、玻璃皿、搅拌棒等。

2组：水喷壶、水、三棱镜、盆子、小镜子、白纸。

3组：玻璃杯子、沙子、豆子、筛网、搅拌棒、白纸、长柄金属汤匙、一小包白糖、蜡烛、火柴。

五、安全措施

● 在实验过程中要注意轻拿轻放玻璃瓶，正确使用打火机；
● 不能误食实验材料，教师要随时注意，避免安全事故发生。

六、教学设计

（一）教学重点

通过表演，让学生对科学产生兴趣。

（二）建议课时

2课时。

（三）教学过程

1. 课程导入

师：同学们，在上课之前我们先来看一段视频。（播放视频）

同学们觉得怎么样？是不是很有趣？这是科学秀活动，老师只截取了很少的一部分内容给大家观看，老师知道我们的同学也准备了精彩的科学秀展示，对吗？让我们共同期待今天属于我们的专场科学秀吧！

2. 科学秀表演

师：大家知道水有浮力，可是为什么有的物体在水中能浮起来，有的不能浮起来呢？让我们有请A组带来的实验表演——《沉浮》。

（1）1组上场表演：

A 同学：我手里有一个玻璃皿，一根铁棒，将它们放入水中。你们发现了什么？（玻璃皿浮着，铁棒却沉下去了。）我现在把它按入水中，你们认为会有变化吗？（是会浮起来，还是可能会沉下去？）（A 同学演示）按入水中的玻璃皿沉下去了。为什么会这样？

B 同学：不同的方法会产生不同的实验效果。因此我们首先要统一实验的方法，可以用控制变量法。接下来请同学们看实验桌上的实验物品：有小铁块、泡沫块、回形针、橡皮泥、铅笔、木头、砝码、橡皮。那让我们来动手试试看，哪些会沉，哪些会浮？（开始依次放入小铁块、泡沫块、回形针、橡皮泥、铅笔、木头、砝码、橡皮等物品，观察并记录它们的沉浮情况。）

　　B 同学：哪些物体的沉浮让你觉得比较有趣？（如小小的回形针会沉下去，大大的塑料块却浮着。）你们觉得物体的沉与浮和什么有关？（物体的重量、大小、形状……）接下来，我们请 C 同学验证我们的猜想。

　　C 同学：同学们首先要注意，验证重量与沉浮的关系我们需要用控制变量法，每次只能改变一个条件，其他条件不变。这里我用水壶进行实验，改变水壶中水的容量，依次进行试验，观察它的沉浮情况。

● 把空水瓶放入水中。发现：水瓶浮在水面上。

● 把水瓶装入 1/3、1/2 的水。这次发现：水瓶慢慢沉下去了，有一部分半沉在水中，但没有完全沉下去。

● 第 4 次试验，装满水。（发现水瓶完全沉入水中）

C同学：4次试验可以发现水瓶表面积大小相同，重量逐渐变大，沉下去部分体积的水向四周排开，总体积不变。所以得出结论，物体体积相同时，重量越大越容易下沉。

接下来我们同样通过控制变量法请D同学给我们验证物体体积大小与沉浮有何关系。（D同学演示，后得出结论）

表演结束，得出结论：物体的沉浮和重量、体积的大小有关。体积相同，重量越重的物体在水中越容易往下沉；重量相同，体积越小的物体在水中越容易下沉。

师：非常感谢四位同学给我们带来的精彩的实验表演。光现象在我们的日常生活中随处可见，如灯光、晴朗的日子里树下跳跃的光斑，以及我们自己的影子都属于光现象。光以各种形式，向我们展示了它动人的姿态。由此可见，光离我们很近，光现象就在我们身边。接下来请2组同学带来《光的颜色》。

（2）2组上场表演：

E同学：在雨过天晴的时候，天空中常常会出现一道美丽的彩虹。彩虹，又称天虹，简称为"虹"，是气象中的一种光学现象。为什么在雨过天晴时才可能看到彩虹呢？彩虹的出现与阳光和潮湿的空气有关吗？现在请大家跟随F同学的脚步，看一看怎样可以制造出彩虹！

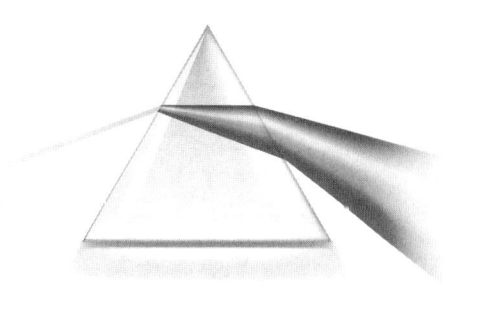

F同学演示，尝试在向着太阳和背着太阳两个位置实验，然后得出结论。（背着太阳能产生彩虹，向着太阳不能产生彩虹。）

E同学：我们平常见到的太阳光是白色的，那为什么刚刚见到的彩虹却是彩色的，阳光是由什么颜色组成的呢？请G同学来验证一下这个问题。

G同学演示，让一束阳光通过三棱镜，改变方向后照射到墙上，阳光被分解成了七彩的光线。

E同学：我们让H同学用水棱镜做光束分离实验来验证一下这个问题。

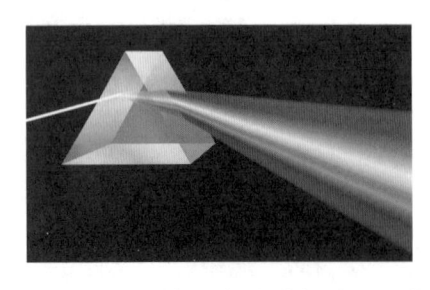

H 同学开始实验：将盛水的盆子放在阳光下，把小镜子插在水中，斜靠在盆壁上，调整镜子的角度，将阳光反射到白纸上，观察实验现象。

表演结束，得出结论：当太阳光通过三棱镜或水棱镜时，光的前进方向会发生改变，把原来的白光分解成红、橙、黄、绿、蓝、靛、紫7种不同颜色的光。

师：2组的同学们做得也非常棒！那我们一起来看看3组给我们带来了什么样的精彩实验吧！欢迎3组的同学，他们的实验是关于物质发生了什么变化的。

（3）3组上场表演：

I 同学：这里有几种生活中常见的物质，沙子、豆子、白糖等，我们先把沙子和豆子混合，大家观察到发生什么变化了吗？是的，将这两种物质混合后，沙子还是沙子，豆子还是豆子，并没有发生任何变化，这是一个没有产生新物质的变化过程。现在我们请 J 同学来做白糖加热实验，大家观察在加热白糖之后会发生什么。

J 同学开始实验：将白糖放入汤匙，点燃蜡烛，在火焰上加热（稍过一会儿），可以发现，白糖先是由透明的颗粒融化成透明的液态状。继续加热后颜色由黄红变成褐红，直至变成黑色，并且可以闻到有焦糊味。再接着加热，黑色的物质就会燃烧起来。这是因为白糖加热后，会变成黑色的炭，所以继续加热就会燃烧起来。

I同学：通过刚刚两个实验，我们可以发现豆子和沙子混合没有产生新的物质，这种没有产生新物质的变化叫作物理变化；白糖加热后产生了新的物质，这种变化叫作化学变化。所以物理变化和化学变化的根本区别在于有没有新的物质产生。

师：3组的同学带来的实验很精彩呀，而且实验步骤也井然有序，同学们在进行此类实验的时候也要提前准备，注意安全哦！让我们再次掌声鼓励以上三组同学带来的精彩表演！

七、总结评价

（1）课后分组进行交流，总结心得。想一想：实验过程中应注意什么问题？实验结果产生的原因是什么？生活中还有哪些你感兴趣的科学现象？

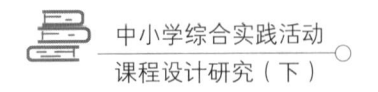

（2）说说通过本节课的学习，你都有什么收获和感悟吧！

八、拓展延伸

科学趣味实验——蜡烛吹不灭。你知道为什么用力吹燃烧的蜡烛却怎么也吹不灭吗？怎样做到这一点呢？请查阅资料，将实验步骤与结论写在以下方框内。

第五课　电磁探秘

一、主题说明

电磁现象奇异而美妙，很早便吸引人类对其进行不懈的探索，电磁的研究成果对人类社会的发展产生了深远的影响。

"电磁探秘"展区通过展示电与磁的奇妙现象，引领观众探寻现象背后的奥秘，感悟电磁对人们生活的影响，启发学习者参与科学实践的兴趣，达到培养科学思维和熟练掌握科学方法的目的。

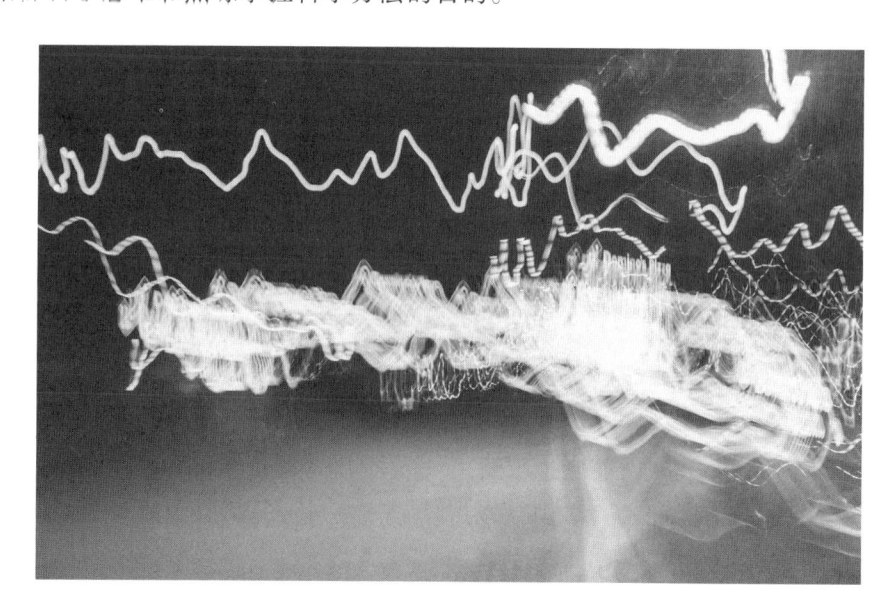

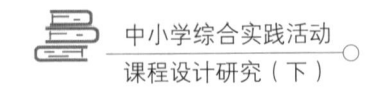

二、课程目标

- 价值体认：通过电磁探秘，探寻神秘现象背后的奥秘，激发学习者的兴趣，形成良好的科技创新品质。
- 责任担当：学习电磁现象的知识，形成科技强国的意识，培养科学与创新精神，培养爱国情操。
- 问题解决：关注自然现象，激发学习兴趣，深入思考，掌握电磁现象基本理论知识，将科学运用于生活实际。
- 创意物化：通过对现象发生原理的学习，拓展思维，发展科学创新实践精神。

三、适用学段

小学、初中。

四、实施条件

（一）教具清单

展区电磁探秘展品（共 11 件）：手蓄电池、铁钉桥、隔空称重、旋转的银蛋、雅格布天梯、尖端放电、音乐特斯拉、电磁加速器、磁悬浮灯泡、磁阻尼、跳舞回形针。

（二）分组分工

以 2~3 人为一小组对各展品进行体验、探究。

五、安全措施

- 爱护活动场地和设施设备，不得擅自随意搬动器材，损坏器材及时报告教师并积极配合学校处理；
- 不准私自挪动仪器设备，更不得私自把仪器设备带出实验室；
- 保持室内安静、整洁，讲卫生，不准在室内吃零食；
- 注意安全，不准使用电风扇等外带设备；

● 离开科普馆时，关好门窗、电源。

六、教学设计

（一）教学重点

了解生活中的电磁现象，掌握基本原理，简单运用于实际生活，用正确的科学原理解释特有的电磁现象。

（二）建议课时

4课时。

（三）教学过程

1. 手蓄电池

（1）操作参与：

● 双手分别握紧两侧任意一根金属棒，观察检流计指针是否发生偏转；

● 换两根金属棒，观察指针偏转方向与角度的变化。

（2）科学原理：

电池的基本组成需要正、负电极和电解液。这件展品中，不同的金属棒作为正负电极，而人手上有汗液，充当了电解液，就组成了一个简单的电池。

图 6-5-1　手蓄电池

（3）讲解与运用：

你知道电流是怎么产生的吗？它又有怎样的运用呢？

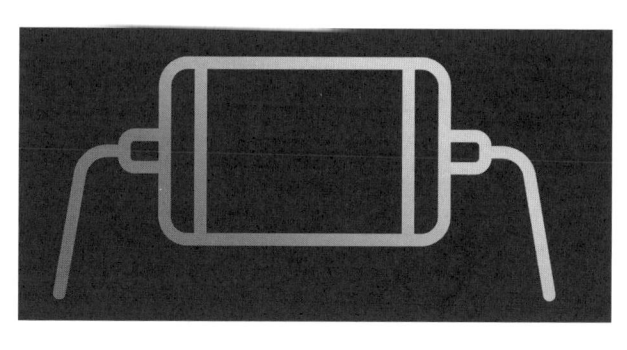

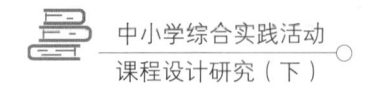

要形成电流，首先要有自由移动的电荷。金属中的自由电子，酸、碱、盐的水溶液中的正离子和负离子都是自由电荷。而这件展品中，不同的金属棒作为正负电极，再加上我们手上的汗液，充当了电解液，就组成了一个简单的电池，形成了电流。电流在生活中有很多应用，如电流的热效应可用来加热，如电炉、电热水器等；电流还能通过做功将电能转化为机械能，如电动机等。

2. 铁钉桥

（1）操作与参与：

● 按下"通电"按钮，计时器开始计时；

● 在规定时间内用小铁钉连接左右两个"桥墩"，搭建"桥面"；

● 按下"断电"按钮，观察现象。

（2）科学原理：

电磁原理。

（3）讲解与运用：

你知道为什么小铁钉能相互吸引形成"桥面"吗？

两边的"桥墩"是表面绕有线圈的铁芯，也就是电磁铁。断电时，"桥墩"没有磁性。但线圈通电就会让它中间的铁芯具有磁性。此时，小铁钉靠近"桥墩"时会被它吸引，并且也变得具有磁性。

图 6-5-2 铁钉桥

而因为磁力具有同极相斥、异极相吸的特征，所以铁钉能在两个"桥墩"间首尾相连，形成"桥面"。这些原来不具有磁性的铁芯和铁钉在磁场的作用下显现磁性的现象，就是磁化。

而大家所熟知的电磁吸盘、电磁阀等，也都运用了磁化作用。

3. 隔空称重

（1）操作与参与：

● 取一个随身小物品放在左侧普通秤盘上，观察显示的重量数值；

● 再将小物品放在右侧悬浮的托盘上，观察显示的重量数值。

（2）科学原理：

磁力同性相斥、异性相吸。

（3）讲解与应用：

悬浮托盘上的物品，不接触秤盘，重量是怎么称量出来的？

隔空秤使用的是和左侧一样的电子秤，但秤盘上面装有一块磁铁（S极向上），悬浮托盘下面也装有一块磁铁（S极向下）。由于磁铁具有同极相斥的特点，所以这两块磁铁就构成了一个磁悬浮组合。物品放在悬浮托盘上，改变了磁悬浮组合施加给电子秤的压力，压力的改变量就等于物品的重量。但由于悬浮托盘存在摩擦力，所以称量的结果会存在一些误差。

图 6-5-3　隔空称重

4. 旋转的银蛋

（1）操作与参与：

● 转动手轮；

● 观察银蛋的运动状态。

（2）科学原理：

三相交流电：三相交流电是电能的一种输送形式，简称为三相电。三相交流电源，是由三个频率相同、振幅相等、相位依次互差120°的交流电势组成的电源。展品正是利用了三个互成120°角放置的线圈产生三相交流电。

图 6-5-4　旋转的银蛋

（3）讲解与应用：

什么力量使银蛋高速旋转并竖立起来呢？

原来在给三组线圈通入三相交流电后，会在其周围的空间产生旋转磁场，由于银蛋是闭合导体，在旋转磁场的作用下其中会产生感应电流并形成磁场。在两个磁场的相互作用下，银蛋便旋转起来。由于银蛋质量分布不均匀，快速旋转的银蛋受重力和离心力作用，于是离重心近的大头下沉，离重心远的

399

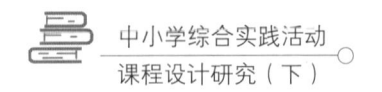

小头上升，最后便竖立起来。

旋转磁场广泛应用于交流电机、测量仪表等设备中。三相交流电的用途很广，工业中大部分的交流用电设备，如电动机，都采用三相交流电。而在日常生活中，多使用单相电源，也称为照明电。

5. 雅格布天梯

（1）操作与参与：

按下"启动"按钮，我们会看到羊角形电极的底部会形成电弧，随着电压升高，电弧不断向上爬升，当爬升到一定高度后断开，而底部又马上形成新的电弧，形成电弧爬梯子的奇妙景象。

（2）科学原理：

电弧放电：在电源能持续提供大量电流的条件下，因热电离在间隙中形成明亮、高电导、高温通道的一种强烈自持放电。

图 6-5-5　雅格布天梯

雅格布天梯就是一种演示电弧放电的设备。

（3）讲解与应用：

大家知道其中有什么奥妙吗？

希腊神话中有这样一个故事：雅格布做梦沿着登天的梯子取得了"圣火"。后人便把这梦想中的梯子称为雅格布天梯。

而两根下窄上宽的羊角形电极，一根接高压，一根接地。当两电极间的电压足够高时，电极底部狭窄处的空气被击穿变成导体产生电弧。由于放电过程中底部温度较高，会形成上升的气流，从而推动电弧不断向上爬升，当电弧达到一定高度，电极间距超过"击穿"的临界距离时，电弧就熄灭了。如此循环往复，便形成像梯子一样的电弧放电现象，就犹如古希腊神话中的"雅格布天梯"。

在电力系统中经常会出现电弧放电，如不能及时消除电弧将可能烧毁电力设备。但电弧放电也可以为人们所用，大家所熟知的电焊就是利用电弧产生的高温将金属熔化，从而将物体焊接在一起。

6. 尖端放电

（1）操作与参与：

展品的两根金属杆上有许多针状电极，转动手轮，随着两个针状电极逐渐靠近，在两个电极尖端之间会发生放电现象。

（2）科学原理：

在强电场作用下，物体尖锐部分发生的　种放电现象称为尖端放电，它属于一种电晕放电。它的原理是物体尖锐处表面曲率大，电荷密集，电场强度剧增，致使它附近的空气被击穿而发生放电。要观察尖端放电的现象，除了要有足够高的电压外，还必须有适当的形状配合，才容易做到。如果物体尖端在暗处或放电特别强烈，这时往往可以看到它周围有浅蓝色的光晕。

图 6-5-6　尖端放电

（3）讲解与应用：

想一想，为什么放电现象会经常发生在金属的尖端呢？

原来导体上电荷的分布与其表面形状有关，导体表面尖锐的地方，电荷的分布比较密集，当电荷聚集达到一定密度时，就会产生很大的电场，击穿空气。展品中的两个电极，一个接高压，另一个接地。两根尖针逐渐靠近，在强电场的作用下，尖端附近的空气被电离，出现放电火花。有时我们要避免尖端放电现象的发生，如高压设备的金属元件要做成光滑的球面防止尖端放电。

相反，也可以利用尖端放电现象制作避雷针，不断地放电，避免电荷的大量积累，达到避雷的目的。还可以用于电子打火装置。

7. 音乐特斯拉

（1）操作与参与：

● 按下"音乐演示"按钮，观看放电现象；

● 按住"语音演示"按钮,对着麦克风说话,观看放电状态。

(2)科学原理:

特斯拉线圈。

(3)讲解与应用:

电弧是如何产生的?为什么会放出音乐?

这件展品的主体是特斯拉线圈,它是一种高频率变压器,通过它可以获得上百万伏的高频电压,当击穿空气释放电能时,就形成了电弧,会造成周围空气的振动,从而发出声音。当放电的频率改变,空气的振动频率也随之改变,由此产生不同的音调。在特斯拉变压器的输入端加入音频信号,使放电频率随音频信号变化,这样你就听见了相对应的音乐。

科学家尼古斯·特斯拉发明了这种装置,因此用特斯拉的名字为它命名。

图 6-5-7 音乐特斯拉

8. 电磁加速器

(1)操作与参与:

● 按下"启动"按钮;

● 观察金属球在轨道内的运动状态。

(2)科学原理:

电磁加速器。

(3)讲解与应用:

想一想,金属球在轨道内为什么会越转越快呢?

在环形闭合导轨上,每个线圈旁都装有传感器。当金属小球接近线圈,传感器检测到金属球,线圈立刻通电产生磁场,金属球在磁场作用下获得动力进行加速运动。金属球每通过线圈一次,在磁场力的作用下就被加速一次,随着金属球

图 6-5-8 电磁加速器

不断通过线圈，速度也就越来越快。

9. 磁悬浮灯泡

（1）操作与参与：

● 观察悬浮在空中的灯泡；

● 按下"启动"按钮，点亮悬浮在空中的灯泡。

（2）科学原理：

磁悬浮技术。

（3）讲解与应用：

为什么灯泡可以悬浮在空中并被隔空点亮呢？

灯泡的悬浮，利用的是磁悬浮技术。灯泡的顶部装有磁铁，灯泡正上方的环形支架内装有一个电磁铁，通电后会产生磁场。该磁场对磁铁有吸引力，当吸引力与灯泡的重量相平衡时，灯泡就能悬浮在空中。

图 6-5-9　磁悬浮灯泡

悬浮的灯泡隔空点亮，看似不可思议，其实是因为灯泡下方安装有发射线圈，灯泡内部有接收线圈和 LED 发光元件。发射线圈发出电磁波，通过电磁感应在接收线圈中产生电流，从而点亮灯泡。智能手机的无线充电就采用了这个原理。

10. 磁阻尼

（1）操作与参与：

● 将任意两个圆筒提到磁柱顶端；

● 将圆筒同时释放，看看哪个下落速度快；

● 多试几次，比较各个圆筒下落速度的区别。

（2）科学原理：

电磁感应。

图 6-5-10　磁阻尼

（3）讲解与应用：

为什么不同材质或结构的圆筒下落速度各不相同？

圆筒的材料分别为铜、铝、塑料，铜和铝能导电，塑料不能导电。在金属圆筒下落穿过磁柱产生的磁场时，圆筒里会生成感应电流，简单地说就是"磁生电"。这个感应电流也会在圆筒周围产生一个磁场，也就是我们通常说的"电生磁"。这两个磁场方向相反，产生了阻碍圆筒下落的效果；而塑料筒是绝缘体，不会产生电流，它下落得最快。金属圆筒材料不同时，导电性和密度不同，下落速度不一样；同一种材料制成的圆筒，圆筒上的缝隙会减少电流的产生，所以有缝的圆筒会比光滑的圆筒下落得快一些。

工业上常用的避震器、张力控制器等都运用了磁阻尼的缓冲特性。

11. 跳舞回形针

（1）操作与参与：

● 按下"启动"按钮，选择曲目，观察回形针的状态；

● 按下"外接声源"按钮，将音频接头插入自带声源，如手机等播放设备。

（2）科学原理：

电磁原理。

（3）讲解与应用：

为什么回形针会跟着音乐的节奏，有序地"跳舞"？

回形针是铁制品，可以被磁铁吸引。这种吸引是由于磁铁周围存在磁场的作用而产生的。回形针舞台下方有一个线圈，线圈通电后会产生磁场，变成电"磁铁"。线圈两端的电压随着音乐节奏起伏变化，磁场的强弱也随之变化。当磁场变强时，回形针克服了自身的重力，"站立"了起来；当磁场变弱时，回形针被重力拉了下来，于是，回形针就跟着音乐节奏跳起舞来。

图 6-5-11　跳舞回形针

七、总结评价

（1）在日常生活中，摩擦生电、电磁感应、隔空称重等现象比比皆是，我们不仅要明晰它们的反应原理，而且也要敢于应用，将物理学原理应用于我们的实际生活，创造出一些有利于生活的产物，服务于社会。谈谈这节课你的收获与感想吧！

(2)通过本次课的学习,谈谈科技对个人、社会、国家的影响,并记录下来吧!

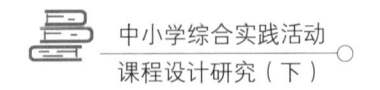

八、拓展延伸

大家知道吗？磁悬浮列车是一种靠磁悬浮力来推动的列车。由于其轨道的磁力使之悬浮在空中，行走时不需接触地面，因此只有空气的阻力，看起来也就悬浮于空中。通过本节课的学习，你知道磁悬浮列车的设计原理是什么吗？它又具有怎样的优缺点呢？试着谈一谈吧！

第六课 奇幻的声光

一、主题说明

声音和光是客观存在的自然现象，人类从未停止过对其客观规律的认知、探索和思考。"声光体验"展区通过展示声音和光的现象与特性，启发学生观察、认知现象背后的规律。

学生通过互动展品和趣味的体验方式，增加对声音与光特性的认知与规律的探索，感悟展品中蕴含的科学原理和科学知识的深刻内涵，感受其中的智慧，同时启发学生的灵感和哲思，领会科学精神和科学方法。从而激发学生探索声、光奥妙的兴趣和热情。

二、课程目标

● 价值体认：通过对声光现象的认识，培养学生实事求是、科学严谨的态度，使其形成热爱劳动的优良品质。

● 责任担当：激发学生的学习兴趣，使其形成科技强国的意识，培养其科学创新精神与爱国情操。

● 问题解决：使学生了解声光现象，深入思考，探究原理，学会运用科学的方法开展研究并解决问题。

● 创意物化：通过"声光体验"，拓展思维，增强科学实践创新意识。

三、适用学段

初中。

四、实施条件

教具清单：

展区声光展品（共16件展品）：光线游戏、空中成像、镜面立方体、3D动画、灯语的秘密、梦幻箱、队列行进、飞鸟入笼、画五角星、声驻波、管中窥豹、变幻的风景……

五、安全措施

● 爱护活动场地和设施设备，不得擅自随意搬动器材，损坏器材及时报告教师并积极配合学校处理；

● 不准私自挪动仪器设备，更不得私自把仪器设备带出实验室；

● 保持室内安静、整洁、讲卫生，不准在室内吃零食；

● 注意安全，不准使用电风扇等外带设备；

● 离开科普馆时，关好门窗、电源。

六、教学设计

（一）教学重点

探究认识相应现象原理及应用；熟悉各现象原理。

（二）建议课时

4课时。

（三）教学过程

第一节

1. 光线游戏

（1）操作与参与：

● 触摸"启动"按钮，下方的起点会发射一束激光，光路清晰可见，转动"旋钮"调整光学元件的旋转角度，调节光学元件的角度，观察光线通过光学元件后的路径变化。激光射向所选光学元件，使激光到达顶部的终点，点亮彩灯。四个可旋转的光学元件中，三个是平面镜，一个是曲面镜。

图 6-6-1　光线游戏

（2）科学原理：

光线在同种介质里沿直线传播，但光线从一种介质射向另一种介质时，在两种介质的交界处，会发生折射或反射。展品利用八种不同的光学元件，使光线的传播路径发生改变，并直观地展现在观众眼前。

（3）讲解与应用：

为什么光线在不同光学元件中的传播路径不同呢？

这些五花八门的光学元件，有的对光线起会聚作用，有的对光线起发散作用，有的可以使光线发生偏折。重点选取几种元件结合应用作介绍：凸透镜有会聚光线的作用，如近视眼镜；凹透镜有发散光线的作用，如老花眼镜和放大镜，它们也是幻灯机、投影机、照相机、望远镜、显微镜等光学系统的重要组成部分；凹面镜有会聚发射光线的作用，如太阳能灶、探照灯、车灯；凸面镜有发散反射光线的作用，如汽车后视镜。

2. 空中成像

（1）操作与参与：

● 按下"启动"按钮；

● 观察扇叶旋转现象：摆杆在驱动机构带动下摆动起来，随着摆动速度越来越快，摆杆上的LED灯就会形成一定的图像，我们就可以看到漂浮在空中的图案。

（2）科学原理：

人眼在观察景物时，光信号通过视神经传入大脑形成视觉。但光的作用结束后，大脑中的视觉并不会立即消失，而是会停留0.1~0.4秒，这就是人眼的视觉暂留现象。

（3）讲解与应用：

为什么在扇叶的旋转平面上出现了图像？

扇叶上有 LED 灯组，旋转时，电路控制 LED 灯按程序指令发光，在旋转平面上的每一位置发出的光都是一幅完整图像的一部分。由于视觉暂留效应，发光点影像会在大

图 6-6-2　空中成像

脑中保留一小段时间，因此，扇叶在旋转平面上的每一个位置的发光点影像，都会被大脑保留下来，这些保留的发光点影像与正在看到的发光点叠加在一起，就在空中形成了完整的图像。

电影、电视及动画片的播放就是利用了人的视觉暂留效应进行设计制作的，电影放映是以每秒 24 帧的速度连续放映静止画面，也就是通过每 1/24 秒播放一幅静止的画面，我们就看到了动态影像。

3. 镜面立方体

（1）操作与参与：

转动手轮，控制斜板上下移动，观察镜面上所呈图像的变化。

（2）科学原理：

光线在同种介质里沿直线传播，但光线从一种介质射向另一种介质时，在两种介质的交界处，会发生折射或反射。

图 6-6-3　镜面立方体

（3）讲解与应用：

一块三角板，在镜面的反射下为什么变成立方体了？

随着手轮转动，伸出来的斜板是越来越大的直角等腰三角形。以斜板为界，上方的两块镜面相互垂直，下方的两块镜面也相互垂直。由于镜面相互垂直，它们相互反射的像是重合的。通过这种特殊的设计，斜板和相邻两块

镜子之间能反射出"立方体"完整的一个面,四面镜子两两相交,就可以看见"立方体"的上、前、左、右四个面。因为人眼最多可以同时看到立方体的三个面,所以随着斜板的上下移动,"立方体"便随之而出了。

4. 课后小结

想一想,如果调整镜面的角度,成像会有怎样的变化?回家后用几面镜子,按照 60°、90°、120° 等角度试一试,并记录你的发现吧!

第二节

1. 灯语的秘密

(1)操作与参与:

● 按下"确定"按钮,观看视频,了解灯语知识;

● 拿起手电筒,对准感应区域,根据显示器提示模拟打灯,如有按错,可按"取消"按钮,重新打灯;

● 操作完成后,再次按下确认按钮。

(2)科学原理:

灯语是一种基于摩尔斯电码的通信方式,通常用于海上航船间的联络。

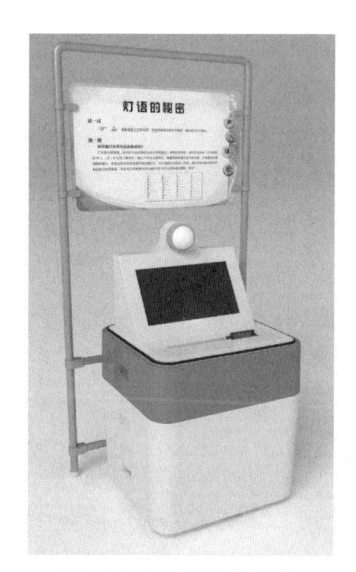

图 6-6-4 灯语的秘密

（3）讲解与应用：

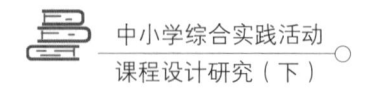

为什么仅凭灯光的亮灭就可以传递相应的信息呢？

灯语是一种基于摩尔斯电码的通信方式，通常用于海上航船间的联络。摩尔斯电码是一种信号代码，只有两种基本的符号——短促的点信号"嘀"和时间稍长些的长信号"嗒"，通过"嘀"和"嗒"不同的排列顺序来表达不同的字母、数字和标点符号等。在灯语中，灯光闪一下就熄灭，代表"嘀"；灯光闪两下就熄灭，代表"嗒"。用灯光打出摩尔斯电码，就能够消无声息地传递信息了。你要是学会灯语，在紧急状态下可以通过"嘀嗒"或者敲击来传递求救信息。

2. 梦幻箱

（1）操作与参与：

透过视窗，我们可以看到虚实结合的梦幻场景。

（2）科学原理：

"梦幻箱"使用的是幻影成像技术，产生梦幻视觉的秘密在于展箱中间 45°斜放的半透半反镜。

（3）讲解与应用：

眼前并没有屏幕，在真实背景上是怎么产生立体画面的呢？

"梦幻箱"使用的是幻影成像技术，产生梦幻视觉的秘密在于展箱中间 45°斜放的半透半反镜。半透半反镜既能将顶部屏幕的影像反射到你的眼里，又可以让镜子背后实物模型处的光线透过来进入你的眼中，这样，你看到的景象就是虚拟影像与真实场景的叠加，从而产生了梦幻般的效果。使用半透半反镜的幻影成像技术，常被博物馆用来演绎、再现特殊场景事件。飞机和高档汽车上配备的平视显示器，使用的也是半透半反镜。

图 6-6-5 梦幻箱

3. 队列行进

（1）操作与参与：

● 按下"启动"按钮，观看箱体中跳舞小人的影像；

● 稍等一会儿，当箱内灯光亮起时，看看小人的影像是怎么来的。

（2）科学原理：

人眼在观察景物时，光信号通过视神经传入大脑形成视觉。但光的作用结束后，大脑中视觉并不会立即消失，而是会停留 0.1~0.4 秒，这就是人眼的视觉暂留现象。

（3）讲解与应用：

箱体中的曲面圆盘是 3D 打印出来的，形状看似不规则，但它的每一个横截面其实都是小人的不同状态。激光照射到曲面的横截面上，就显示出了一个姿态。曲面圆盘转动起来后，因为人眼的视觉暂留，我们会在上一个姿态的视觉形象消失前观看到下一个姿态，于是我们就看到了小人连续的动作。

图 6-6-6　队列行进

4. 飞鸟入笼

（1）操作与参与：

● 快速转动手轮；

● 观察笼中小鸟飞翔的动态画面。

（2）科学原理：

人眼在观察景物时，光信号通过视神经传入大脑形成视觉。但光的作用结束后，大脑中视觉并不会立即消失，而是会停留 0.1~0.4 秒，这就是人眼的视觉暂留现象。

（3）讲解与应用：

为什么鸟笼转动时会出现飞翔的小鸟呢？

人眼在观察景物时，光信号通过视神经传入大脑形成视觉，但光的作用结束后，大脑中视觉形象并不会立即消失，而是会停留 0.1~0.4 秒，这就是人眼的视觉暂留现象。这件展品将小鸟飞翔的连续动作分解成一幅幅动作连贯的静止画面，随着"鸟笼"快速旋转，大脑中暂留的影像会填补鸟笼栅栏所带来的视觉空白，于是人眼便会看到小鸟飞入笼中。这也是电影的原理所在。

图 6-6-7　飞鸟入笼

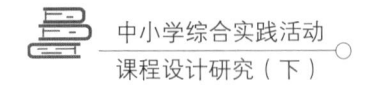

5. 课后小结

想一想，生活中还有哪些地方利用了视觉暂留现象呢？

第三节

1. 画五角星

（1）操作与参与：

按下"启动"按钮，手持画笔，看着五角星在镜子中所成的像，尝试在画板上沿轨迹画出五角星。展品会记录你所用的时间和失误次数。

（2）科学原理：

平面镜成像：平面镜所成的像，它与物体大小相等，左右相反。展品利用平面镜所成的虚像，训练参与者的手、眼协调能力。

图 6-6-8　画五角星

（3）讲解与应用：

为什么看着镜子中的像画五角星时，感觉很困难呢？

因为镜子中的五角星是平面镜所成的像，它与物体大小相等，左右相反。看着镜中的像画五角星时，手画的方向与实际的图形左右反向，画笔常常不听使唤地偏离轨迹，出现了手、眼不协调现象，就像女生平时照镜子画眉毛，画另一侧眉毛时总觉得很难画好一样。经过反复练习，大脑会逐步适应这一变化。平面镜的应用很广泛，舞蹈演员用它来纠正姿势，利用平面镜原理制作的潜望镜可以在水下观察水面上的情况。

2. 声驻波

（1）操作与参与：

转动"启动/调节"旋钮，玻璃管中的扬声器会发出一定频率的声波，调节频率的高低，我们会发现，玻璃管中的颗粒会发生跳动，仿佛在跳舞一般。

（2）科学原理：

驻波：波在介质中传播时其波形不断向前推进，叫作行波；如果两列波的频率和振幅完全相同，传播方向相反，它们叠加后形成的波并不向前推进，所以叫作驻波。展品正是利用了驻波的产生原理，向我们展示了声波的驻波现象。

图 6-6-9　声驻波

（3）讲解与应用：

玻璃管中的小颗粒为什么会跳舞呢？

原来扬声器发出的声波在管子的另一端发生反射，反射波与入射波在管子中间相遇，两列波相互叠加，形成驻波，使振动加强。我们会发现，有的小颗粒剧烈跳动，有的小颗粒却静止不动，我们把振幅最大的点称为波腹，振幅最小的点称为波节。当调整声源频率时，波腹、波节的位置和振动幅度随之改变，形成看似小颗粒跳舞的现象。驻波在声学、光学和无线电等学科中都有重要用途，它可以测定波长或确定振动系统的固有频率。各种乐器，包括弦乐器、管乐器和打击乐器，都是由于产生驻波而发声。将海螺放到耳朵边可以听到好像海浪的声音，也是因为空气中的声波在海螺内部反射产生了驻波，把耳朵凑到暖瓶口听到的嗡嗡声同样如此。不仅声波有驻波现象，利用光的驻波，可以制造比一般太阳能灶效率更高的驻波灶。

3. 管中窥豹

（1）操作与参与：

● 平视屏幕，你看到什么？

● 手持"窥视镜"平移于屏幕上方，你看到什么？

● 旋转"窥视镜"，有何变化？

（2）科学原理：

偏振片原理。

（3）讲解与应用：

想一想，为何平视屏幕一片空白，透过"窥视镜"却能看到画面？

展台上的屏幕是液晶显示器，但比正常的液晶显示器少装了一层偏振片。正常的液晶显示器主要由背光灯、下偏振片、液晶、上偏振片 4 部分组成。背光灯发出光线，光线经过下偏振片、液晶和上偏振片后呈现画面。展品将上偏振片做成了"窥视镜"，屏幕内只保留了背光灯、下偏振片和液晶 3 个部分。肉眼平视便空无一物，透过"窥视镜"观察则出现图像。旋转"窥视镜"，上、下偏振片的相对角度发生改变，透过的光线也随之改变，导致图像颜色改变。

图 6-6-10　管中窥豹

4. 变换的风景

（1）操作与参与：

● 转动画框外侧的转盘；

● 观察风景画颜色的变化。

（2）科学原理：

偏振片原理。

（3）讲解与应用：

为什么透过转盘看到的风景画会变色呢？

这件展品最里层有个灯箱，它发出的白光照到你的眼睛里，先后经过 3 层膜。灯箱发出的白光，初始振动方向是杂乱的。第一层膜是固定安装的偏振片，像一把大笸（bì）子，只让一个振动方向的光波透过，成为白色偏振

图 6-6-11　变换的风景

光。第二层膜就是风景画，它是由厚度不一的透明塑料薄膜片拼成的，经过第一层膜的白色偏振光穿过这层风景画时，会向不同方向折射，分散成各种颜色的光。第三层膜就是转盘上的偏振片了，它也是一把大笸子，如果偏振片旋转角度合适的话，某种颜色的光就会透过这第三层膜，进入你的眼睛。所以当我们旋转转盘时，风景画的颜色会随之改变。

我们用来观看 3D 电影的眼镜、偏光太阳镜等，都是用偏振片制成的。

5. 课后小结

你知道偏振技术在生活当中还有哪些应用吗？

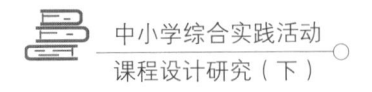

第四节

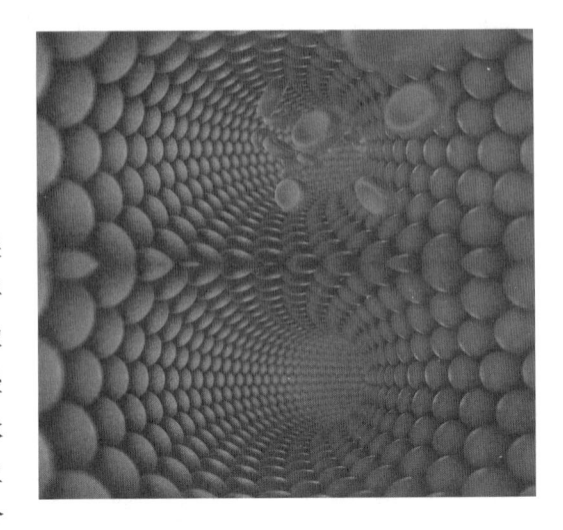

1. 红外血管成像

（1）操作与参与：

由红外血管成像演示仪、保护罩和固定装置构成。观众将手放到成像仪下方，通过红外成像拍摄观众手臂上的血管分布，经过图像处理后，投影显示在观众手臂上。实时投影在观众手臂上的血管影像与观众真实的血管分布相吻合，使观众体验红外技术的发展和应用。

（2）科学原理：

红外成像仪原理，是基于人体产热和散热机制。人体产热与散热是保持生理平衡的，因机体内存在着体温的自动调节机制，这种平衡失调就会导致体温的变动。红外成像仪接受人体表面在不同部位上辐射出不同强度的红外线，并转换成温度，用来进行疾病诊断和判断人体功能状态。

（3）讲解与应用：

红外成像仪接收人体表面不同部位辐射的不同强度的红外线，通过红外摄像头的光电效应转化为电磁信号，经过计算机整理，回归为热图显示在计算机屏幕上，用以测量人体不同部位的温度。同时将电磁信号贮存在计算机的磁盘或软盘上，贮存的信息又可传输到打印机上，运用彩色喷涂技术，以伪彩色图形式打印出来。根据温度变化情况、形态，用以辅助诊断疾病和了解人体功能状态。

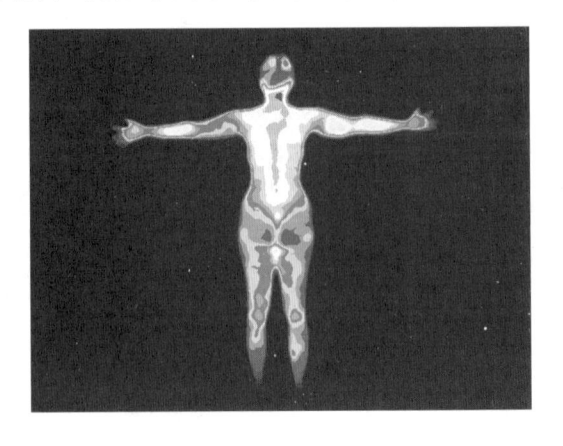

红外成像仪的原理应用领域广泛，包括安防领域、消防领域、电力领域、企业制程控制领域、医疗领域、建筑领域、遥感领域等。

2. 骨传导

（1）操作与参与：

● 按下"自动播放"按钮；或按下"外接声源"按钮，将音频接头插入自带声源；

● 任选一种小棒竖立在圆盘与耳廓间，仔细聆听；

● 将一个手肘放在圆盘上，用手捂住耳朵，仔细聆听。

（2）科学原理：

声音是由物体振动产生的，它的传播需要媒介。

（3）讲解与应用：

● 声音如何传递到你的耳中？

声音是由物体振动产生的，它的传播需要媒介，任何固体、液体、气体都可以传播声音，并最终传递给耳蜗中的听觉神经，听觉神经将信号传递给大脑，于是我们听见了声音。

● 选取不同的小棒，声音听起来一样吗？

展品中小棒的材质不同，听到的声音也不完全相同。另一种方法，则是通过手臂的骨骼和头骨将声音传递到耳蜗中的。我们自己说话时，听到的声音主要也是由头骨传递的；听别人说话时，声音通过空气震动，带动鼓膜震动。

3. 光栅动画

（1）操作与参与：

● 按下"启动"按钮，观察光栅

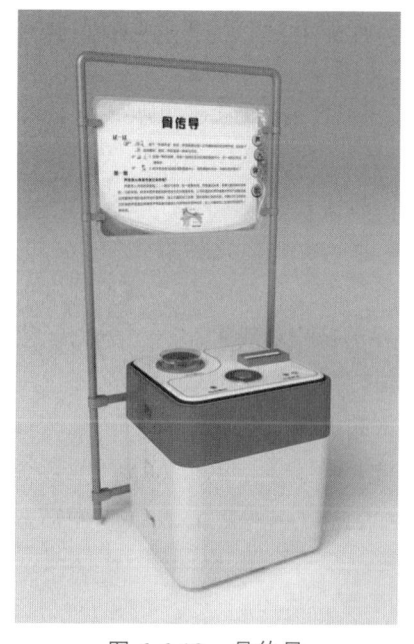

图 6-6-12　骨传导

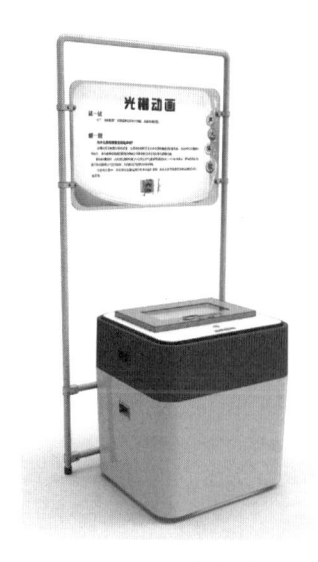

图 6-6-13　光栅动画

动画；

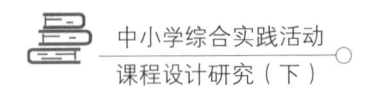

●用手以不同速度推动光栅板，观察光栅动画。

（2）科学原理：

移动光栅现象和人眼视觉暂留现象。

（3）讲解与应用：

为什么光栅和图片的相对移动会形成动画？

移动光栅，这幅看似不规则的图片，随着光栅的移动，呈现出一个循环的活动影像。为什么这幅不规则的图片会依次展现而不是重叠在一起呢？这便是光栅的功能了。透过光栅，仅能看到图片的部分内容，而人的大脑存在一种"自动补全"效应，即通过部分联想到整体，于是我们会"看"到一张完整的图像。光栅的移动，使透过光栅看到内容也在改变，人的大脑便补全了每一张图像，再由人眼视觉暂留现象的共同作用，这一帧帧图像就形成了动画。用手以不同速度移动光栅板，移动越快动画的频率越快，反之画的频率越慢，可以根据不同的移动速度体会动画的频率。

4. 频闪转盘

（1）操作与参与：

●按下"启动"按钮，观察转盘上的字母；

●转动旋钮，调节频闪灯频率；

●在不同频率下，观察转盘上字母的位置。

（2）科学原理：

人眼在观察景物时，光信号通过视神经传入大脑形成视觉，但光的作用结束后，大脑中视觉形象并不会立即消失，而是会停留 0.1~0.4 秒，这就是人眼的视觉暂留现象。

（3）讲解与应用：

为什么在一定频率的频闪灯下，转盘上的字母可以很清晰地展示出来呢？

图 6-6-14　频闪转盘

人眼在观察景物时，光信号通过视神经传入大脑形成视觉，但光的作用结束后，大脑中的视觉形象并不会立即消失，而是会停留 0.1~0.4 秒，这就是人眼的视觉暂留现象。频闪灯以一定的频率闪烁，调节频闪频率，若频闪灯频率与电机转速相互匹配，转盘上的字母会趋向于静止或运动缓慢。主要是因为转盘在每次闪光时，转盘上的字母都处在同一位置，就会给人一种字母"静止不动"的感觉。但如果每次闪光时，转盘字母停留在不同的位置，那么它看起来则是缓慢向前或者向后移动。

5. 课后小结

大家回去试一试，把自己的声音录下来听一听，与自己直接说话时听到的声音一样吗？区别在哪里呢？你能试着利用所学知识解释其中所蕴含的奥秘吗？

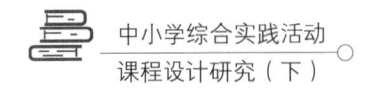

七、总结评价

本次课通过"声光体验"展示了声和光的现象和特性,你都有什么体验与感悟呢?

八、拓展延伸

声音和光是客观存在的自然现象，观察、回想一下你生活中还有哪些与本节课所学的声光电知识相关的现象？你觉得这些现象未来还可以运用到哪些领域中？

第七课 运动与机械

一、主题说明

人们生活在一个多姿多彩的运动世界里，对各种运动规律的认知使人们的生活发生了巨大变化。机械运动是自然界中最简单、最基本的运动形态。在物理学里，一个物体相对于另一个物体的位置，或者一个物体的某些部分相对于其他部分的位置，随着时间而变化的过程叫作机械运动。

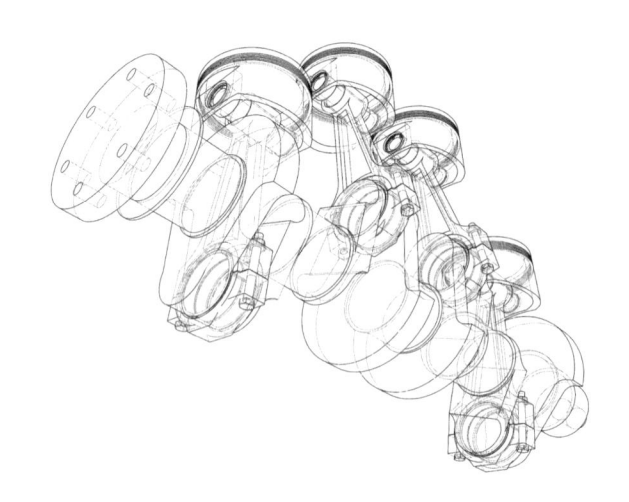

飞机天上飞、轮船水中行，这些都得益于对运动规律的探索与发现。"运动旋律"展区通过对重心与稳度、转动、振动等规律的展示，使学生在互动

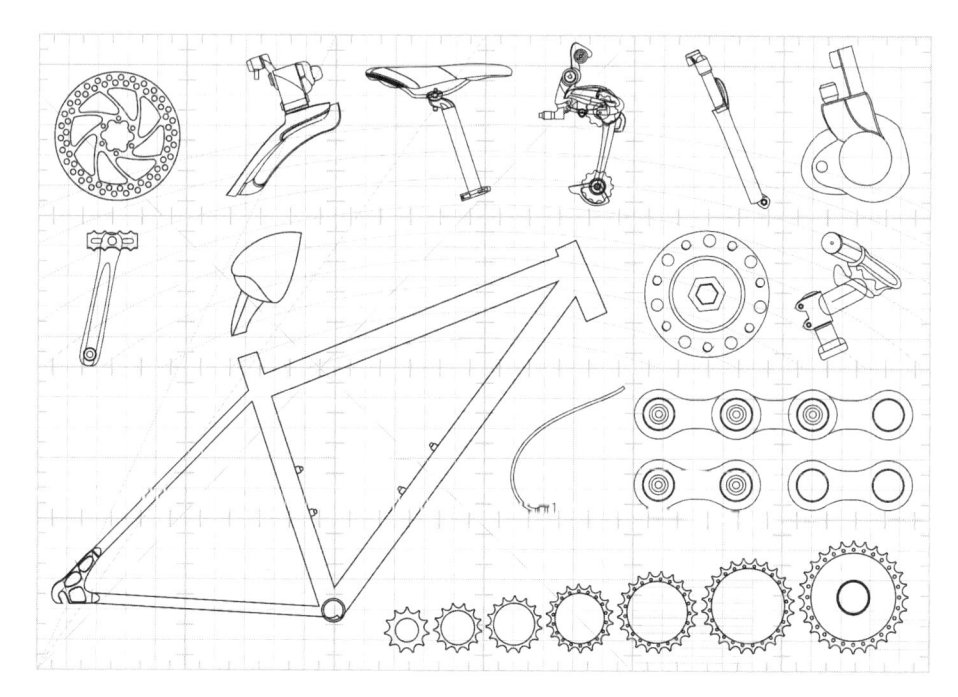

体验中，体会展品中蕴含的科学知识、规律和思想，感受探索过程的快乐。

二、课程目标

● 价值体认：培养实事求是的态度，让学生在掌握科学知识的同时，发展其兴趣专长，形成积极的劳动态度，增强科学意识。

● 责任担当：通过掌握机械操作的技巧，亲自感受与体验生活中的这些现象，明白机械给生活带来的便利，热爱生活、热爱劳动，养成日常劳动的习惯。

● 问题解决：关注生活中的现象，乐于从探究中思考与感悟，通过对机械的认识与实践操作，学会运用科学的方法展开研究和解决问题。

● 创意物化：通过对运动规律的探索与发现，积极参与动手操作实践，在操作中融入大胆想象，创新生活科技，提高创意实现能力。

三、适用学段

小学、初中。

四、实施条件

教具清单：展区展品（共 18 件）：机械涟漪、哪个滚得快、魔箱、奇妙的运动、转动生花、旋转平衡棒、伯努利吸盘、科里奥利力、自己拉自己、椎体上滚、听话的小球等。以 2~3 人为一小组对各展品进行体验、探究。

五、安全措施

- 爱护活动场地和设施设备，不得擅自随意搬动器材，损坏器材及时报告教师并积极配合学校处理；
- 不准私自挪动仪器设备，更不得私自把仪器设备带出实验室；
- 保持室内安静、整洁、讲卫生，不准在室内吃零食；
- 注意安全，不准使用电风扇等外带设备；
- 离开科普馆时，关好门窗、电源。

六、教学设计

（一）教学重点

掌握科学原理，清晰描述运动规律，简单应用于生活，揭示事物运动发展缘由和理论基础。

（二）建议课时

3 课时。

（三）教学过程

第一节

1. 机械涟漪

（1）操作与参与：
- 转动手轮；
- 观察圆环形成的"机械涟漪"。

（2）科学原理：

凸轮机构的作用，它常用于将圆周运动转变为连续的直线往复运动。

（3）讲解与应用：

想一想，漂亮的"机械涟漪"是怎么形成的？

看彩色圆环一圈圈荡开的样子，像不像一滴水落入平静水面后的涟漪？圆环此起彼伏，其实全靠下方那一组蓝色凸轮。当你转动手轮的时候，凸轮组开始旋转，顶起各自上方的金属杆，金属杆又顶起圆环上下移动。这组凸轮的安装角度是提前设计好的，所以彩色圆环会呈现有规律的升降运动，仿佛水面上荡开的涟漪。

图 6-7-1　机械涟漪

你转动手轮时，手轮进行的是圆周运动，但到了金属杆这里，运动方式就变成直线往复运动了。这就是凸轮机构的作用，它广泛地应用于各种机械控制装置中，比如家用缝纫机。

2. 哪个滚得快

（1）操作与参与：

● 将两个滚轮放到轨道的最高端，拨动操作杆，同时释放两个滚轮；

● 观察哪个滚轮最先滚到终点；

● 观察两个滚轮，看它们有什么区别。

（2）科学原理：

转动惯量：我们把物体转动的难易程度称为转动惯量，它指的是物体要克服多大的力才能转动起来，转动惯量的大小取决于物体的形状、质量分布以及转轴的位置，转动惯量越大，物体就越难转动。展品通过实验直观地展示了转动惯量对物体转动快慢的影响。

图 6-7-2　哪个滚得快

（3）讲解与应用：

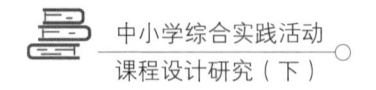

质量和大小都相同的两个滚轮为什么滚得不一样快呢？

两个滚轮质量和大小相同，但滚轮上金属块的位置不同，所以它们的质量分布不一样。根据转动惯量原理，两个转轮的质量分布不同，其转动惯量大小也不相同。当旋转物体的质量分布越靠近转轴中心时，则越容易绕轴旋转，速度也就更快。反之，则旋转速度变慢。科学家们也利用这样的原理来设计卫星、导弹以及大型设备的齿轮等器件。转动惯量在科学实验、工程技术、航天、电力、机械、仪表等工业领域是一个重要参数。此外，在铁饼、铅球等体育运动中，运动员可以通过调整身体姿态来改变人体的转动惯量。

3. 魔箱

（1）操作与参与：

● 按下"启动"按钮，让箱子内的飞轮转起来；

● 当台面指示灯亮绿灯且蜂鸣器响起时，请握紧把手将箱子提起来；

● 请将箱子慢慢转动，你发现了什么？体验后请把箱子放回。

（2）科学原理：

陀螺的定轴性。

（3）讲解与应用：

当我们转动箱子时，哪里来的神秘力量与我们对抗？

图 6-7-3　魔箱

这个神秘力量来源于陀螺的定轴性与进动性。当箱内飞轮快速转动时，它就是一个陀螺。在陀螺高速旋转的时候，它的旋转轴总是努力地保持着方向不变，这就是陀螺的定轴性；如果有一个陀螺正在旋转，而你施加一个力，推动它的自转轴，陀螺不会向你推的方向倒，反而会沿着与推力垂直的方向移动，这就是陀螺的进动性。所以当你顺时针或逆时针转动箱子时，箱子自己翘起来了。

根据陀螺的这些特性，人们发明了陀螺仪，它就像一个高精度的指南针，始终指向固定的方向，应用到手机、飞机、轮船乃至宇宙飞船上。

4. 奇妙的运动

（1）操作与参与：

● 转动手轮，观察每个光斑的运动轨迹；

● 玻璃透明后，观察展品内部结构。

（2）科学原理：

当小圆的直径等于大圆的半径时，小圆上任意一点的运动轨迹，都是一条直线。

（3）讲解与应用：

由 8 个光斑组成的圆形光圈内切于大圆滚动，为什么每一个光斑的运动轨迹都是直线呢？

这是一个数学问题，展品中，大圆固定不动，小圆沿着大圆的内侧滚动，

图 6-7-4　奇妙的运动

小圆上任意一点的运动的轨迹被称为圆内螺线。当小圆的直径等于大圆的半径时，小圆上任意一点的运动轨迹，都是一条直线。

5. 转动生花

（1）操作与参与：

● 转动手轮，观察花瓣的运动状态。

（2）科学原理：

行星齿轮运动。

（3）讲解与应用：

花瓣是如何在运动过程中形成"花朵"的？

每一个花瓣都是由用于传递运动和力的齿轮来控制的，如行星轮系、同步带轮等。当行星轮系的齿圈和行星轮按不同速度转动时，齿圈做自转运动，行星轮的运动相当于自转和公转的复合运动，与行星轮通过同步带轮连接的齿轮部件也做这种

图 6-7-5　转动生花

复合运动，但行星轮和齿轮部件相对齿圈只做公转运动。所以，固定在齿轮

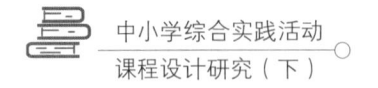

上的每一片花瓣通过公转运动的交叉重合,形成了多变的"花朵"。

齿轮在生活中无处不在,大到机器的运转、车辆的奔跑,小到机械手表中时针、分针、秒针的精确转动,这些都是齿轮在生活中的应用。

6. 旋转平衡棒

(1) 操作与参与:

● 按下"启动"按钮,观察摆杆的运动情况;
● 用软管干扰单摆的运动,观察摆杆的运动情况。

图 6-7-6　旋转平衡棒

(2) 科学原理:

计算机实时采集小车与摆杆的实际位置信号,计算出摆杆要保持平衡小车需要的速度和移动距离,控制小车的移动,从而使摆杆保持平衡。

(3) 讲解与应用:

随着小车的来回移动,摆杆倒立起来,为什么能一直保持平衡状态呢?

启动展品后,小车与摆杆开始运动,计算机实时采集小车与摆杆的实际位置信号,计算出摆杆要保持平衡小车需要的速度和移动距离,控制小车的移动,从而使摆杆保持平衡。好像头顶竹竿的杂技演员,通过来回移动,可以使竖立的竹竿平衡不倒。

倒立摆控制系统有着广泛的应用,比如平衡车、机器人行走过程的平衡控制、火箭发射垂直度控制等。

7. 课后小结

（1）学习了本小节课后，你可以用硬卡纸做几个不同大小的圆片，在另一张硬卡纸上挖去一个大一些的圆形，用铅笔描画圆内螺线，看一看轨迹是一样的吗？

（2）齿轮在生活中无处不在，大到机器的运转、车辆的奔跑，小到机械手表中时针、分针、秒针的精确转动。回家之后上网查阅资料，数一数机械手表中有多少个齿轮呢？它们分别控制什么指针？

第二节

1. 伯努利吸盘

（1）操作与参与：

● 按下"启动"按钮，出风口喷出气流；

● 将不同形状的盘片托在手心，向上移动，贴靠在出风口处，观察现象。

（2）科学原理：

伯努利原理：在水流或者气流中，流速快，压力就小；流速慢，压力就大。

（3）讲解与应用：

想一想，为什么盘片不会被风吹走，而是被吸起并悬浮在空中呢？

瑞士科学家丹尼尔·伯努利发现：在水流或者气流中，流速快，压力就小；流速慢，压力就大。在这件展品中，盘片上表面靠近出风

图 6-7-7　伯努利吸盘

口，空气流速大，压力小；盘片下表面空气流速慢，压力大，盘片会被上下表面的压力差托起，悬浮在空中。这些现象都说明了伯努利原理在起作用。

2. 科里奥利力

（1）操作与参与：

● 按下"启动"按钮，皮带开始转动；

● 用手分别正转和反转底部的大圆盘，分别观察皮带会发生什么样的变化。

（2）科学原理：

科里奥利力。

（3）讲解与应用：

为什么转动大圆盘时，皮带的形状会发生改变？

当大圆盘静止时，皮带绕轴做直线运动；当大圆盘转动时，由于惯性，皮带仍想保持原本的直线轨迹，但是因为受到旋转体系中科里奥利力的影响，皮带的运动轨迹就变成了一条

图 6-7-8　利里奥利力

曲线。当皮带绕轴转动的方向和大圆盘转动的方向相同时，皮带向外凸出；方向相反时，皮带向内凹进。

3. 自己拉自己

（1）操作与参与：

● 请坐在座椅上，身体贴合椅背，双手交替向下拉动面前的绳索；

● 观察座椅上方滑轮的运动情况；

● 再尝试一下另外两把椅子，比较一下有什么不同。

（2）科学原理：

定滑轮可以改变力的方向，动滑轮可以省力。

（3）讲解与应用：

我们是怎么把自己拉起来的呢？

这件展品上有两排"滑轮"，上方横梁上是一排定滑轮，它们是固定不动的，座椅上

图 6-7-9　自己拉自己

安装了一排动滑轮，会随着绳子的拉动上下移动，定滑轮可以改变力的方向，动滑轮可以省力，这样就形成了一个滑轮组。当我们坐在椅子上时，身体的重量就由滑轮组上的绳子来承担，绳子的股数越多，为我们分担的力就越多，所以不需要用多大的力气就可以把自己拉起来。

而滑轮是一种古老的机械，早在战国时期的著作《墨经》中就有相关记载。在现代社会，我们使用较多的是滑轮组，安装在起重机、卷扬机和升降机上，既可以改变力的方向，又能很省力地拉动物体。

4. 椎体上滚

（1）操作与参与：

● 增大或减小轨道的夹角，将锥体或球体放在轨道下端，观察它的运动情况；

● 从轨道侧面观察锥体和球体滚动中的重心位置。

（2）科学原理：

不倒翁原理：上轻下重的物体比较稳定，也就是说重心越低越稳定。当不倒翁在竖立状态处于平衡时，重心和接触点的距离最小，即重心最低。偏

离平衡位置后，重心总是升高的。因此，这种状态的平衡是稳定平衡，所以不倒翁无论如何摇摆，总是不倒的。这件展品同样利用了不倒翁的"降低重心求稳定"的原理，通过巧妙的设计，实现了锥体上滚的假象。

（3）讲解与应用：

想一想，为什么锥体好像从低处滚到高处？

锥体真的向上滚动了吗？其实并没有，它其实是向下滚动的。当轨道的夹角处于一定范围时，锥体看上去会从轨道下端向上端移动，但仔细观察，你会发现倾斜轨道两边呈八字排列，一端低一端高，在低端，轨道间的距离小，锥体重心高，而在高端，轨道间的距离大，锥体重心降低。锥体上滚只是表面现象，实际上在锥体上滚的过程中，它的重心却是在下降的。物体在重力作用下总会按照降低重心求稳定的规律进行运动。

图 6-7-10 椎体上滚

这种原理，在电扇底座、话筒架、不倒翁甚至汽车领域等都有应用。

5. 听话的小球

（1）操作与参与：

按下"启动"按钮，竖直管道下方的风机开始工作，我们会看到乒乓球沿着竖直向上的气流开始上升，当小球来到 U 型管上面的水平管口时，就像得到了命令一样，很"听话"地突然改变了运动方向钻进了水平管道，并沿着管道回到起点，如此循环往复。

（2）科学原理：

伯努利原理：在水流或气流中，流体的速度越快，产生的压强越小；流体的速度越慢，产生的压强越大。这就是被称为"流

图 6-7-11 听话的小球

体力学之父"的丹尼尔·伯努利在 1726 年发现的"伯努利原理"。展品正是巧妙地利用了这一原理将一个乒乓球打造成了听话的小球。

（3）讲解与应用：

为什么小球会如此听话呢？

从竖直管口喷出的高速气流，托起小球向上运动。根据伯努利原理，高速气流周围的空气流速相对较慢，所以压强较大，使小球保持在气流的中心，同样，竖直向上的气流使 U 型管内产生负压，使得上下水平管口产生了气压差，下管口压强最小，当小球到达上方的水平管口附近时，小球在负压的作用下，被吸入水平管道并向下管口处运动，看起来就像个"听话"的小球。伯努利原理的发现，对人类认识流体的特征和规律具有十分重要的意义。

伯努利原理在日常生活中有许多应用：飞机上天的升力作用、足球运动中的香蕉球、乒乓球运动中的旋转球、喷雾器的使用、两艘船或者火车的安全行驶间距、地铁或者火车站台上的黄色安全线等都和伯努利原理有关。

6. 双曲线槽

（1）操作与参与：

拨动直杆，会发现它可以神奇地穿过有机玻璃板上弯曲的狭缝。

（2）科学原理：

双曲线与双曲面：双曲线是指与平面上两个定点的距离之差的绝对值为定值的点的轨迹，也可以定义为到定点与定直线的距离之比是一个大于 1 的常数的点的轨迹。双曲线是圆锥曲线的一种，即圆锥面与平面的交线。双曲线绕其对称轴旋转而生成的曲面即为双曲面。

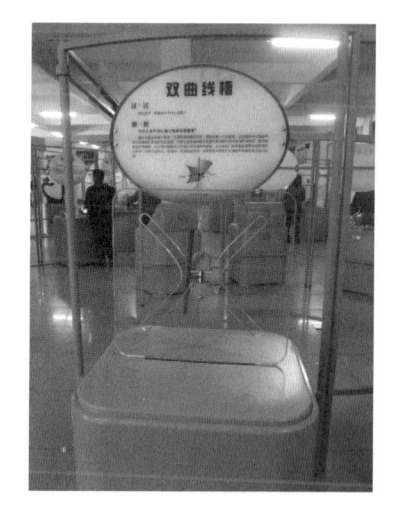

图 6-7-12 双曲线槽

（3）讲解与应用：

为什么直杆可以穿过弯曲的狭缝呢？

当倾斜的直杆绕轴旋转时，在空中划出的轨迹是一个双曲面。由于有机玻璃板是过竖直转轴的平面，弯曲的狭缝正是有机玻璃板与双曲面的交线，

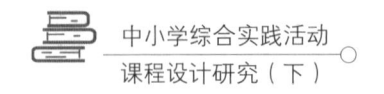

直杆旋转时正好穿过弯曲的狭缝。双曲面的形象在生活中也很常见，由于双曲面造型的建筑物具有良好的稳固性和安全性，而且建筑外部的空气对流快，散热效果好，所以，发电厂中巨大的冷却塔、飞机场的航空管理塔台都是双曲面的造型。

另外，双曲面流线型的外观非常漂亮，广州电视塔的主体结构就是一个典型的双曲面，由于它苗条优美的外形被大家亲切地称为"小蛮腰"。

7. 课后小结

地球就是一个最大的旋转体系，同样也存在科里奥利力，在地球科学领域，你知道为什么北半球的河流右岸比较陡峭，南半球的河流左岸比较陡峭吗？为什么大气并不是径直对准低气压中心流动，而是最终在南北半球形成了不同方向的气旋呢？请你利用所学知识，试着给出一个合理的解释吧！

第三节

1. 汽车车窗

（1）操作与参与：

● 分别按下"上升""下降"按钮，观看玻璃的升降；

● 按下"显示"按钮，再次分别按下"上升""下降"按钮，透过调光玻璃观看玻璃升降机构的动作。

（2）科学原理：

汽车车窗的玻璃升降机构由电机、主臂、副臂、主导轨、副导轨、圆柱齿轮和基板组成。

图 6-7-13　汽车车窗

（3）讲解与应用：

玻璃上升和下降过程中，升降机构的动作有哪些不同之处？

汽车车窗的玻璃升降机构由电机、主臂、副臂、主导轨、副导轨、圆柱齿轮和基板组成。当按下按钮后，电机开始工作，通过圆柱齿轮使主臂旋转，并通过连接轴带动副臂上端沿着副导轨做直线运动。此时，主臂和副臂的下端与上端运动方向相反，沿着主导轨做直线运动，从而使主导轨上的玻璃上下移动。

2. 汽车差速器

（1）操作与参与：

● 转动手轮使差速器开始转动，观看差速器两端车轮的转动速度；

图 6-7-14　汽车差速器

● 用手稍微阻止正在运行的一侧车轮，观看两侧车轮转动速度的变化。

（2）科学原理：

差速器是将发动机的动力传输到两侧车轮并允许车辆过弯时车轮以不同

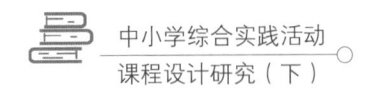

速度转动的装置。

（3）讲解与应用：

为什么两侧车轮转速可以不同？

差速器是将发动机的动力传输到两侧车轮并允许车辆过弯时车轮以不同速度转动的装置。从原理示意图 6-7-14 中可以看出，差速器主要由侧齿轮、行星齿轮、太阳齿轮等部件组成。差速器的侧面锥形齿轮能够接收来自输入轴的动力并转动，同时通过太阳齿轮带动行星齿轮做圆周运动。汽车直线行驶时，行星齿轮则会带动两个输出轴以同样的速度转动，行星齿轮并不会产生自转。而汽车转弯时，由于内外侧的转弯半径不同，外侧车轮的转动速度大于内侧的车轮速度，行星齿轮在两个太阳齿轮不同的作用力下产生自转从而补偿了两轮之间的转速差，保障车辆顺利过弯。

3. 汽车雨刮器

（1）操作与参与：

● 转动手轮，观看雨刮器的刮水动作；

● 按下"显示"按钮，再次转动手轮，透过调光玻璃观看雨刮器机构的动作。

（2）科学原理：

雨刮器机构由雨刷、四个连杆以及电动机等部件组成。

图 6-7-15　汽车雨刮器

（3）讲解与应用：

为什么转动手轮，雨刮器会左右摆动呢？

通过原理示意图 6-7-15 可以看到，雨刮器机构由雨刷、四个连杆以及电动机等部件组成。展品中，手轮转动代替雨刮器的电动机提供动力。当雨刮器开始工作时，手轮转动，通过相连的轴带动四连杆机构左右摆动。而四连杆机构通过连接轴带动雨刷做幅度相同的左右摆动，从而达到刮水效果。

4. 汽车离合器

（1）操作与参与：

● 转动手轮，观看离合器结构的运动变化；

● 压下拨杆，观看压紧弹簧、压盘（摩擦片）的位置变化。

（2）科学原理：

离合器位于汽车的发动机与变速箱之间，起到将发动机产生的动力传递给变速箱的作用。

（3）讲解与应用：

当压下拨杆时，离合器的哪些部位发生了变化？是怎样变化的？

图 6-7-16　汽车离合器

离合器位于汽车的发动机与变速箱之间，起到将发动机产生的动力传递给变速箱的作用。汽车在运行时，需要根据不同的行驶状况，改变驱动力，而这一改变正是依靠离合器来完成的。从原理示意图 6-7-16 可以看出，离合器主要由飞轮、离合器盖、压盘、膜片弹簧等部件构成。本件展品中的拨杆代表的是手动挡汽车里的踏板。当踩下离合器踏板时，膜片弹簧收紧，压盘和摩擦盖远离飞轮，压盘在弹簧的作用下，与飞轮产生间隙，离合器处于分离状态。当松开离合器踏板时，膜片弹簧伸长，压盘向前移动，推动摩擦盖压紧飞轮表面，共同运动，离合器处于接合状态。

5. 汽车转向器

（1）操作与参与：

● 左右转动方向盘；

● 观察车轮转向状态的变化。

（2）科学原理：

蜗杆曲柄销式转向机构。

（3）讲解与应用：

方向盘如何带动车轮转向状态的变化？

图 6-7-17　汽车转向器

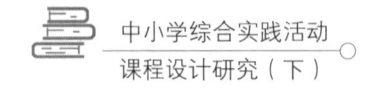

汽车转向器有许多种机构，本展品主要展示的是蜗杆曲柄销式转向机构。通过原理示意图 6-7-17 可以看到，转向机构主要由推力轴承、蜗杆、摇臂轴等部件组成。其中，蜗杆具有梯形螺纹，通过推力轴承与方向盘连接在一起。手指状的锥形指销嵌于蜗杆螺旋槽中，并且利用轴承支承在曲柄上，同时通过摇臂轴与转向摇臂连接在一起。当汽车转向时，方向盘带动蜗杆转动，使得锥形指销一边自转，一边绕摇臂轴做圆弧运动，从而带动曲柄和转向垂臂摆动，再通过相连的转向传动机构使转向轮偏转。这种转向器通常用于载货汽车上。

6. 等速万向节

（1）操作与参与：

● 转动防护罩上的手轮，带动转轮转动，观察转轮的速度；

● 转动台面上的手轮，改变转轮的角度；

● 再次转动防护罩上的手轮，带动转轮转动，观察转轮的速度。

（2）科学原理：

固定型球笼式等速万向节。

（3）讲解与应用：

转轮角度的变化是否会影响两侧转轮的速度呢？

固定型球笼式等速万向节是汽车动力传递系统中的重要部件，通

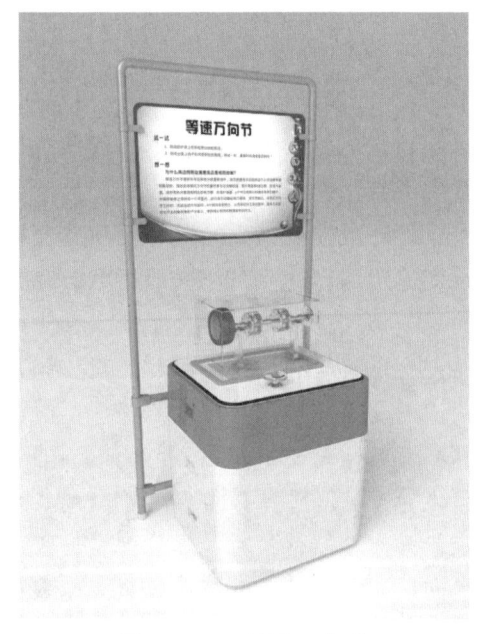

图 6-7-18　等速万向节

过原理示意图 6-7-18 可以看到，它主要由主动轴、钢带箍、外罩、球笼等部件组成。其中，星形套与主动轴相连，外表面上有 6 条凹槽，而球形壳的内表面也有相应的 6 条凹槽，与星形套的 6 条凹槽共同形成了 6 个钢球的滚动通道。6 个钢球受到保持架的作用保持在同一个平面内。当汽车发动机开始工作时，动力由主动轴传递给钢球，再通过球型壳向外传递。由于 6 个钢球全部传递动力，而且传力点位于主动轴和从动轴夹角的平分面上，所以使得两侧的轴以相同的角速度传递动力。

7. 课后小结

汽车转向器有许多种结构类型，试着查一查资料，看看除了本节课我们所学习的蜗杆曲柄销式转向机构外，还有哪几种常见的汽车转向器结构类型呢？它们的工作原理又是怎样的呢？都分别运用在哪些地方呢？

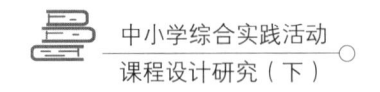

七、总结评价

在学习了本节课的知识后,你都有什么收获和感悟呢?请写在下面的框内吧!

八、拓展延伸

我们生活在一个多姿多彩的运动世界里，观察、回想一下你生活中还有哪些与本节课所学的机械知识相关的运动现象？你觉得这些运动现象未来还可以运用到哪些领域中？

第八课　模拟轮船驾驶

一、主题说明

船是重要的交通工具，是古代劳动人民的一大发明，是人类智慧的结晶。船因为运载量大、运营成本相对低廉，所以还是一种广泛使用的交通工具。船舶是各种船只的总称，是指能航行或停泊于水域进行运输或作业的交通工具，按不同的使用要求而具有不同的技术性能、装备和结构形式。

船舶是一种主要在水中运行的人造交通工具。民用船一般称为船，军用船称为舰，小型船称为艇或舟，其总称为舰船或舰艇。内部主要包括容纳空间、支撑结构和排水结构，具有利用外在或自带能源的推进系统。外形一般是利于克服流体阻力的流线性包络，材料随着科技进步不断更新，早期为木、竹、麻等自然材料，近代多是钢材以及铝、玻璃纤维、亚克力和各种复合材料。

　　通过了解船舶发展历史，亲自体验轮船驾驶过程，是进行科技普及培养探索科学、了解现代交通工具的很好方式。

二、课程目标

●价值体认：通过亲自操作轮船驾驶舱模拟器的活动，发展兴趣专长，形成积极的劳动观念和态度，培养职业生涯初步规划意识和能力。

●责任担当：通过对船舶发展史的了解，认识交通工具对人类文明发展的促进作用，激发参与劳动体验的热情，增强劳动意识与能力，培养学生勇敢坚强的品质和珍惜生命的意识。

●问题解决：认识驾驶舱仪表台各种仪表的基本功能，了解轮船驾驶的流程及方法，在模拟驾驶体验中学会思考，发现问题，再结合所学知识来改进实际操作中的问题。重视通过知识和技术的运用以解决问题。

●创意物化：在模拟驾驶岗位体验中，体会驾驶乐趣与职业劳动的艰辛，通过实践活动激发创新精神，并通过对知识和技术的运用，提高创意实现能力，形成积极的劳动意识。

三、适用学段

　　小学、初中。

四、实施条件

　　教具清单：船舶发展历史视频、轮船模拟驾驶舱、A4纸、铅笔。

五、安全措施

- 每个步骤严格按教师的要求进行；
- 授课过程中认真听讲，不得擅自操作模拟器；
- 注意器材使用安全，未经允许不得通电、随意触碰显示屏等；
- 操作过程中不得打闹嬉戏，不乱跑，不故意损坏物品。

六、教学设计

（一）教学重点

认识轮船驾驶舱仪表，了解驾驶的方法。

（二）建议课时

4课时。

（三）教学过程

1. 课程导入

了解船舶的发展历史、船舶漂浮的原理、船舶对推进人类文明的意义。

（1）说说你所了解的船舶，船舶有哪些类型，工作原理是什么，船舶的

第八课　模拟轮船驾驶

出现对人类有什么积极作用呢？

（2）播放视频资料，了解船舶的发展历史：
- 船舶大概是什么时候出现的；
- 船舶按不同标准有不同的分类；
- 船舶的出现对推进人类相互交流、促进不同地区贸易往来具有什么作用；

（3）看完视频后，小组成员之间相互交流讨论对船舶的认识。

- 船的起源：

在几千年前，人们就发现过河困难的问题。若河浅和水流慢，人们就可以涉水渡河。但遇到河深和水流急的河流，人们就无法过河。后来，一些人发现抱着树枝或粗的树干，就可以浮渡过河。于是，人们就开始有意识地把树枝捆成一扎，做成木筏，或把粗树干挖空，使它成为独木舟，这就是船的雏形。

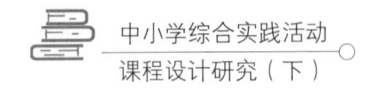

- 古代桨船：

再后来，人们开始在船上装上许多船桨，以此来为船只提供动力，使其不用随波逐流，便于控制船只，使船只更安全。

- 古代远洋帆船：

随着人们科技的发展和贪婪的欲望，人们开始了远洋探险。在技术上，探险家们所使用的帆船比以前的人力多桨船先进多了。它装上了高大的桅杆，桅杆上挂着大面积的帆布，使它能最大限度地利用海上的风能。这比起以前的船，速度更快，船身更大，更坚固，住在上面更舒适。它上面放置了大量的大炮，使它的攻击力更强。

- 近代轮船：

随着人们步入工业时代，轰轰烈烈的工业革命开始了。英国人瓦特经过多年研究，广泛吸取前人的经验，制成了蒸汽机并投入使用。那时有一位叫富尔顿的美国人，觉得用桨划船会很累，而且效率不高，于是他就想用明轮来代替船桨，用蒸汽机驱动船只。他于1870年在哈德逊河上成功地进行试航。这就是轮船的雏形。

1835年，英国人史密斯造了一艘装有螺旋桨的船模型，引起了造船专家的注意。经研究发现，螺旋桨作为船的推进器比明轮力量大。于是装明轮的轮船逐渐退出使用。但为了称呼方便，装螺旋桨的船还是叫轮船。

- 现代轮船：

随着人类的发展，现代的轮船已经不再用帆来辅助船航行，而且不再使用会严重污染环境而且效率较低的蒸汽机，改用了柴油发动机。这是船的发展史上的一个重要的里程碑。现代的轮船不仅装上了高效的柴油发动机，而且还装上了雷达、声呐、无线电等先进设备，使船只远洋航行变得更加安全。

随着时代发展，现在船舶的种类越来越多，按不同的分类方法有不同的种类。按用途分，船舶一般分为军用和民用船舶两大类。军用船舶通常称为舰艇或军舰，其中有直接作战能力或海域防护能力的称为战斗舰艇，如航空母舰、驱逐舰、护卫舰、导弹艇和潜艇，以及布雷、扫雷舰艇等，担负后勤保障的称为军用辅助舰艇。民用船舶一般又分为运输船、工程船、渔船、港务船、游艇等。

2. 认识轮船驾驶模拟舱各种仪表的功能和操作方法

航海模拟器具有强大的仿真环境和模拟功能，它在船舶驾驶教学中可以有效代替实际船舶进行实践操船训练，是一种重要的船员驾驶培训设备，对实践培训教学有着重要影响。

（1）展示模拟舱各仪表名称和作用。

（2）动画视频演示轮船驾驶启动和停靠的操作步骤。

图 6-8-1　轮船驾驶启动和停靠操作步骤的演示视频截图（一）

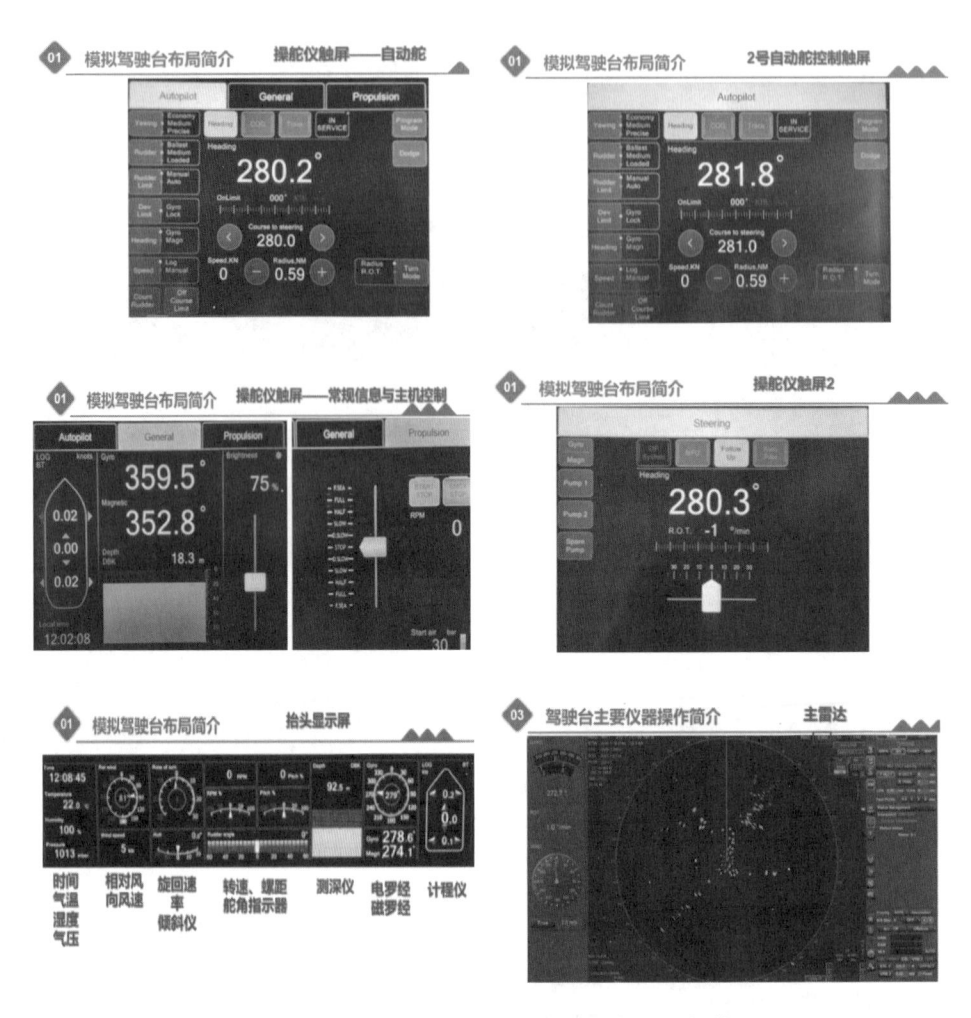

图 6-8-2　轮船驾驶启动和停靠操作步骤的演示视频截图（二）

3. 小组根据老师指导动手操作驾驶

注意事项：开航前，驾驶台要检查的电航设备有：雷达、ARPA、GPS、手操舵和应急操舵装置（包括舵角指示器）、电罗经（包括主罗经和其复示器是否工作正常和同步）、磁罗经（包括照明）、船舶自动识别系统、VHF、航行灯、信号灯、测深仪、LOG、号笛、莫氏信号灯、NAVETEX 接收仪、气象传真接收仪、航向记录仪、通信系统等。

根据视频指导，根据步骤操作分工驾驶船只并记录好驾驶过程。指导教师巡视指导。

七、总结评价

（1）根据本节课所学的知识，尝试完成下列表格吧！

按照用途对船舶简单分类	船舶对人类的意义	启动轮船的操作流程	停靠轮船的操作流程

（2）分享一下你本节课都有什么感悟和收获吧！

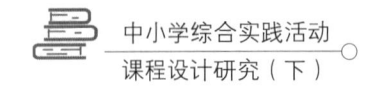

八、拓展延伸

用简笔画试着设计一艘你喜欢的"未来号"轮船并想象一下它都有什么特殊的"超能力",你准备驾驶着它干什么呢?

第九课 神奇的遥控小车

一、主题说明

遥控小车作为小时候的玩具，大家应该都很熟悉。通过操作一个遥控器，就能使小车完成直行、转弯等各种动作。

为什么小车可以执行我们的命令呢？

在今天的学习开展之前，也许大家的回答是"因为有遥控器控制"。答案虽然没有错，但相信通过今天的学习大家会对遥控小车的原理有更加深入的理解。

本节课我们将一起动手搭建小车，学习编程知识并编写控制程序。通过学习对某个计算体系规定一定的运算方式，编写若干指令规定，使计算体系按照该计算方式运行，利用计算机代码来操控小车。在课程中提高动手操作能力，同时培养团队合作精神及创新思维能力。

图 6-9-1　搭建小车　　　　　　　　图 6-9-2　调试程序

二、课程目标

● 价值体认：通过了解套件的控制器、传感器、执行器的作用及使用方法和图形化编程下的编程逻辑，发展兴趣专长，形成积极的劳动观念和态度。

● 责任担当：培养团队合作与沟通的能力，激发学习兴趣，形成科技强国的意识，培养科学创新精神与爱国情操。

● 问题解决：通过学习机械结构组成和编程方式，思考生活中遇到的问题，学会运用科学的方法开展研究并解决问题。

● 创意物化：在动手搭建小车、学习编程知识并编写控制程序的过程中，通过对信息技术的学习实践，锻炼创新思维能力，提高创意实现能力。

三、适用学段

初中。

四、实施条件

教具清单：创新课程中级套装、笔记本电脑。

五、安全措施

- 不得私自启动场馆内的各种电器设备；
- 不得在场馆内大声喧哗，追逐打闹。

六、教学设计

（一）教学重点

设计并搭建小车结构；学习分支程序编程的思维；编写小车控制程序。

（二）建议课时

4课时。

（三）教学过程

1. 明确任务

师：大家看这个小车，它可不是一件普通的玩具，而是可以"听命令"的遥控小车哦。

（1）互动环节：

师：大家看到这个正在运行的遥控小车了吗？仔细观察操作过程以及小车的运行情况，并思考怎样能使小车实现命令呢？

图 6-9-3　遥控小车

大家可以观察到，小车可以根据指挥操作来执行转弯（左转、右转）与直行（前进、后退）的命令。

- 直行：当小车的主动轮速度相同时，可以使车体实现直行命令。
- 转弯：当小车的主动轮速度不相同时，可以使车体实现转弯命令。

（2）引导思考：

师：大家对于双轮差速驱动有疑问吗？

以我们本节课的遥控小车为例，能够给车体提供动力的车轮叫作主动轮，它上面连接着马达；与主动轮相对应的是从动轮，它没有连接马达，不能提供动力，而是配合主动轮实现运行。

图 6-9-4　主动轮/从动轮

（3）引入课程：

师：那么今天我们就来尝试做一个通过差速系统来实现小车转向的遥控小车吧！在做小车之前，我们先来一起了解一下我们今天即将要搭建的小车的套件是什么。

2. 套件功能学习

师：在开始学习之前，我们先来了解一下我们手中的套件内容吧！

（1）控制器：

控制器作为套件的控制部分，它的作用就相当于人类的"大脑"。它不仅可以通过各种传感器获取外界的信息，并且可以进行思考、判断，最后通过输出设备对外界作出反应。

它的上、下、左、右两侧有很多接口，通过这些接口与各种传感器和执行器进行连接，与外界进行交互，使得创新项目成为一个有"大脑"、能"思考"的"智能体"。

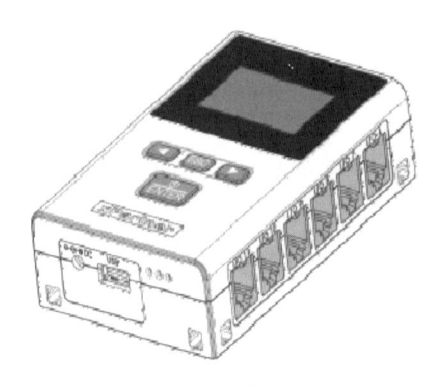

图 6-9-5　控制器

● 界面：

显示文字和图形，可以直接通过界面操作读取数值。

● 端口：

控制器两侧 I/O 为输入端口，用来连接各种传感器。

控制器上方 DC 为输出端口，用来连接电机。

控制器下方为电源、USB 数据下载线接口。

● 按键：

ENTER：这个键具有多功能。它既是开关键，也是确认键。

ESC：退出键，它的功能是退出程序或界面。

向左/向右：选择键，它的功能是选择程序或界面。

（2）组件：

● 结构件：

结构件就如我们盖房子用的砖头，是我们构建项目最基础的组件，这些结构件分为点、线、面三种类型，彼此之间可以直接连接或者借助连接件连接并进行三维扩展，构建三维空间里的项目模型。

表 6-9-1　结构件列表

序号	类型	基础组件			
A	点	正立方体	半高立方体	45°斜方	60°斜方
B	线	梁 160/240/300/320	20 mm 外径		
		多孔梁	五孔梯	10 mm 外径	

续表

C	面	小平板	5 mm 厚度		
		1号平板	2号平板	3号平板	4号平板	10 mm 厚度

● 连接件：

连接件类似我们盖房子用的水泥，它提供一种合适的方式将结构件彼此连接起来。

表 6-9-2　连接件列表

序号	连接方式	连接件类型		
A	点与点连接	立方体连接器		
B	点与线、点与面、线与面连接	短插销		长插销
C	线与线连接	中方管（40/80）	小方管（20/40/55/80）	关节件
D	面与面连接	中 L 型连接器（垂直关系）		中 H 型连接器（平行关系）
F	其他连接	中 A 型连接器	小 A 型连接器	小特 A 型连接器

一些结构件不需要额外的连接组件就能够相互连接，如立方体和梁。其余大部分结构件都要借助连接件才能连接。结构件有点、线、面三种类型，相对应地，连接方式也分为点与点、点与线、点与面、线与面、线与线、面与面之间的连接。

第九课　神奇的遥控车

● 传动件：

传动件主要用于传递动力或者改变运动的方向和形式，这些组件在设计时同时考虑了灵活性与易用性，因此组合效率高，而且能够实现多种传动方式，包括齿轮传动、齿轮齿条传动、涡轮蜗杆传动、皮带传动、螺旋传动等。

表 6-9-3　传动件列表

序号	类型	传动件类型			
A	模块化减速或运动传递模型	5∶1减速齿轮箱	1∶1转向齿轮箱	1∶1带轴转向箱	丝杠组件
B	传统齿轮	12齿齿轮　14齿齿轮	20齿齿轮	28齿齿轮	12/28组合齿轮　52齿内齿轮
C	带轴的蜗杆及齿轮	蜗杆			12齿耦合器
D	齿条	齿条			
E	轴承	轴承		滑动轴承	关节件
F	轴	带台阶方轴　小方管(20)	小方管(40)	小方管(55)	小方管(80)
		外圆内方管(20)	小外方内圆管(20)		小外方内圆管(40)
G	轮	驱动轮胎　驱动轮毂	导向轮组件	皮带轮　滑轮	2轮组合体
H	皮带、绳	皮带			丝线

459

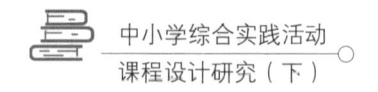

● 电子组件：

表 6-9-4　电子组合列表

序号	类型	电子组件类型				
A	模拟量传感器	光敏传感器	温度传感器	灰度传感器	声音传感器	火焰传感器
B	数字量传感器	磁铁	磁敏开关	旋转计数器	触碰开关	
C	可调输出型执行器	电机			电磁铁	
D	数字输出型执行器	白灯	红灯	黄灯	绿灯	蓝灯
E	连接导线	电机线				

套件中的电子组件指的是各种传感器、执行器和电机线，套件中所有的传感器和执行器都集成在不同的结构件中，使得电子组件也能够像结构件一样进行三维搭建和扩展。

（3）软件：

VJC 是套件的专用编程软件，整个软件界面分为菜单栏、工具栏、模块库区、流程图编程区、JC 代码编程区五大区域，流程图编程遵循"自上而下"的基本原则，在 JC 代码区域能将流程图程序自动转换为没有语法错误的 JC 代码程序，支持保存和下载。

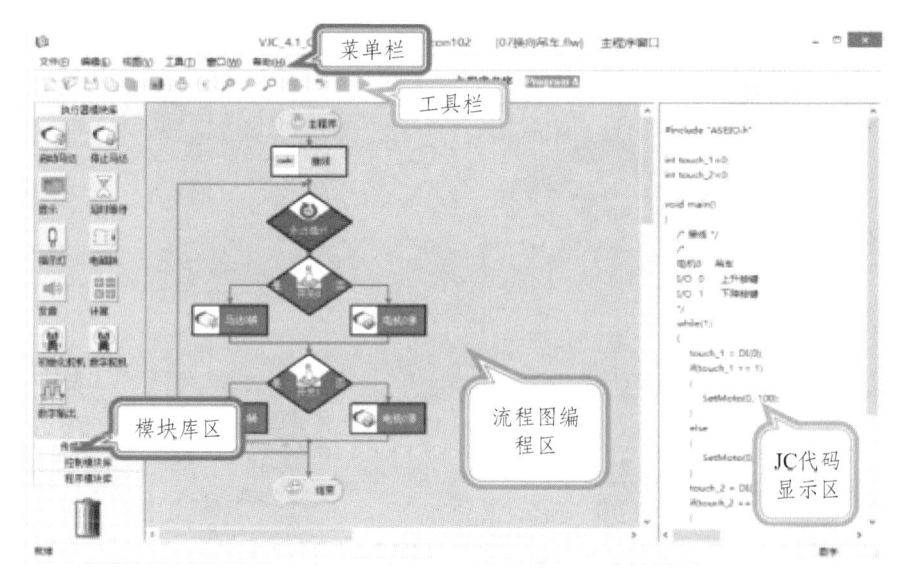

图 6-9-6　编程界面

3. 小车结构的搭建

师：大家了解完了我们套件的基本内容了，那么接下来我来为大家介绍我们即将搭建的小车的结构！

附件一：神奇的遥控车搭建手册

4. 脱机检测马达与按钮

师：大家的小车搭建都已基本完成，那么我们来讨论一下马达电机/车轮的转动会对运动产生什么影响吧！

师：大家知道吗？

当左轮速度大于右轮，车体会怎么运动呢？（左转、右转、前进、后退）

当左轮速度小于右轮，车体会怎么运动呢？（左转、右转、前进、后退）

当两个轮子速度相同，车体会怎么运动呢？（左转、右转、前进、后退）

师：看来大家对差速驱动已经有了初步的理解，那么接下来我们就要为编程做些准备工作啦！

（1）检测马达：

利用脱机检测功能分别控制两个马达，确定每个马达机/车轮的速度值与小车转向之间的关系。

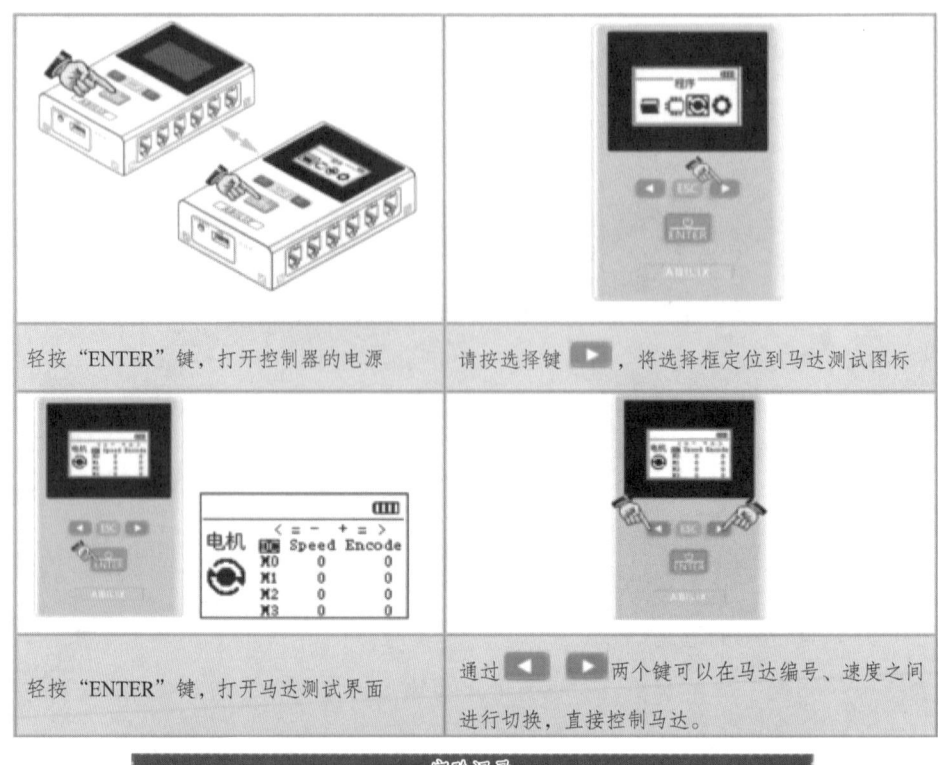

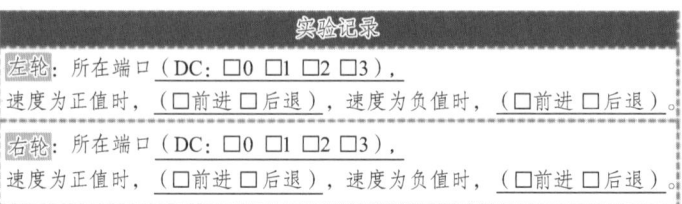

轻按"ENTER"键,打开控制器的电源	请按选择键 ▶ ,将选择框定位到马达测试图标
轻按"ENTER"键,打开马达测试界面	通过 ◀ ▶ 两个键可以在马达编号、速度之间进行切换,直接控制马达。

实验记录

左轮：所在端口（DC：□0 □1 □2 □3），
速度为正值时，（□前进 □后退），速度为负值时，（□前进 □后退）。
右轮：所在端口（DC：□0 □1 □2 □3），
速度为正值时，（□前进 □后退），速度为负值时，（□前进 □后退）。

轻按 ENTER 键，打开控制器的电源，操作 ENTER 键和 ◀ 、 ▶ ，依次选择"端口"→"DI"→按钮连接的I/O口，观察返回值。

实验记录

按钮按下去时，返回的信号为 □0 □1；	按钮松开时，返回的信号为 □0 □1。

图 6-9-7 检测马达

（2）检测按钮：

利用脱机检测功能检测按钮的状态与返回值之间的关系，记录下按键的状态后再进行下一步。

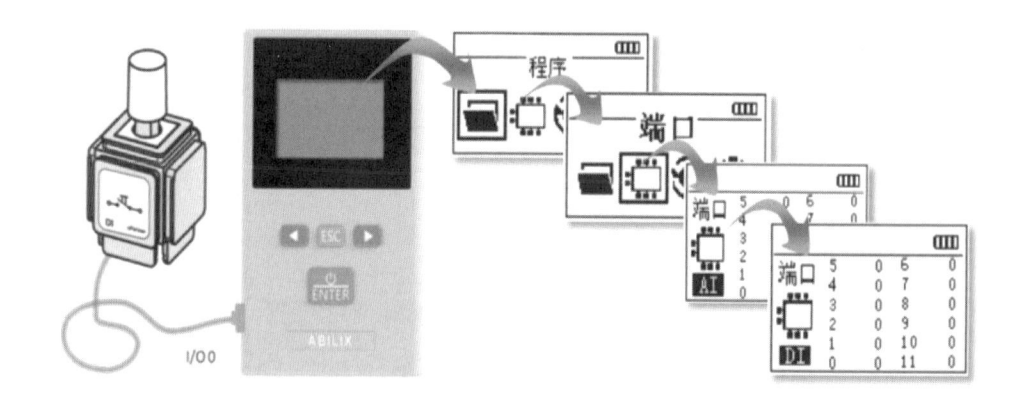

图 6-9-8 检测按钮

采用两个按钮来设计遥控手柄，利用这两个按钮开关"按下"和"松开"的不同组合方式，可以有四种操作。

那你会选择哪些操作并如何分配这些操作呢？请完成下面的连线题吧！

左边按钮=1，右边按钮=0　　　遥控车前进

左边按钮=0，右边按钮=1　　　遥控车后退

左边按钮=0，右边按钮=0　　　遥控车停止

左边按钮=1，右边按钮=1　　　遥控车左转

　　　　　　　　　　　　　　遥控车右转

图 6-9-9 连线题

5. 编程

师：小车搭建好了以后，我们就可以为它编写程序了。在编程的时候，要讲究逻辑顺序，"从左到右，从上到下"。

（1）流程图的分析：

（2）编写控制程序：

（3）测试程序：

下载程序到控制器中，在指定区域测试程序，并根据小车的运行情况调试程序。

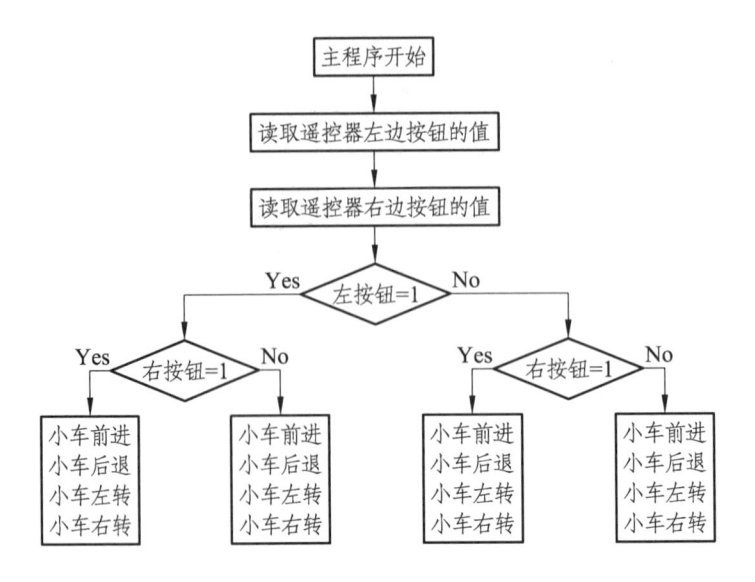

图 6-9-10　编程流程图

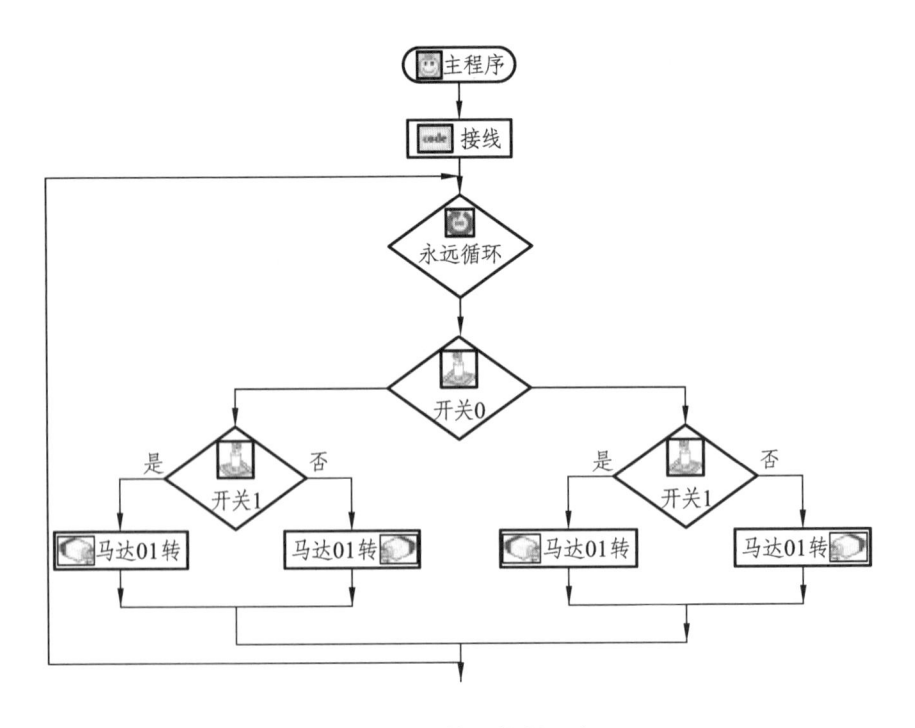

图 6-9-11　编写控制程序

七、总结评价

（1）回想一下在搭建、编程的过程中你都遇到了什么问题，是怎么解决的呢？

（2）说一说在今天的学习过程中有哪些收获和感悟？

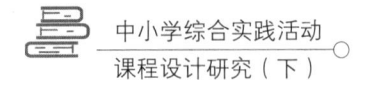

八、拓展延伸

（1）试一试：设计一辆车子的结构，画下设计图，并将它搭建出来吧！

（2）想一想：用今天学习的编程知识为遥控小车编写不同的控制程序，并记录下来，说说你的编写想法。

第九课 神奇的遥控车

附件一：神奇的遥控车搭建手册

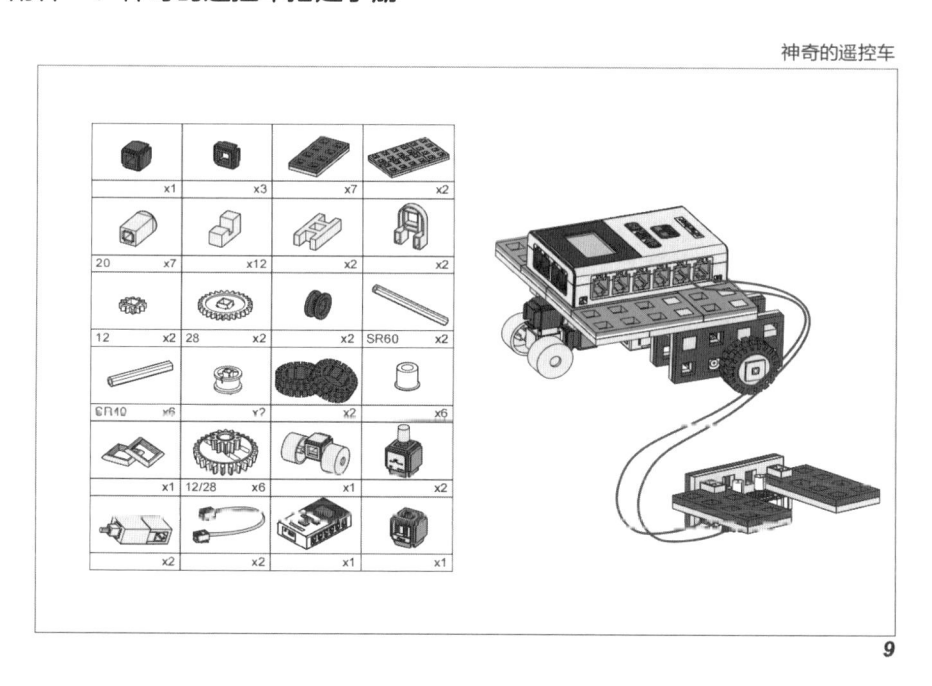

神奇的遥控车

神奇的遥控车

神奇的遥控车

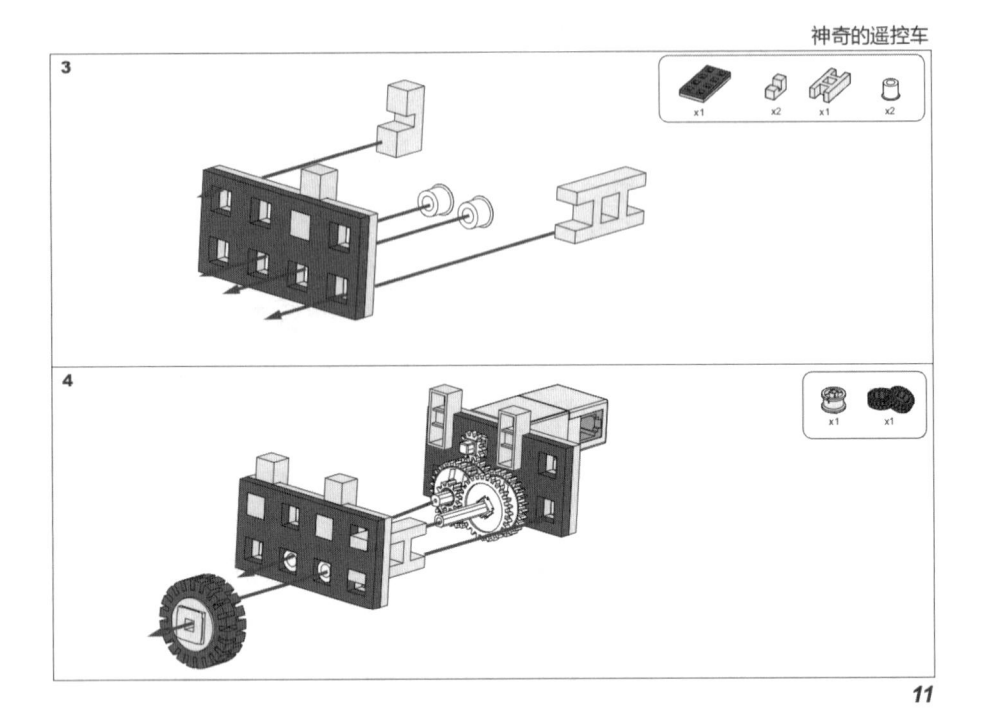

神奇的遥控车

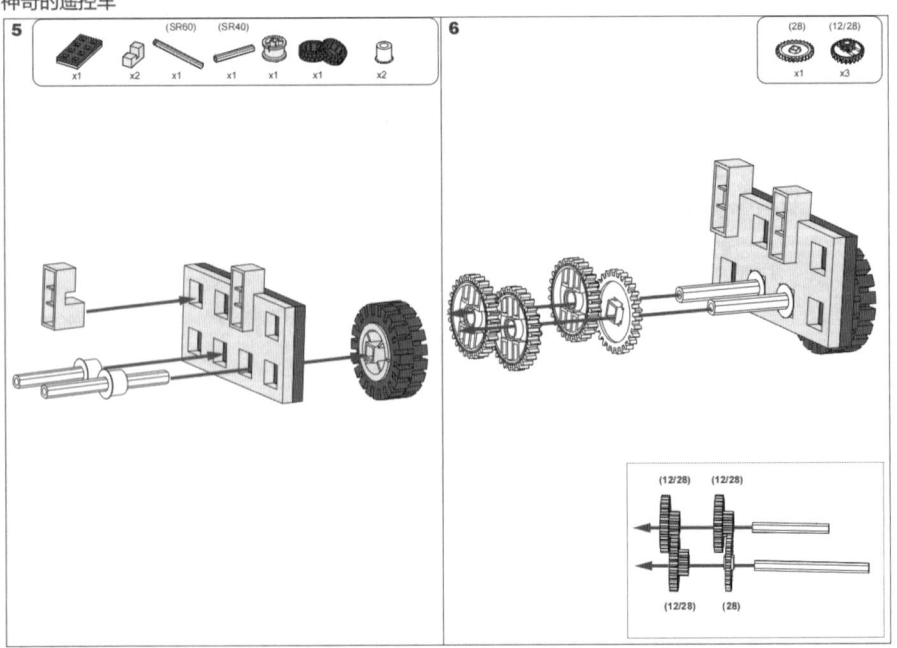

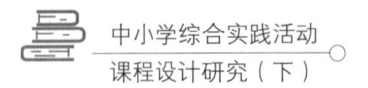

第九课 神奇的遥控车

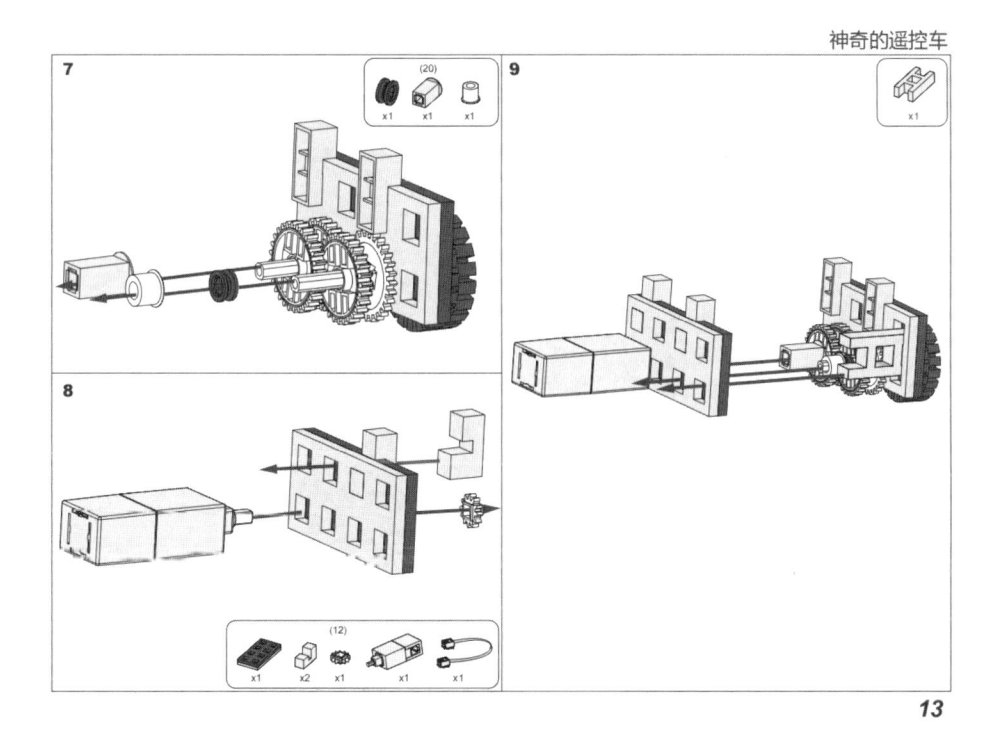

神奇的遥控车

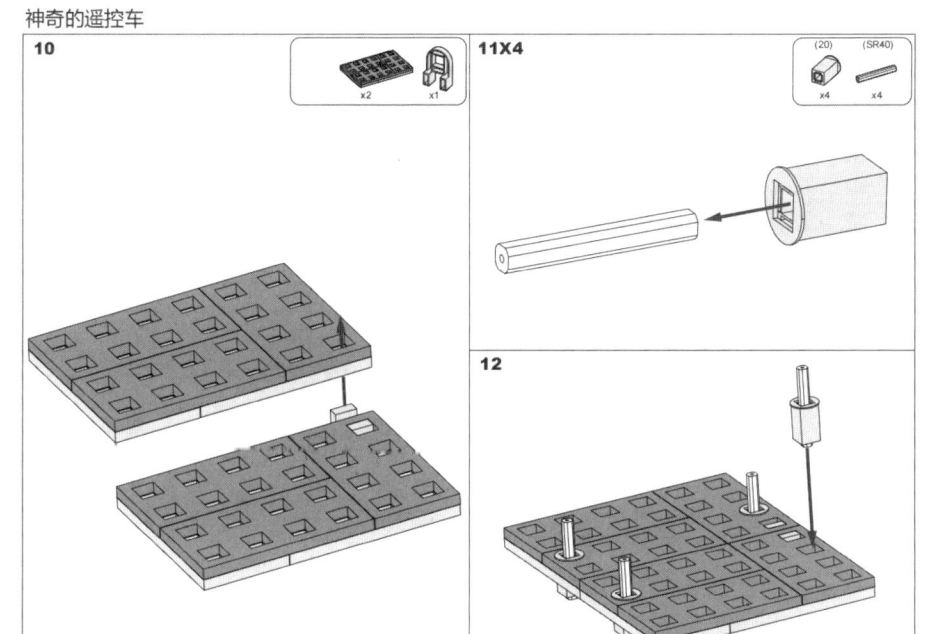

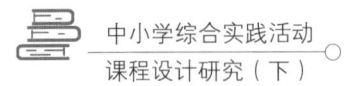

神奇的遥控车

13

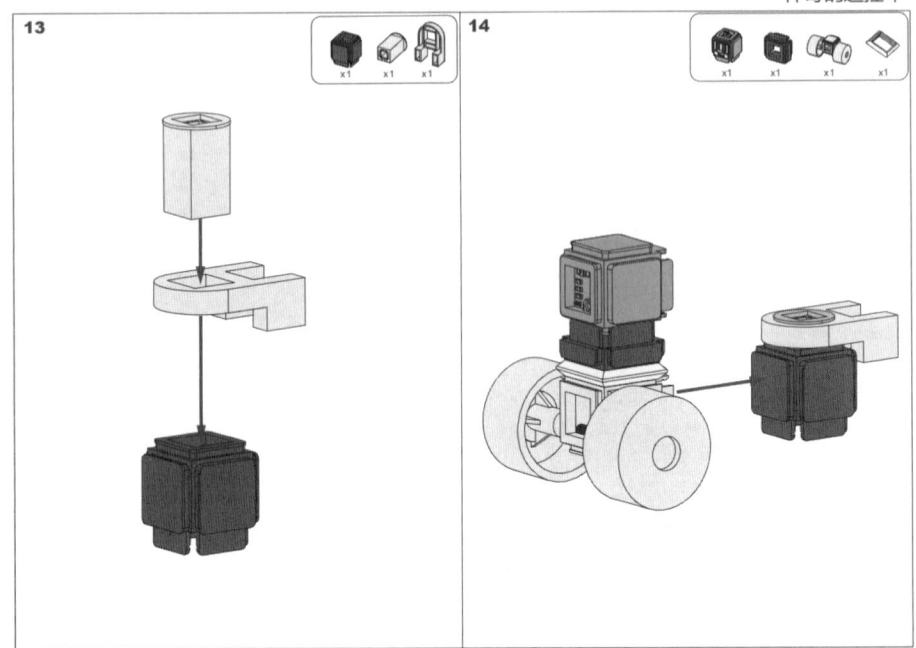

14

15

神奇的遥控车

15

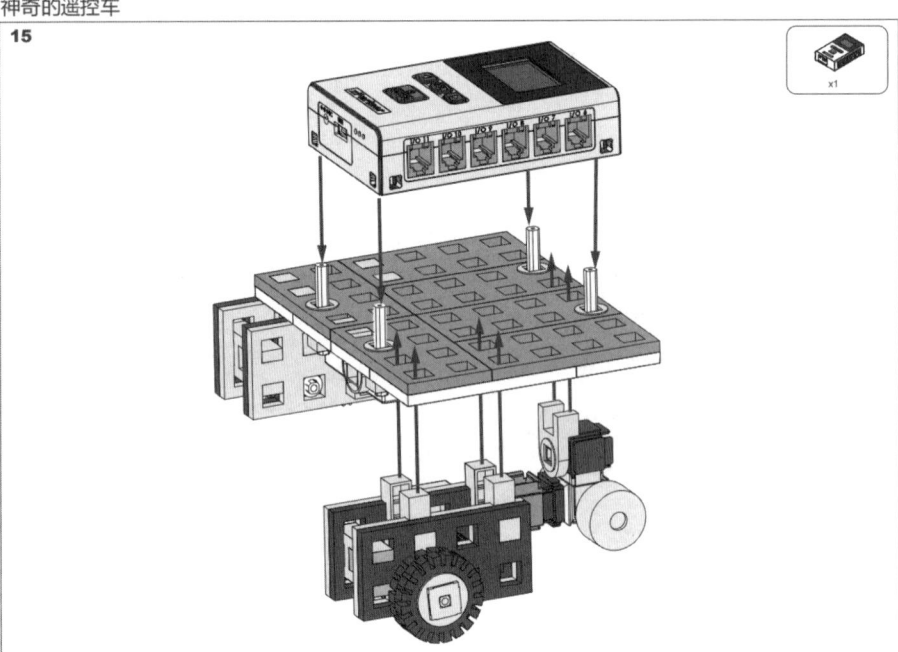

16

第九课　神奇的遥控车

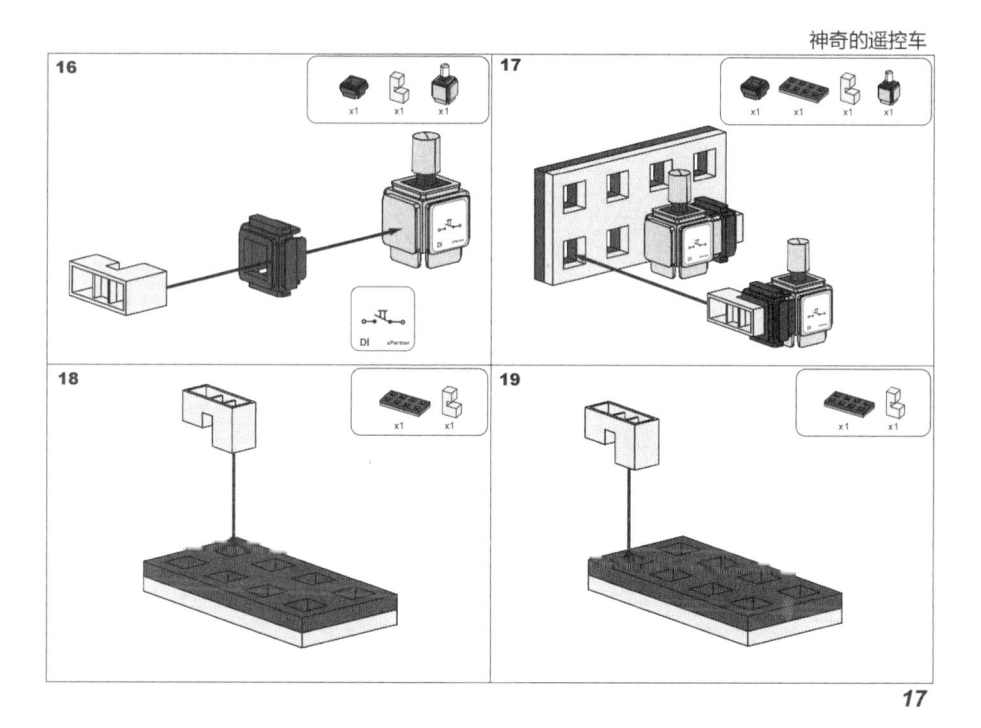

神奇的遥控车

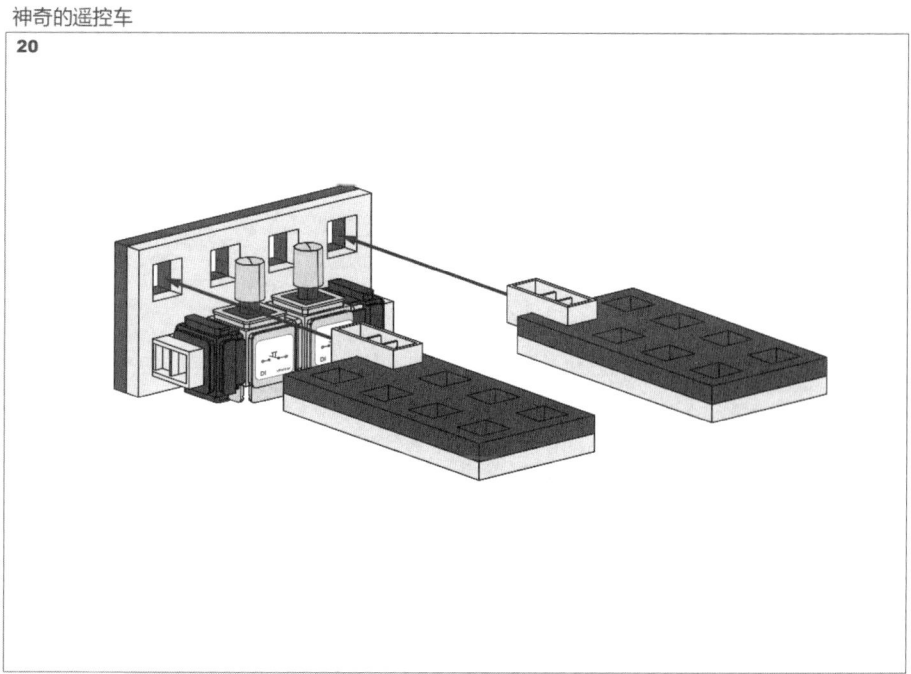

神奇的遥控车

471

第十课　微视频制作

一、主题说明

　　影视是以磁带、胶片、存储器等为载体，以屏幕放映为手段，实现视觉与听觉的综合的现代艺术形式，包含了电影、电视剧、节目、动画等内容。互动媒体作为一种全新的媒体方式，常见于具有互动功能的互联网电视、网络综艺节目、影视作品、互动电影、互联网游戏、电子竞技、数字化展示等。随着微博的广泛普及，微小说、微漫画等应用的兴起，微视频在沉寂几年后再度受到关注。

2010年底，微视频进入企业商用，率先在陶瓷、卫浴、地板、照明、日用化妆品等行业里推行，金牌卫浴的亚运微视频、欧神诺陶瓷的原创微视频等流传甚广。

微视频又称视频分享类短片，是指个体通过 PC、手机、摄像头、DV、DC、MP4 等多种视频终端摄录、上传互联网播放共享的短片。微视频短则 30 秒，长的一般在 20 分钟左右；其内容广泛，形态多样，涵盖小电影、纪录短片、DV 短片、视频剪辑、广告片段等；具有"短快精"、大众参与性高、随意性强的特点。

二、课程目标

- 价值体认：通过微视频的制作与欣赏，记录分享身边的点滴，发展兴趣专长，从而更加热爱生活，热爱自己的家乡和祖国。了解什么是微视频，学习微视频的制作方法。
- 责任担当：培养观察周围生活环境的意识，让学生更加关注生活，热爱生活，记录社会的发展，从而更加珍惜现在的幸福生活，培养热爱家乡、热爱祖国的情感。
- 问题解决：通过制作简单的微视频，关注社会、生活中的现象，学会发现身边的问题，并利用所学知识理解与解决问题。
- 创意物化：掌握微视频基本构思原则和手段，发展创新，尝试通过有趣的视角，发展实践创新意识和审美意识。

三、适用学段

初中、高中。

四、实施条件

教具清单：视频、照片、音响设备、拍摄设备。

将学生分组，以 4~6 人为宜；各组自选题材，改编故事。分组活动时间为 60 分钟。

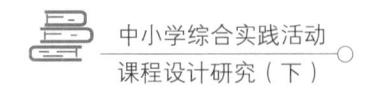

五、安全措施

- 一切行动听指挥。授课过程中学生要认真听讲，不得私自使用拍摄设备物品；
- 注意用电安全，不得用手拨弄桌面上的电源插座；
- 不损坏拍摄设备。

六、教学设计

（一）教学重点

微视频的主要特征；微视频的制作流程。

（二）建议课时

4课时。

（三）教学过程

1. 了解微视频的主要特性

（1）互动性：视频媒介可以进行单向、双向甚至多向的互动交流，观看者的回复为该节目起到了造势的作用，可以促进节目点击率直线飙升。

（2）娱乐性：微视频高举娱乐大旗，提供展示的多是轻松有趣的关于音乐、明星、旅游、动物等分享类的视频，已成为大众解除心理负担、缓和精

神压力的通道，同时也是人们分享信息、分享快乐的方式方法。微视频内容的娱乐性与草根性紧密粘合，也成为当下微视频短片日益深入人心的一个重要原因。

（3）"短快精"、随意性：微视频的"短、快、精、随意性"的特点正好迎合了当下的时代特点。瞬息万变社会中的高频率、快节奏使得散居者往往不再寻求精英文化，他们希望时间上简短、意义上精练，而微视频正是在这种快餐文化诉求中发展壮大的。

（4）非权威、低门槛：网络视频节目制作者分散，水平参差不齐，节目的上传仅仅代表个人行为，并不与发布网站的舆论形象挂钩，因而不具有权威性，也因此显得更加大众化。

2. 中国电影演变史

（1）1905 年，北京丰泰照相馆的任庆泰为了向著名京剧老生谭鑫培祝寿，拍摄了一段由他主演的京剧《定军山》。中国电影一开始，就和中国传统的戏曲和说唱艺术结合起来，发展成一种独特的电影类型。

（2）1949 年中华人民共和国成立后的 17 年间，涌现出《白毛女》《祝福》《林家铺子》等一大批现实主义和浪漫主义相结合的优秀作品，塑造了一大批具有浓郁民族风格的银幕形象，形成了中国电影发展的第一次高潮。

（3）20 世纪 90 年代初，《开国大典》《大决战》等重大革命历史题材影片和《焦裕禄》《凤凰琴》等现实题材影片的上映，形成了中国电影发展的第二次高潮。

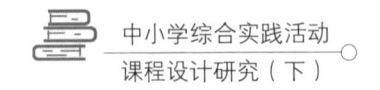

（4）进入 20 世纪 90 年代，照实说，中国电影先后实施了影视合流改革、电影精品工程、农村电影放映工程、电影股份制、集团化改革等主要措施，艺术质量和形式都有了崭新的突破和提高。

3. 微视频的制作流程

（1）剪切：导入媒体—选择文件—把文件拖入视频 1 轨道—播放文件—选择片段—把播放点移到开始—两次移动三角到三角重复—剪辑—左击选中要删除的片段—右击—从时间轴移除。

（2）编辑片头、片尾：标题剪辑—打开文件找图片—编辑文本—确定—把图片拖入视频 1 轨道相应位置—拖动设计时间。

（3）转换效果：过滤效果—把效果拖到相应位置—完成。

（4）声音编辑：点视频 1 前的亮点解除捆绑—右击音频 1 中的片段—从时间轴中移除—导入媒体—选择文件—拖入音频 1 轨道—录音—拖入音频。

（5）字幕编辑：标题—输入文本—调整文本间隔行距为两行—选中第一行文字—根据播放进度左击选择相应的文字—完成。

七、总结评价

（1）学习了本节课后，试着完成表格，归纳一下本节课的知识点吧！

中国电影演变史	微视频的主要特征	微视频的制作流程

（2）通过本节课的学习，你都有什么收获和感悟呢？请写在下面的框内吧！

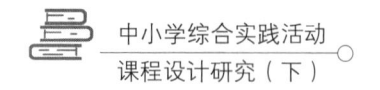

八、拓展延伸

（1）课后大家可以观摩影片《雨中曲》，了解电影同期录音雏形及电影录音工艺发展的历史概况，并写一写观后感。

（2）试谈你如何认识微视频给影视艺术带来的变化。

第十一课 走进科学之杆秤制作

一、主题说明

杆秤是中华国粹，是中国非物质文化遗产，是中国最古老，也是现今人们仍然在使用的衡量工具。因其制作轻巧，使用方便，一直作为商品流通的主要度量工具，代代相传，在中国已有数千年历史，映射出中国古代劳动人民的聪明才智。杆秤是根据杠杆原理制造出来的简易衡器，凝结了大量的精巧工艺技术，蕴藏着丰富的科学知识，具有特殊的科学工艺、历史人文和社会学研究价值。"天地间有杆秤"更是赋予了秤独特的文化内涵，秤是公平公正的象征，是天地良心的标尺，对中小学生具有较好的教育意义。

本节课采用视频演示、理论讲解、学生体验、小组合作等多种教学方式，通过"理论+实践"的方法，让学生认识杆秤的工作原理，了解杆秤所蕴含的科学知识，体验杆秤的制作过程，培养学生的科学素养、实践探究能力，提高学生综

合实践兴趣，引领学生养成严谨的科学态度，树立"从生活走向科学，从科学走向社会"的科学实践理念。

二、课程目标

● 价值体认：通过实例分析，使学生理解杠杆平衡在杆秤上的应用，明白"小小秤砣压千斤"的道理。通过动手制作杆秤，使学生深刻体会杆秤蕴含的中国古人的文明智慧。通过杆秤学习渗透"心是一杆秤，称人先称己"的人文思想，引导学生树立实事求是的人生观、价值观。

● 责任担当：通过实践探究，培养学生的实践探究兴趣和热爱生活的情感，引领学生树立严谨的科学态度，增强民族自信与文化自信，争当传承弘扬中华优秀传统文化的新时代好少年。

● 问题解决：通过小组合作、交流讨论制作杆秤，使学生埋解杆秤的工作原理，掌握杆秤制作的各环节及注意事项，知道如何分辨"黑心秤"。指导学生在实践中发现问题、分析问题、解决问题，全面提升学生的科学探究能力，积极探索生产生活中蕴含的科学奥秘。

● 创意物化：深刻领会中国"工匠精神"，培养学生的动手能力与实践能力，养成科良好的科学探究习惯，提高学生的科学素养和自主创新精神。

三、适用学段

小学 5~6 年级、初中。

四、实施条件

教具清单：多媒体设施、长木筷、50g 砝码若干、吊篮、细线、刻度尺、笔、重物、手工刀等。

五、安全措施

● 提前做好教学器材安全检查；
● 做好课前安全教育，指导学生规范开展实践操作；
● 督促学生听从指导老师的安排，正确使用手工刀器具；
● 如遇紧急突发状况，一切行动听从老师指挥。

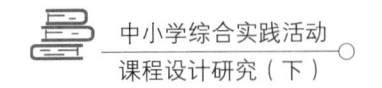

六、教学设计

（一）教学重点

理解杆秤的工作原理和杠杆平衡原理；小组合作设计并制作杆秤；理解"小小秤砣压千斤"的道理；能快速识别"黑心秤"。

（二）建议课时

2课时。

（三）教学过程

1. 课程导入

了解传统习俗，认识非遗文化之二十四节气里的非遗之美。

（1）立夏习俗——称人：立夏是二十四节气之一，很多地方有立夏当天男女老少称体重的习俗。

（2）非遗探访——木杆秤。木杆秤已被纳入非遗物质文化遗产。

图 6-11-1　木杆秤

2. 杆秤是什么

（1）杆秤的组成。杆秤是根据杠杆原理制造出来的简易衡器，由秤杆、秤砣、秤钩、秤盘、提纽或提环等组成，用于称量物体的质量（重量）。

（2）杆秤的历史渊源。

● 说法1：一说是木杆秤是鲁班发明的。鲁班根据北斗七星和南斗六星在杆秤上刻制十三颗星花，定十三两为一斤；秦始皇统一六国后，添加"福禄寿"三星，正好十六星，改一斤为十六两，并颁布统一度量衡的诏书。

● 说法 2：另一种说法是越国范蠡所制。他利用杠杆原理，对鱼竿进行改造，根据北斗七星和南斗六星在杆秤上刻制十三颗星花，定十三两为一斤，但因为有些商家缺斤少两，便添加"福禄寿"三星，表明缺一两少福，缺二两少禄，缺三两少寿。

● 中国古代一斤为十六两，也就有了成语"半斤八两"；直到 20 世纪 50 年代，国家才实行度量衡单位改革，把秤制统一改十两一斤。

3. 杆秤的原理

杆秤可以称物体重量主要是利用了杠杆平衡原理。

$$阻力 \times 阻力臂 = 动力 \times 动力臂，即 F_1L_1 = F_2L_2。$$

更换物体重量时，L_2 不变，秤砣 F_1 不变，L_1 则与 F_2 成正比，所以杆秤上的刻度是均匀的。只要杆子足够长，就可以称出更大物体的质量，这就是"小小秤砣压千斤"的道理。

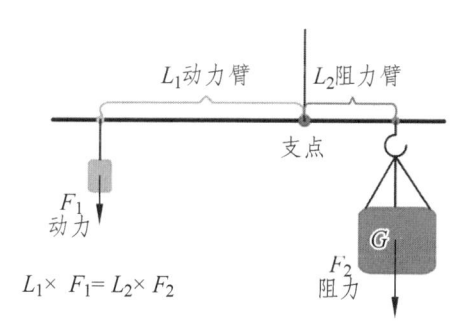

图 6-11-2　杆秤的杠杆平衡原理

4. 传统杆秤的手工制作工艺

传统杆秤制作工艺包括：选取秤杆木料、刨秤杆、定"叨口"、安"叨子"、铜皮包焊、安装秤盘、校秤定星、钉星花、打磨清洗、施染着色、修整抛光等过程。有的杆秤工作还具备打制秤钩、秤盘、秤砣的能力。

5. 小杆秤的制作

（1）制作。

● 取一根筷子当作杆秤。

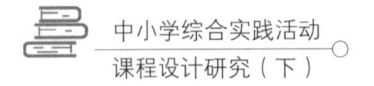

● 拿一个小吊篮当作秤盘,将吊篮均匀打上 3 个小孔,用 3 根棉线在吊篮四周绑好并吊起。

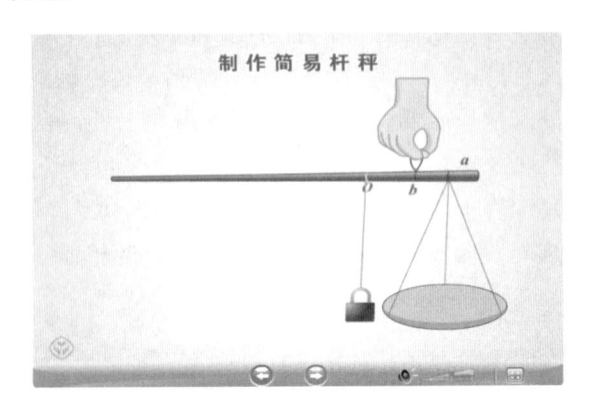

图 6-11-3　制作简易杆秤（一）

● 在秤杆粗的一端的合适位置用手工刀刻一个凹槽为 A 点,挂上秤盘。
● 在距离 A 孔 5cm 处用手工刀再刻一个凹槽为 B 点,挂上棉线作为提纽。
● 取一个铁块绑上尼龙细绳制成秤砣。

（2）刻度。

● 沿着 AB 两点用铅笔画一条水平直线。
● 秤盘（不放物体）、秤砣分别位于提纽两边,用提纽提起秤杆,调节秤砣位置,使秤杆水平平衡,刻下秤砣所在位置 O 点（零点）——俗称"定盘星"。
● 在秤盘里放上 50g 的砝码,调节秤砣位置,使秤杆再次水平平衡,刻下秤砣所在位置,此处即为 50g 物体的位置;再加 50g 砝码,刻 100g 物体的位置。

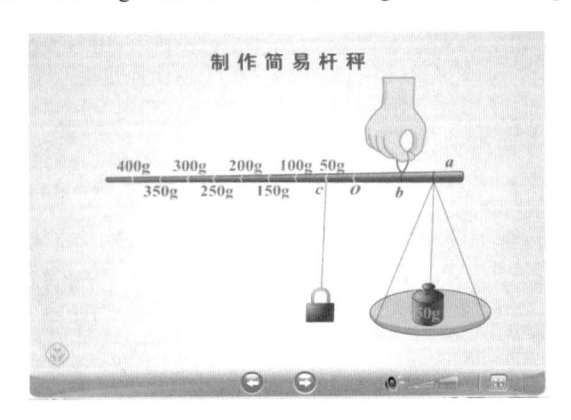

图 6-11-4　制作简易杆秤（二）

● 按照等比例的方法画出 150g、200g 等的相应位置，在相邻刻度线间再平均画上 10 个刻度，每一刻度即为 5 克。

（3）实践操作。（20 分钟）

● 6 人一个小组初步制作小杆秤。

● 小组内讨论如何改变小杆秤的量程。

● 尝试制作第二个不同量程的小杆秤。

● 测量身边物体的重量。

（4）成果展示。（10 分钟）

● 各小组依次展示。

● 小组间相互检验。一验零刻度是否平衡；二验任意刻度称重是否精准。

（5）交流讨论。

● 找两把小杆秤相同的地方和不同的地方。

● 思考量程大小与什么因素有关。

提绳离秤盘越近，相同刻度差的间距小，称量范围大；提绳离秤盘越远，相同刻度差的间距大，称量范围小。

秤砣越轻，相同刻度差的间距大，称量范围小；秤砣越重，相同刻度差的间距小，称量范围大。

● 如何提高杆秤精确度？

杆秤相同刻度差的间距越大越精确。

● 如何识别"黑心杆秤"？

一看：看秤砣是否有缺角或有洞导致秤砣变轻；看秤盘下方是否有磁铁或其他附着物体导致秤盘变重。

二试：试在不放重物的情况下，将秤砣移至"定盘星"（零刻度线），查看是否平衡。

6. 杆秤的价值

（1）科学价值。作为中国独立发明的传统衡器，杆秤并不比电子秤"科学"性差。它蕴藏着丰富的科学知识和工匠精神，是一种原生态、可持续发展的绿色的衡量工具。

（2）人文价值。杆秤比起电子秤更具人情味，卖家满脸笑容喊一声"您看，秤高高的"，反映了中国人讲究的是一定原则下的人情往来，体现了人与

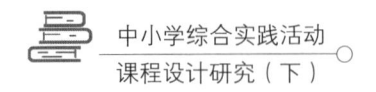

人的情感交流。

（3）文化价值。传统手工做秤的工艺起源于几千年前，汇集了中国人的高度智慧，凝结了大量的精巧工艺技术，见证了社会生活变迁史，具有特殊的科学工艺、历史人文和社会学研究价值。

（4）社会价值。古人将提纽叫秤毫，意思是明察秋毫；秤杆叫"衡"，秤砣叫"权"，意思是公平公正。"心是一杆秤，称人先称己"，它时刻提醒人们，称物先称自己的良心，把心摆正，多给一两是吉星，多给二两多子孙，多给三两能增寿；少一两损福，短二两减禄，缺三两夭寿。

七、总结评价

通过本节课的学习后，完成以下表格。

学习内容	答案
你知道木杆秤的组成吗？试着画一画，并做好标注	
杆秤的原理是什么	
利用你周围的物品，你能快速做一个杆秤吗？简单说说你是怎么做的	
说一说你是如何识别杆秤是否足斤足两的	
谈谈学习本节课后你的感受和收获	

八、拓展延伸

（1）根据此次所学，想一想我们该怎么传承和保护木杆秤等非遗传统文化？

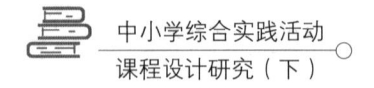

（2）你身边还有哪些有趣的物品？其中蕴含着什么知识和道理呢？

第十二课 3D装饰眼镜的制作

一、主题说明

创客一词来源于英文单词"Maker",是指出于兴趣与爱好,努力把各种创意转变为现实的人。当创客精神与教育相结合,便诞生了"创客教育"。创客教育的目的是在学生进行创客活动的过程中,培育学生提出问题、研究问题、解决问题、动手制作的综合能力。创客教育初步融合了科学研究、技术制作、艺术创作的全过程,它能够培养学生的主动探索精神、批判性思维能力、自主创新能力、合作研究能力、语言表达能力、艺术创作能力等。创客教育是目前中小学教育中综合性强、涉猎面广的创新型教育方式,大多以开源硬件、编程机器人、3D打印等为载体,同时配合相应的教材,以培养学生跨学科学习和应用知识创新创造的能力。

3D打印笔作为创客教育的工具之一,它是近几年才出现的新产品,它继承了3D打印机的熔融堆积技术,但它又不需要电脑和软件支持,只要加入耗材,通上电,就可以随心所欲地进行3D绘图创作。3D打印笔从笔尖挤出热融的PLA材料,然后在空气中迅速冷却,最后固化成稳定的状态。它适用于8岁以上儿童和成人,有助于激发学生的创造性空间思维,让绘画跳出平面,增添无限乐趣,培养学生的动手能力以及空间设计能力。

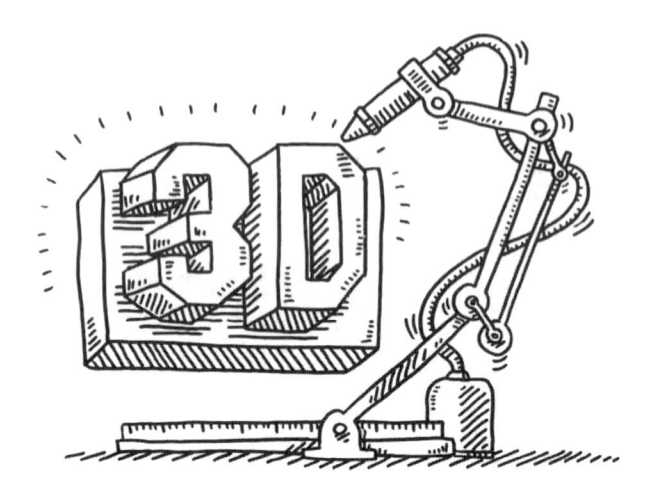

二、课程目标

- 价值体认：认识3D打印笔，通过学会使用3D打印笔制作装饰眼镜，提高学生的动手能力，形成热爱劳动的优良品质。
- 责任担当：激发学生探索未知领域的兴趣，促进学生潜能的充分开发与个性的全面发展，从科技兴国的角度培养学生的爱国情怀，形成科技强国的意识，培养科学创新精神与爱国情操。
- 问题解决：学会3D打印笔的正确使用，理解3D打印的原理，深入思考，探究原理，学会运用科学的方法开展研究并解决问题。
- 创意物化：学会使用3D打印笔制作装饰眼镜，培养学生的创意设计能力、空间理解能力、空间造型能力、项目协调能力，拓展思维，发展科学实践创新意识。

三、适用学段

初中。

四、实施条件

（一）知识准备

了解3D打印技术的应用领域、3D打印笔的原理、3D打印笔的使用方法。

（二）教具清单

3D 打印笔、3D 打印笔电源+电源线、绘画使用的耗材（本次课程使用 PLA 材料，PLA 材料熔点低，黏性好，易粘连不同模块）、A4 纸、透明隔板（切割垫）、铅笔、橡皮擦、疏通针、剪刀。

五、安全措施

- 轻拿轻放 3D 打印笔和 3D 打印材料，以免损坏；
- 在教师的指导下使用 3D 打印笔，以免操作不当造成损坏；
- 在制作 3D 装饰眼镜的过程中，3D 打印笔只能在透明隔板（切割垫）上操作，请不要直接在桌面或图纸上操作；
- 3D 打印笔的加热需在教师的引导下，按正确的步骤完成；
- 使用过程中，切莫用手碰触打印笔的笔尖，打印笔笔尖的温度会烫手，也不要让打印笔的笔尖碰到电源线或者 3D 打印材料，打印笔笔尖的温度会烫坏电源线或者 3D 打印材料；
- 在制作过程中如果发生笔道堵塞，应及时向教师求助，不可自行解决；
- 使用过程中不可嬉戏玩闹，不可用打印笔笔尖烫伤他人；
- 3D 打印材料不可食用，不能放入嘴中。

六、教学设计

（一）教学重点

3D 打印的一般原理。

（二）建议课时

4 课时。

（三）教学过程

PPT 介绍什么是 3D 打印、3D 打印技术可以应用在哪些领域、什么是 3D 打印笔（可播放 3D 打印笔的使用视频）。

每组 3 只 3D 打印笔、3 张透明隔板、3 张 A4 纸、3 只铅笔、3 块橡皮擦。

1. 明确任务

师：今天，我们的任务是使用你们眼前的这些工具制作一副 3D 装饰眼镜。

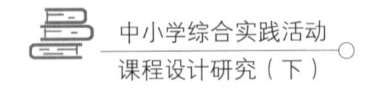

要求：

（1）眼镜所有结构部分完整。

（2）眼镜各个结构结实稳固，无脱节松垮的感觉。

（3）绘画出的作品达到预想效果。

2. 绘制图纸

在 A4 纸上绘制出眼镜图形，示范图如图 6-11-1 所示：

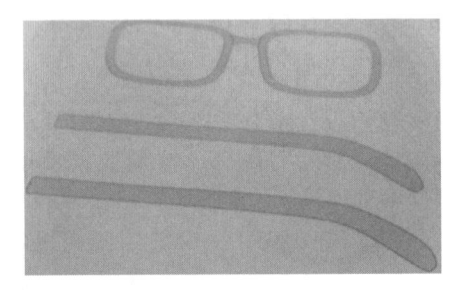

图 6-12-1　绘制眼镜图形

3. 眼镜的制作

（1）介绍 3D 打印笔的使用注意事项（教师边讲解边演示）。

开始绘画时一定要顿笔，待有一个点的沉积变大后，再起笔勾画。因为 3D 打印笔起始绘画需要一个固定的点支持后面线条的走动，如果上来就画，很容易造成卷曲和跟笔的状况，影响绘画效果。

绘画过程中，请时刻注意调整手的行笔姿势，不能太勉强；同时注意调整进入的耗材不能扭曲，以免造成出料停顿。当材料快用完时要及时退出并更换耗材。

用 3D 打印笔绘画时，应时刻保持笔尖与桌面的垂直，倾斜行笔容易造成出料的扭曲堆积不畅，引起绘画线条不可控。

（2）根据眼镜图形，在透明隔板上使用 3D 打印笔制作 3D 装饰眼镜，步骤如下：

根据已绘好的眼镜图形开始绘制，用顿点起笔的技法按一定的方向和顺序绘画，尽量减少断笔的次数。

使用排线填充的技法把眼镜框、眼镜架和眼镜腿画出。

用余料将各部分粘连，并给眼镜加上装饰。

图 6-12-2　学生自己动手制作 3D 装饰眼镜

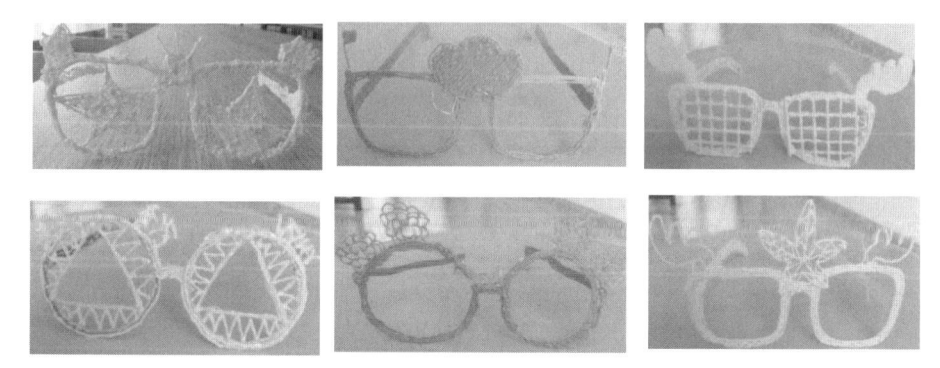

图 6-12-3　给眼镜加上小装饰

七、总结评价

（1）学习了本节课后，试着完成互评表格吧！

内容	自评	互评	教师评价
3D 打印笔的使用方法（20 分）			
3D 装饰眼镜的完成情况（20 分）			
3D 打印原理（30 分）			

续表

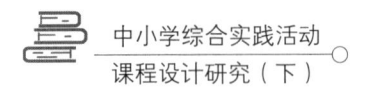

内容	自评	互评	教师评价
3D打印用途（20分）			
科学细致的态度（10分）			
综合评价			

（2）通过本节课的学习后，你都有什么收获和感悟呢？请写在下面空白处。

八、拓展延伸

（1）填空题。

① 1993 年，_____ 获 3D 印刷技术专利。

② 2011 年 7 月，_____ 研究人员开发出世界上第一台 3D 巧克力打印机。

③ 2014 年 8 月，10 栋 3D 打印_____ 在上海张江高新青浦园区内交付使用，作为当地动迁工程的办公用房。

（2）简答题。

① 3D 打印笔如何正确使用？

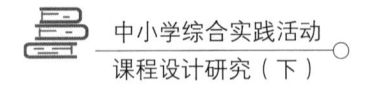

②3D打印技术在我国应用于哪些领域？

附件二：3D 打印技术参考资料

一、3D 打印技术应用领域

（一）国际空间

2020 年 5 月 5 日，中国首飞成功的长征五号 B 运载火箭上，搭载着新一代载人飞船试验船，船上还搭载了一台"3D 打印机"。这是中国首次太空 3D 打印实验，也是国际上第一次在太空中开展连续纤维增强复合材料的 3D 打印实验。

（二）海军舰艇

2014 年 7 月 1 日，美国海军试验了利用 3D 打印等先进制造技术快速制造舰艇零件，希望借此提升执行任务速度并降低成本。美国海军致力于采用 3D 打印及其他先进制造方法，能够显著提升执行任务速度及预备状态，降低成本，避免从世界各地采购舰船配件。

（三）航天科技

2016 年 4 月 19 日，中科院重庆绿色智能技术研究院 3D 打印技术研究中心对外宣布，经过该院和中科院空间应用中心两年多的努力，并在法国波尔多完成抛物线失重飞行试验，国内首台空间在轨 3D 打印机宣告研制成功。这台 3D 打印机可打印的最大零部件尺寸达 $200mm \times 130mm$，它可以帮助宇航员在失重环境下自制所需的零件，大幅提高空间站实验的灵活性，减少空间站备品备件的种类与数量和运营成本，降低空间站对地面补给的依赖性。

（四）医学领域

3D 打印脊椎植入人体：2014 年 8 月，北京大学研究团队成功地为一名 12 岁男孩植入了 3D 打印脊椎，这属全球首例。

（五）房屋建筑

2014 年 8 月，10 栋 3D 打印建筑在上海张江高新青浦园区内交付使用，作为当地动迁工程的办公用房；2014 年 1 月，数栋使用 3D 打印技术建造的建筑亮相苏州工业园区。这批建筑包括一栋面积 1100 平方米的别墅和一栋 6 层居民楼；2015 年 7 月 17 日上午，由 3D 打印的模块新材料别墅现身西安，建造方在三个小时完成了别墅的搭建（据建造方介绍，这座三个小时建成的精装别墅，只要摆上家具就能拎包入住）。

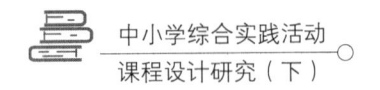

（六）汽车行业

2014年9月15日，第一辆3D打印汽车面世；2015年7月，美国旧金山的Divergent Microfactories（DM）公司推出了世界上首款3D打印超级跑车。

二、3D打印发展历史

1986年，美国科学家Charles Hull开发了第一台商业3D印刷机。

1993年，麻省理工学院获3D印刷技术专利。

1995年，美国ZCorp公司从麻省理工学院获得唯一授权并开始开发3D打印机。

2005年，市场上首个高清晰彩色3D打印机Spectrum Z510由ZCorp公司研制成功。

2010年11月，美国Jim Kor团队打造出世界上第一辆由3D打印机打印而成的汽车——Urbee。

2011年7月，英国研究人员开发出世界上第一台3D巧克力打印机。

2011年8月，南安普敦大学的工程师们开发出世界上第一架3D打印的飞机。

2012年11月，苏格兰科学家利用人体细胞首次用3D打印机打印出人造肝脏组织。

2019年1月14日，美国加州大学圣迭戈分校在《自然·医学》杂志发表论文，首次利用快速3D打印技术，制造出模仿中枢神经系统结构的脊髓支架，在装载神经干细胞后被植入脊髓严重受损的大鼠脊柱内，成功帮助大鼠恢复了运动功能。

2019年4月15日，以色列特拉维夫大学研究人员以病人自身的组织为原材料，3D打印出全球首颗拥有细胞、血管、心室和心房的"完整"心脏，这在全球尚属首例（3D打印心脏）。

第十三课　趣味科技体验·3D打印

一、主题说明

"科技新则民族新，科技强则国家强。"科技，承载着民族复兴的希望，象征着一个民族的强大。以创新成果展示为载体，以新科技为主要体验目标，旨在引导学生了解先进科技知识，亲身感受新科技，在体验中感受，在感受中领悟，在领悟中成长，从而担当未来建设重任。本场馆有 5 个体验区：科技创新展示区、体感游戏区、机器人展演区、9DVR 体验区、3D 打印区。

二、课程目标

● 价值体认：通过认识 3D 打印，尝试打印一件 3D 作品，提高学生的动手能力，形成热爱劳动的优良品质。

● 责任担当：激发学生探索未知领域的兴趣，促进学生潜能的充分开发与个性的全面发展，从科技兴国的角度培养学生的爱国情怀，形成科技强国的意识，培养科学创新精神与爱国情操。

● 问题解决：学会 3D 打印的使用，理解 3D 打印的原理，深入思考，探究原理，学会运用科学的方法开展研究并解决问题。

● 创意物化：尝试打印一件 3D 作品，培养学生的创意设计能力、空间理解能力、空间造型能力、项目协调能力，拓展思维，发展科学实践创新意识。

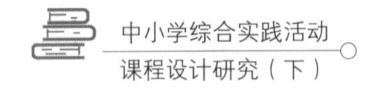

三、适用学段

小学 5~6 年级、初中。

四、实施条件

课程准备：配套的科技创新体验场馆四、教学设计。

五、安全措施

● 在教师的指导下使用 3D 打印设备，以免操作不当造成损坏。

六、教学设计

（一）教学重点

3D 作品打印。

（二）建议课时

4 课时。

（三）教学过程

1. 导入主题

结合科技创新的时代背景或相关新闻热点引入科技创新体验的主题，明确体验的意义，强调相关体验与安全要求（安静、安全、有序）。

2. 各展示体验区简介

（1）科技创新展示区：

该区主要通过图文和"触摸一体机"阅览了解我国当前六大方面的科技创新成就：智能制造、信息技术、光电芯片、生物医药、新材料、新能源。通过"360 度幻影成像"设备观看辽宁舰、长征系列运载火箭等模型的悬空三维图像。

（2）体感游戏区：

体感游戏就是用身体去感受电子游戏，突破传统游戏的手柄按键控制，通过前端的扫描系统（置于电视机顶）扫描体验者（体验者的身形出现在电视机右下角），就可以让体验者直接用肢体动作控制屏幕上的游戏人物。每一款游戏开始前都会有教程教大家通过不同的肢体动作控制游戏人物去完成游戏。其实质是人机互动的一种形式。

（3）机器人展演区：

场馆内有两类机器人：导览机器人Alice，它作为场馆向导，可以实现简单交流；舞蹈机器人，它会跳舞、武术、讲故事等。机器人导览、跳舞都是通过编程实现的，引导有兴趣的学生到机器人创客空间自行DIY创作，组装机器人，学习编写简单程序。

（4）9DVR体验区：

9D已在传统的视觉、听觉基础上加上嗅觉、触觉、动感等，它最吸引人的就是能虚拟现实，让体验者身临其境去参与。

（5）3D打印区：

3D打印技术出现在20世纪90年代中期，是快速成型技术的一种，它是以数字模型文件为基础，运用粉末状金属或塑料等可粘合材料，通过逐层打印的方式来构造物体的技术。引导学生通过亲自操作体验3D打印的使用。

3. 分组活动

将学生均分为5个小组，选出组长，然后依次轮换展开观看和体验活动，一个体验区去一组同学，每15分钟轮换一次，直到体验完所有区域。组长注意维持秩序，尽量让未体验过的同学优先，学会合作。

（1）第一组：科技创新展示区。

注意仔细观看，并做笔记，既看墙上图文并茂的相关说明，又要浏览触摸一体机的介绍。提示360度幻影成像是利用45度光学反射原理实现的悬空幻象效果，在柜体里有四台显示器，把图像反射到玻璃上，能形成一种悬空三维图像。

（2）第二组：体感游戏区。

使用时体验者站在扫描系统的区域内。游戏的选择、前进、暂停、返回都通过屏幕提示以手势实现。体验过程中注意安全，避免摔倒。

（3）第三组：机器人展演区。

Alice导览时要求学生不能用手触摸或推搡机器人，不能阻挡在机器人前

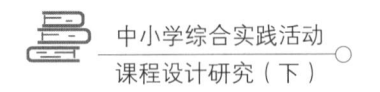

方。体验舞蹈机器人跳舞、武术、讲故事等，不能抱、拿机器人。

（4）第四组：9DVR 体验区。

VR 设备操作过程：坐—拴—戴—握。第一步：坐进动感特效 9D 互动仓，调整身体，找到最佳坐姿。第二步：系好腰部安全带（将插销插入卡扣。松紧以身体无法前倾为原则）。第三步：佩戴虚拟现实头盔（先根据自己的需要调整头盔，戴上之后完整罩住眼睛）。第四步：手握式摇杆（摇杆控制人物向前、后、左、右及发射子弹、变换法术等）。

注意事项：该项目不适宜心脏病、高血压、眩晕症患者；体验过程中如产生恐惧，不要慌张，可提醒自己这是虚拟的，确有身体不适，请叫停。

（5）第五组：3D 打印区。

日常生活中使用的普通打印机可以打印电脑设计的平面物品，而所谓的 3D 打印机与普通打印机的工作原理基本相同，只是打印材料有些不同，普通打印机的打印材料是墨水和纸张，而 3D 打印机内装有金属、陶瓷、塑料等不同的"打印材料"，是实实在在的原材料。打印机与电脑连接后，通过电脑控制可以把"打印材料"一层层堆叠起来，最终把计算机上的蓝图变成实物。这种打印技术称为 3D 立体打印技术。

该技术在珠宝、鞋类、工业设计、建筑、工程、汽车、航空航天，牙科和医疗、教育、土木工程、枪支以及其他领域都有应用，前景广阔。

● 获得 3D 立体数字打印模型的方式有两种：

方式一：通过 3D 扫描仪把实物的立体信息转换为计算机能直接处理的数字信号，再通过计算机建模软件建模，再将建成的三维模型"分区"成逐层的截面，即切片，从而指导打印机逐层打印。

方式二：体验者可直接在电脑上进行 DIY 设计，然后利用 3D 打印设备进行打印。

● 使用方法及注意事项：

① 操作过程：开机—预热—进料—喷嘴移动回原点—调平—选择模型打印。

② 打印机工作过程中喷嘴温度最高可达 250℃，为保安全，禁止用手触摸模型或喷嘴。

七、总结评价

学习了本节课后，同学们围绕"科技创新"谈了自己这堂课的收获、感受，将你的想法记录下来分享给小伙伴吧！

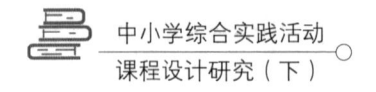

八、拓展延伸

通过本次课的学习，谈谈科技对个人、社会、国家的影响。

单元七 专题教育

第一课 升旗仪式

一、主题说明

升旗仪式是单位（更多指学校）举行的由全体单位成员参加的升国旗仪式活动，在场者都要对国旗行注目礼，少先队员行队礼，军人行军礼。

《中华人民共和国国旗法》由中华人民共和国第七届全国人民代表大会常务委员会第十四次会议于1990年6月28日通过，自1990年10月1日起施行，并于2020年10月17日第十三届全国人民代表大会常务委员会第二十二次会议第二次修正，自2021年1月1日起施行。

中华人民共和国国旗是五星红旗，是中华人民共和国的象征和标志，每个公民和组织都应当尊重和爱护国旗，国旗应当作为爱国主义教育的重要内容，中小学应当了解国旗的历史和精神内涵，遵守国旗的升挂使用规范和升旗仪式礼仪。

第十届全国人民代表大会第二次会议在《中华人民共和国宪法》的第一百三十六条中增加一款规定：中华人民共和国国歌是《义勇军进行曲》。与国旗、国徽一样，是国家的象征，有利于维护国歌的权威性和稳定性，增强全国各族人民的国家认同感和国家荣誉感。

该课程通过让学生掌握升旗仪式的流程、礼仪及技巧方法，让学生了解历史，激发学生的爱国主义情怀，更好地践行社会主义核心价值观。

二、课程目标

- 价值体认：通过学习，让学生了解历史，激发学生的爱国主义情怀，培养和践行社会主义核心价值观。
- 责任担当：了解五星红旗的历史和精神内涵，了解国歌的历史。培养学生的民族自尊心和自豪感，树立为国家和民族无私奉献，为国家安全而奋斗的理想、信念，自觉维护国家和民族的尊严与利益，提高民族凝聚力。
- 问题解决：掌握升旗仪式的流程、礼仪及技巧方法。
- 创意物化：通过课程学习，激发对祖国的热爱，在未来的学习过程中，发展实践创新意识，为国家的现代化建设作出贡献。

三、适用学段

中小学生。

四、实施条件

教具清单：五星红旗、国歌、白手套、小号2个、小鼓4个、大鼓1个，其他相关资料。

五、安全措施

- 馆内严禁烟火，禁止携带一切易燃易爆物品进入馆内。场外练习要听从老师、组长的指挥，不得擅自活动，有事报告老师；
- 学习期间不得打闹、追逐、喧哗，服从老师安排，分组有序体验；
- 全体学生不得损坏公共设备，爱护卫生。

六、教学设计

（一）教学重点

让学生掌握关于国旗、国歌的知识，并完整升一次国旗。

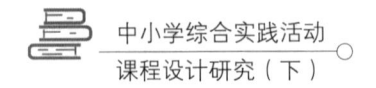

（二）建议课时

2课时。

（三）教学过程

1. 导入了解五星红旗的历史

通过讲解并进行互动式问答。

师：五星红旗的设计者是谁？

生：曾联松。

师：五星红旗上的红色、黄色分别象征什么？

生：红色象征革命，黄色象征红色大地上呈现光明。

师：大的五角星象征什么？

生：大的五角星象征中国共产党。

师：小的五角星有几颗？小的五角星象征什么？分别代表什么？

生：小的有4颗，小的五角星象征广大人民群众，分别代表工人、农民、小资产阶级、民族资产阶级。

师：五颗五角星象征什么？

生：象征共产党领导下的革命大团结。

2. 了解国歌的历史

通过讲解并进行互动式问答。

师：你们知道国歌的名字是什么，作曲者是谁吗？

生：《义勇军进行曲》，作者是田汉、聂耳。

师：国歌表现了什么精神？

生：表现了中华民族勇往直前，不屈不挠的战斗精神。

师：国歌第一次在天安门广场响起是什么时候？

生：1949年10月1日。

3. 了解升旗仪式

通过讲解并进行互动式问答。

师：升旗仪式包含哪几部分？

生：国旗、国歌、出旗曲、升旗方队（4人：主旗手、副旗手、2个护旗手）、表演方队（7人：小号手2名、小鼓手4名、大鼓手1名）。

师：升旗过程中有哪些注意事项？

生：肃立行注目礼，少先队员行队礼、军人行军礼，脱帽跟随国歌节奏齐唱。

4. 分组练习

（1）分小组展示；

（2）学生分享心得体会；

（3）总结评价。

七、总结评价

（1）总结归纳一下五星红旗的含义，并分享一下你课后的收获与感悟吧！

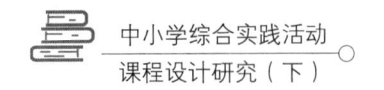

（2）在学习了升旗仪式后，你认为你是否能胜任当一名光荣的护旗手呢？试着为自己写一封推荐信吧！

八、拓展延伸

（1）向家人、同学分享你知道的关于国旗、国歌的故事吧！

（2）除了争当一名光荣的护旗手外，我们还有哪些方法可以更好地表达对祖国的热爱呢？

第二课 感恩教育

一、主题说明

感恩是中华民族传统美德。感恩教育是教育者运用一定的教育方法与手段，通过一定的感恩内容对受教育者实施的识恩、知恩、感恩、报恩和施恩的教育活动。感恩教育是一种以情动情的情感教育，其核心是培养人的感恩意识，以意识激发感恩行为。一个人只有形成正确的感恩意识，才会正确理解感恩的内涵，认识到感恩的重要性，并自觉践行感恩实际行动，形成一种良好的行为习惯。开展感恩教育是促进中小学生践行社会主义核心价值观、弘扬中华民族传统美德、全面推进素质教育的需要，是加强社会主义精神文明建设、努力构建社会主义和谐社会的需要。

二、课程目标

● 价值体认：了解感恩文化，丰富学生的感恩价值观，树立回报意识和奉献意识。

● 责任担当：通过活动激发学生参与服务活动的积极性，增强服务意识，提升感恩意识，弘扬中华民族传统美德。

● 问题解决：关注社会、生活中的现象，学会换位思考，培养解决问题的能力，懂得感恩。

● 创意物化：通过课程学习，懂得感恩与奉献，激发创新意识，自觉践行感恩实际行动，形成良好的感恩品德与行为习惯。

三、适用学段

小学、初中。

四、实施条件

教具清单：故事集锦、感恩相关视频、音乐《感恩的心》、彩色信笺纸、笔。

五、安全措施

● 活动场所不嬉戏打闹，保持卫生；
● 如遇突发事件，听从教师指挥，保护自身安全。

六、教学设计

（一）教学重点

培养学生的感恩意识，激发感恩行为。

（二）建议课时

2课时。

（三）教学过程

1. 情景导入

播放音乐《感恩的心》，讲述音乐创作背后的亲情故事，导入主题——感恩。

2. 讲述感恩文化

（1）"感恩"一词的由来（民间故事）：感恩行为始于民间，感恩理念成于民间。

这种被人类共同认知的美德，在东方由于其渊源的本土性、备至的人文性、生活的直接性、发展的实用性，得到了东方儿女代代相传，不断发扬光大，孕育和催生了东方好客、豪放、坦诚、包容、执着的人文素质和精神，成为东方地方性文化的根基和血脉，成为东方儿女守土重情、和谐相处、包容发展的美德自觉和文化力量，成为东方各族人民生活、工作的一部分。

（2）西方感恩节的由来：

思考：你还知道哪些关于感恩的文化？

（例如：悯农——感恩农民、"二十四孝"——感恩父母、"谁言寸草心"、衔环结草等。）

3. 活动开展

关于父母，想一想："他（她）带给了我们什么？"和"我们带给了他（她）们什么？"

● 举例：我们的生命来源于父母，父母之爱如山，父母之爱如水，世间

第二课　感恩教育

千种爱，唯有父母之爱最伟大。

（1）拥抱亲情：

播放感恩父母的公益短片。

羊有跪乳之恩，鸦有反哺之情。作为子女的我们该拿什么来回报父母呢？请同学们回想自己的父母，在本子上写下父母带给了我们什么；再回顾自己对父母的态度，写下我们带给了父母什么。

● 承上启下：父母给了我们生命，而当父母把我们送入知识的殿堂后，大家知道我们接着要感谢谁吗？

（2）浓浓师生情：

播放感谢师恩的短片。老师是我们的良师益友，学校里我们欣然接受他们的谆谆教诲时，能否感受到老师为我们呕心沥血的付出呢？请大家回想自己的老师，在本子上写下他们带给了我们什么；再回顾自己的学业态度，写下我们带给了老师什么。

● 承上启下：人生中除了父母、老师，还缺少不了生命中不可缺少的一道阳光，那就是日久弥笃的友情。

（3）拥抱友谊：

播放周华健的《朋友》。朋友是我们的心灵伴侣，请大家回想和朋友的相处，在本子上写下他们给我们带来了什么；再回顾自己对朋友的做法，写下我们带给了朋友什么。

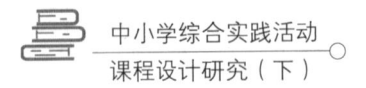

（4）广博之爱：

除了亲情、师生情、友情，在这个社会上我们还和许许多多的事物存在着千丝万缕的联系，那有没有一些人或事在某个时刻让我们非常感动呢？回想下我们的生活所遇，和同学间进行交流。

● 举例：感恩社会——感悟社会的馈赠和祖国的关爱；感恩自然——感谢大自然的赐予。

七、总结评价

（1）根据本节课本子上你所记录的内容，和同学交流下你的收获与感悟吧！

（2）请写下你最想感谢的人和最想对他（她）说的话，并说说你为什么最想感谢他（她）。

八、拓展延伸

以多种形式开展感恩行动。对父母、老师、朋友开展"六个一"（写一封信、谈一次心、做一张贺卡、献一束鲜花、提一个建议、表一个决心）行动，对社会开展日行一善行动，对大自然开展环境保护行动等，并记录下你所做的事情以及你的感想与收获吧。

第三课　家庭保健

一、主题说明

家庭保健对家庭稳定发展有很大的帮助，它有助于改善和增进家庭及其成员的健康水平，改变不良的生活方式并提高生活质量。

本课程旨在帮助家庭成员预防、应对、解决各发展阶段的健康问题，适应家庭发展任务，获得健康的生活周期。

二、课程目标

● 价值体认：通过掌握家庭保健的重要性，熟悉家庭保健的主要内容，营造良好的家庭氛围，热爱自己的家庭，学会尊重生命、珍惜生命。

●责任担当：结合所学知识，了解家庭保健的重要性，热爱家庭，参与家庭服务，形成对自我健康与家庭健康负责任的态度，营造和谐稳定的家庭环境。

●问题解决：通过学习如何戒烟、科学饮酒、合理饮用各类保健茶等知识，学会思考生活中存在的健康问题，并运用所学知识理解并解决问题。

●创意物化：运用一定的健康知识技能解决生活中的问题，并在体验中融入大胆想象，体现创新创意，更好地解决家庭健康问题。

三、适用学段

初中。

四、实施条件

教具清单：课本、教案。

五、安全措施

跟班教师、安全员随队管理纪律。

六、教学设计

（一）教学重点

理解生命的意义和价值，学会尊重生命、珍惜生命。

（二）建议课时

2课时。

（三）教学过程

1. 家庭保健重要性

（1）增进家庭成员的健康。

（2）减少家庭经济支出。

（3）促进家庭健康、和谐。

2．家庭保健主要内容

（1）为个体或家庭实施直接的护理服务。

（2）为个体或家庭提供护理技术指导和精神支持。

（3）为个体或家庭提供咨询和建议。

（4）为个体或家庭开展健康教育。

3．戒烟的方法

（1）完全戒烟或逐渐减少吸烟次数，通常需要3至4个月就可以成功。

（2）丢掉与吸烟相关的物品。

（3）远离吸烟场所。

（4）用喝水、吃水果、嚼口香糖代替吸烟。

（5）经常提醒自己吸烟有害健康，增强意志力。

注意事项：

（1）如何度过戒烟最难熬的前5天？

● 两餐之间喝6~8杯水，促使尼古丁排出体外。

● 每天洗温水浴，忍不住烟瘾时可立即淋浴。

● 在开始戒烟的5日内要充分休息，生活要有规律。

● 饭后到户外散步，深呼吸15~30分钟。

● 不可喝刺激性饮料，改喝牛奶、新鲜果汁和谷类饮料。

● 要尽量避免吃家禽类食物、油炸食物、糖果和甜点。

● 可吃多种维生素B群，能安定神经，除掉尼古丁，但最好注意分量。

（2）过了最初的5天后，还可以按照下列方法保持戒烟"战果"：

● 饭后刷牙或漱口，穿干净没烟味的衣服。
● 用钢笔或铅笔取代手持香烟的习惯动作。
● 尽量处于禁止抽烟的环境中。
● 避免去酒吧和参加宴会，避免与烟瘾很重的人在一起。
● 用不抽烟省下的钱给自己买一份礼物。

4. 饮酒的保健作用与危害

（1）适度饮酒对人体具有保健作用。

（2）过度饮酒有害人体健康：危害口腔健康、损伤肝脏等。

5. 饮茶与保健

茶的保健作用：

（1）消炎杀菌作用。茶叶中的儿茶素类化合物，对金葡菌、链球菌、伤寒杆菌等多种病菌都具有抑制作用；黄烷醇类能间接地对发炎因子组胺产生拮抗作用，从而达到消炎的目的；茶多酚能凝结细菌蛋白质而致细菌死亡。

（2）明目作用。茶叶中含有较丰富的维生素 C，能避免白内障的发生；还有维生素 A 原——胡萝卜素，可参与视黄醛的形成，增强视网膜的辨色能力。

（3）兴奋作用。茶叶中含的咖啡碱和黄烷醇类化合物，能引起高级神经中枢的兴奋；儿茶酚胺能促进循环系统兴奋。

（4）降血压作用。茶叶中含的咖啡碱和儿茶素类能使血管壁松弛，扩大血管管径、弹性和渗透能力，达到降压作用。

（5）降血脂作用。茶叶中丰富的维生素 C 能通过使胆固醇转移至肝脏，达到降血脂作用。

（6）降血糖作用。茶叶中降血糖的主要成分是葡萄糖、阿拉伯糖、核糖的复合糖、儿茶素类、二苯胺，它们能促进胰岛液的大量分泌，减少血糖的来源；另外维生素 C、B1 还有促进糖代谢的作用。茶叶中的氨基酸有利于蛋白质的合成。

（7）防龋防口臭作用。茶叶中的氟和茶多酚类化合物可杀死齿缝中的乳酸菌以及其他龋齿细菌；茶多酚还能抑制龋齿连锁球菌；茶叶中还含有芳香物和棕榈酸，可消除口腔中的腥臭味并吸收异味，从而起到防口臭的作用。

（8）利尿作用。茶叶可通过其所含的可可碱、咖啡碱和芳香油的综合作用，促进尿液从肾脏中滤出。

（9）抗疲劳作用。茶叶通过利尿作用，使体内的乳酸得以排除，可消除肌肉的疲劳。

（10）止痢作用。茶叶中含的儿茶素类能对肠道中的病原菌进行明显的抑制。

（11）醒酒作用。茶叶中含的 VC 能协助肝脏中酒精水解酶的作用，将酒精水解为水和二氧化碳；咖啡碱具有利尿作用，能使酒精迅速排出，并抑制肾脏对酒精的再吸收；浓茶还可刺激被酒精麻痹的大脑神经系统，扩张血管，降低血压，促进血液循环；茶中所含的茶多酚能与乙醇化合，以降低血液中的酒精浓度。

（12）抗辐射作用。茶叶中含的多酚类有吸收放射性锶并阻止其扩散的作用，还能提高放疗的白细胞数。

（13）抗衰老作用。茶叶中含的儿茶素类有抗氧化的作用；降血压、降脂等作用也利于长寿。

（14）抗癌作用。茶叶中含的茶多酚类和儿茶素类，可抑制和阻断亚硝胺的形成，抑制有些能活化原致癌物的酶系的作用，还能消除自由基。抗癌效果最好的是绿茶，其次为乌龙茶、红茶。

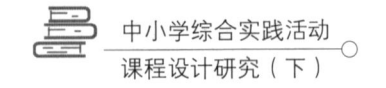

七、总结评价

（1）分享一下你学习了本节课后的收获与感悟吧！

（2）回想一下你的家庭生活中有哪些不健康的行为习惯呢？用本节课所学知识，尝试制作一张家庭健康生活作息表来帮助改善家人不健康的生活习惯吧！

八、拓展延伸

食物要多样，比例要恰当；谷薯不可少，全谷占三分；餐餐有蔬菜，天天有水果；鱼肉蛋奶豆，要吃莫要贪；减少油盐糖，健康加几分；每天喝奶300g，饮水要足量。

在我们的家庭生活中，饮食健康也是十分重要的，查阅一些关于健康饮食与营养的知识，做到膳食营养均衡搭配，尝试为家人制定一份"一日膳食营养食谱"。

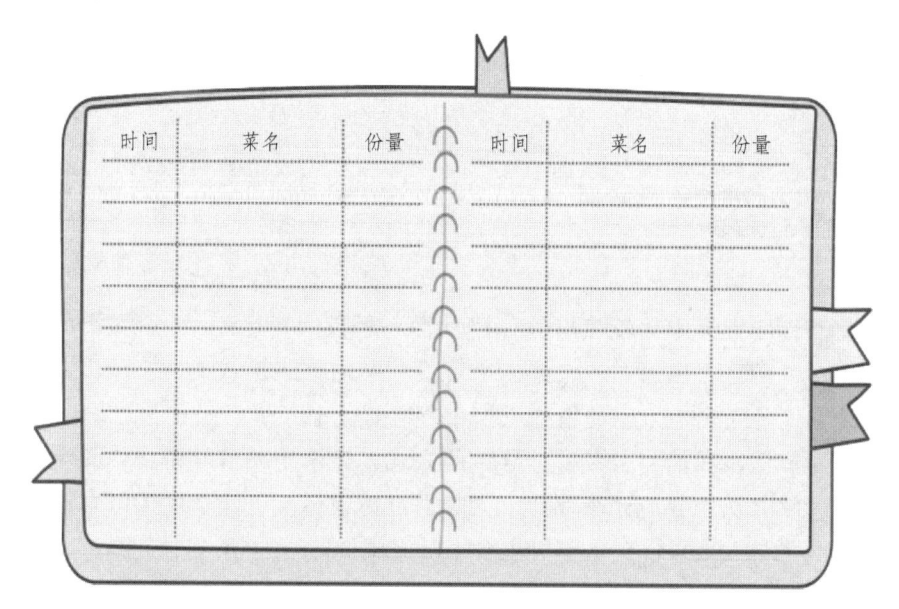

时间	菜名	份量	时间	菜名	份量

第四课 家乡美
——模拟导游

一、主题说明

  导游是一项知识性、专业性强，又必须具备综合能力的职业，是当今旅游文化盛行的社会中比较热门的一种职业，也是一个国家、一个城市的民间展示窗口，游客可以通过一个导游来解读一个国家或是认识一座城市，了解一个地方，感受当地人们的精神风貌和当地的风土人情。

  而这节课，我们将通过模拟导游的方式，让学生扮演导游，使学生能够更好地理解与认识导游这个职业，同时通过扮演体验，让学生了解自己家乡的历史文化与人文风情，培养对家乡、对祖国的热爱之情。

二、课程目标

- 价值体认：通过开展模拟导游活动，在情景中发展兴趣专长，使学生了解家乡历史文化和人文风情等基本知识，培养学生热爱自己的家乡与祖国，初步养成其职业生涯规划意识和能力。
- 责任担当：通过活动，让学生了解家乡的名胜古迹、特色美食等，激发学生的劳动体验热情，培养学生积极参与服务、热爱家乡、弘扬家乡文化的意识。
- 问题解决：通过导师讲授，让学生掌握丰富的语言知识和扎实的汉语功底，培养其收集资料的能力，同时让学生学会深入思考并提出问题，运用所学知识更好地宣传自己的家乡。
- 创意物化：在模拟导游体验中，体会职业劳动的艰辛，通过实践活动激发创新精神，并通过家乡历史文化知识的学习，感受从业者精益求精的职业精神。

三、适用学段

小学 4~6 年级、初中、高中。

四、实施条件

教具清单：多媒体、图片、视频、音响、话筒。

五、安全措施

- 家乡美模拟导游守则：一切行动听指挥；
- 授课过程中学生要认真听讲，不得擅自活动，有事举手；
- 课堂中不打闹、不分心、不乱跑、不大声喧哗，礼貌待人，爱护卫生。

六、教学设计

（一）教学重点

让学生掌握导游工作的基本常识和程序，在活动过程中了解家乡的风景名胜、文物古迹和风土人情。

图 7-4-1　明月峡

（二）建议课时

2 课时。

（三）教学过程

1. 了解导游职业与讲解规范

导游的主要工作内容是引导游客感受山水之美，解决旅途中可能出现的突发事件，并给游客提供食宿行等方面的帮助。

2. 创设情境了解家乡的历史文化和风土人情并撰写导游词

通过播放视频或图片的形式了解家乡的名胜古迹，风土人情。广元地处川北，位于川陕甘三省交界处，历来有"蜀门锁钥，川北重镇"之称。面积16 319平方千米，常住人口227.1万（截至2022年底），辖四县三区。广元是全国优秀旅游城市、全国卫生城市、国家森林城市、中国温泉之乡。

图 7-4-2　昭化古城

广元位于成都、重庆、西安、兰州四大省会城市的几何中心，地理位置非常重要。

历史上的广元是"蜀道之难，难于上青天"之地，现在的广元形成了航空、铁路、高铁动车、高速公路，嘉陵江航运为主的立体交通枢纽格局。广元机场开通了北京、上海、广州、深圳、杭州、昆明、石家庄、济南、乌鲁木齐、贵阳、南宁共11个航点城市；宝成铁路、兰渝铁路在此相汇，蓉欧班列、渝新欧班列都经过广元；西成高铁、兰渝动车联通全国主要城市，现在广元到成都只要1.5小时，到西安只要2小时，到兰州只要3.5小时；G5京昆高速、G75兰海高速在广元交汇；嘉陵江红岩港已经开通了嘉陵江水上航运，千吨巨轮可直达重庆、上海。"蜀道难"从此变成了"蜀道通"。

图 7-4-3　千佛崖

广元文化旅游资源丰富,"剑门蜀道、女皇故里、康养名都、红色广元"是我们广元的旅游宣传口号。目前已经建成1个国家5A级景区（剑门关景区），20个国家4A级景区，30多处3A级景区，A级景区的数量排在全省第二位、全国第五位。

蜀道是古代连接秦蜀两地的道路总称，汉中以北翻越秦岭到关中平原有子午道、傥骆道、褒斜道、陈仓道，汉中以南翻越大巴山到四川盆地有荔枝道、米仓道、金牛道。其中广元境内的蜀道保存最完好、遗迹遗址最多，以剑门关为中心的金牛道更是其中的精华。2011年蜀道申遗在广元启动。2015年8月，蜀道被联合国教科文组织列入世界自然与文化遗产预备名录。

图 7-4-4　皇泽寺

广元是中国历史上唯一的女皇帝武则天的出生地,目前广元有全国唯一祭祀武则天的寺庙——皇泽寺,有全国唯一的武则天真容石刻像,有流传千年的纪念武则天的节日——广元女儿节。2017 年四川省公布首批十大历史文化名人就有武则天。

图 7-4-5　昭化古城全景

广元自然生态环境非常好,森林覆盖率达到 55%,2018 年全年空气优良天数达到 93%,嘉陵江、白龙江、南河水质达到国家二类以上。广元山好、水好、空气好,土壤干净,食品安全,气候适宜。2016 年 12 月,广元市委七届二次全会做出了"建设中国生态康养旅游名市"的决定。

广元是红四方面军后期主要根据地和长征出发地,5 万多优秀的广元儿女参加了工农红军,产生了 10 位共和国将军、5 位中央委员,为中国革命的胜利作出了重大贡献。苍溪红军渡、旺苍中国红军城、木门会议会址、红军血战剑门关遗址都是全国经典红色景区,是开展革命传统教育的好地方。

3. 模拟导游

(1) 自我介绍:

风趣幽默的自我介绍。

(2) 致欢迎词:

代表自己或所在的集体对来宾表示诚挚的欢迎和对美好旅程的祝愿。

(3) 介绍家乡:

从不同的角度介绍自己的家乡。

七、总结评价

（1）通过本节课的学习，相信大家对广元的历史文化、风土人情都有了更深的了解，试着将本节课你了解到的和你还知道的一些历史人文写一写，分享给大家吧！

（2）说说本节课后，你有什么收获与感悟。

八、拓展延伸

通过本节课的学习，说说你是怎么理解"导游是民间大使"这句话的呢？试着将你的想法和认识记录下来吧！

第五课　国情省情课程设计

一、主题说明

　　爱国主义教育是指树立热爱祖国并为之献身的思想教育。爱国主义教育是思想政治教育的重要内容。爱国主义是一面具有最大号召力的旗帜，是中华民族的优良传统。

　　一次爱国教育，可以让学生们通过这次活动，了解自己国家的国情，感受到中国人的坚强、勤奋与智慧，为自己是一个中国人而感到骄傲。

二、课程目标

● 价值体认：知道我国的基本国情、四川省省情，与老师、同伴交流思想认知，形成国家认同，培养学生热爱祖国、热爱中国共产党、热爱社会主义制度的精神，树立为实现民族伟大复兴而奋斗的意识。

● 责任担当：培养学生的民族自尊心和自豪感，树立为国家和民族无私奉献、英勇献身，为国家安全而奋斗的理想、信念，自觉维护国家和民族的尊严与利益，提高民族凝聚力，促进国家现代化建设。

● 问题解决：关注社会现象，深入思考并提出有价值的问题，同时通过观察图表结合所学知识，提高分析与概括的能力，并运用科学的方法开展研究、解决问题。

● 创意物化：通过对我国基本国情、省情的认知，将一定的想法付诸实践，发展实践创新意识，为国家的现代化建设作出贡献。

三、适用学段

小学、初中。

四、实施条件

教具清单：网络视频、网上资料、新旧时代吃穿住行对比图、国内生产总值统计图。

五、安全措施

● 活动场所不嬉戏打闹，保持卫生；
● 如遇突发事件，听从教师指挥，保护自身安全。

六、教学设计

（一）教学重点

我国仍处于社会主义初级阶段；中国仍是一个发展中国家；人民日益增

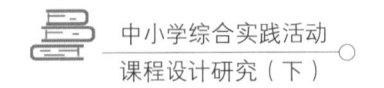

长的美好生活需要和不平衡不充分发展之间的矛盾。

（二）建议课时

2课时。

（三）教学过程

1. 课程导入：展示新旧年代农业耕地的变化的图片

图 7-5-1　农业耕地的变化

（1）展示国内生产总值统计图并思考，图片及图表说明了什么？
（2）我国经济快速发展是否意味着我国是一个发达国家？
（3）四川经济在全国范围内处于哪个阶段？

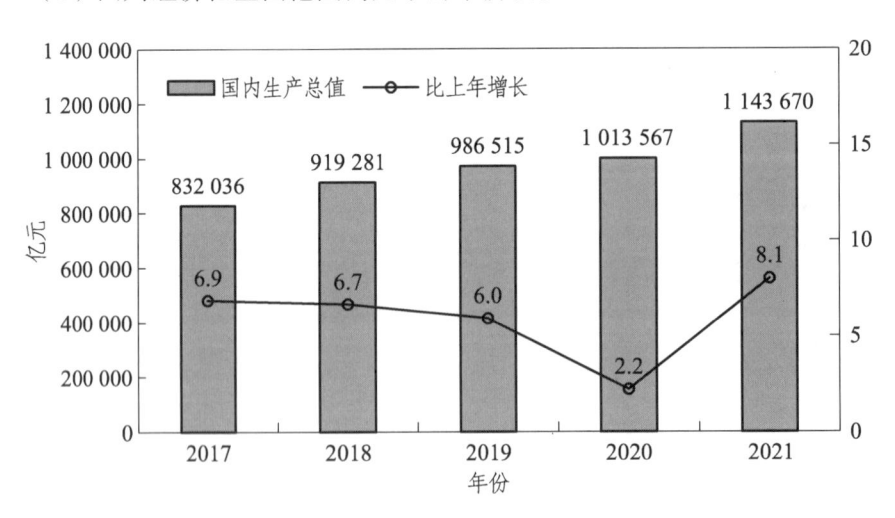

图 7-5-2　2017—2021年国内生产总值及其增长速度

2. 新知呈现：为什么说我国仍处于社会主义初级阶段

（1）分析中外农业人口对比图及在部分地区我国采用的耕作方式得出结论——在生产力方面，生产力水平还比较低。

（2）四川的地理位置和气候特点是什么？

四川的地形十分丰富，盆地、平原、丘陵、山地、高原应有尽有。

四川的西部是西藏高原，地形以高原、山地为主，海拔多在3000米以上；东部是四川盆地，面积为1.88万平方千米，海拔为600米左右。从西部到东部，地势呈现不断降低的状态，西边的贡嘎山到东边的成都平原，地势总落差将近7000米。四川的气候类型差异很大，因为地势西高东低，气候也各有不同。四川西部多为高山高寒气候，达古冰川长期被冰雪覆盖，最低气温约为-40 °C。东部属于亚热带气候，有大片的原始森林，气候和昆明相似。而处于中部的平原地区四季分明，气候温和，自然环境优渥，十分宜居。

最后，四川不同地区的温度差异很大，因为地势和气候的差异，西部地区的气温常年维持在零下。西部的雅安一年有200多个雨天，年降水量常年位列全国第一；而东部的攀枝花全年平均气温为20 °C，四季如夏，一年有200多个晴天。

（3）我国仍处于社会主义初级阶段，对社会主义初级阶段进行解读。

● 含义：就社会性质而言，我国已经是社会主义社会；就发展阶段而言，我国的社会主义还处于初级阶段。

● 时间：从我国社会主义制度建立到基本实现社会主义现代化，至少需要100年时间。

● 正确认识我国所处的阶段有什么意义：正确认识我国所处的阶段，我们才能找到国家发展的正确道路，制定出正确的路线、方针和政策。

3. 分组讨论，知识交流

（1）根据资料，分析四川省的地理位置和环境因素。

（2）了解四川省的历史文化与发展历程，小组相互交流。

（3）中国近代史的发展对中国国情产生的巨大影响。

4. 知识补充

对总体小康与全面小康（扩展补充知识）进行简单归类。

（1）总体小康特点：

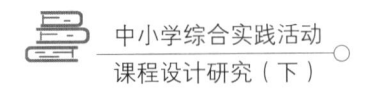

● 发展很不平衡（城乡、区域间收入、贫富差距）；

● 低水平（生产力、收入水平）；

● 不全面（道德素质，加强精神文明建设）。

（2）全面小康特点：

● 在 2020 年全面建成小康社会，第一个一百年奋斗目标；

● 全面小康的特点：精神文明的小康、较高标准的小康、共同富裕的小康；

● 全面小康社会的要求：经济持续健康发展、人民生活水平不断提高、文化软实力显著增强、人民民主不断扩大，资源节约型、环境友好型社会建设取得重大进展。

七、总结评价

（1）通过本节课的学习，说说四川省的发展对中国国情的整体影响有哪些吧！

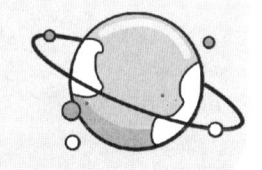

（2）分享一下本节课后你的收获与感悟吧！

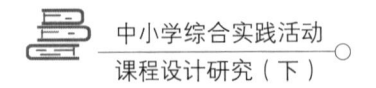

八、拓展延伸

搜集四川省道路交通发展方面的知识，记录下来，跟大家分享一下。

第六课　生命的探究

一、主题说明

　　生命是短暂的，生命是接续的，人的生命只有一次，本节课通过以生命教育为主线的实践活动教学，引导学生认识生命的意义和价值，进而尊重生命、珍爱生命，培养积极的自我认同感，促进身心健康发展。教育引导学生学会与人为善，和谐共处，理解、尊重父母和老师，建立良好的人际关系，培育积极的人生价值观和高尚的道德情操，塑造健全的人格。

二、课程目标

　　● 价值体认：通过认识生命的意义和价值，懂得热爱生命、珍视生命，培养正确的生命观和价值观，用乐观积极的态度发现和创造生命的价值。

　　● 责任担当：了解生命的特点，学会从容面对生命，珍爱生命并关爱他人的生命，养成尊重生命、敬畏生命的情感态度和善良的品质。

　　● 问题解决：认识生命的重要性，增强自我保护意识和安全意识的同时，培养解决生活问题的基本能力。

　　● 创意物化：通过形成科学的生命价值观，努力在平凡生活中书写自己的生命价值，追求生命的美好，活出生命的精彩。

三、适用学段

初中。

四、实施条件

教具清单：纸条、测试表格、任务单、视频播放设备。

五、安全措施

- 教学活动场地宽敞安全；防止刀具等尖刺物伤人；
- 体验活动防止推搡、踩踏等意外事故；
- 跟班老师、安全员随队管理纪律。

六、教学设计

（一）教学重点

理解生命的意义和价值，学会尊重生命、珍惜生命。

（二）建议课时

2课时。

（三）教学过程

1. 情境导入
- 配乐朗诵毕淑敏的《我很重要》；
- 思考：每一个单独的"我"到底有多重要呢？
- 探讨有关自我的话题——"生命的探究"。

2. 认识自我

（1）"我是谁，为了谁"，请用30秒时间把自己介绍给别人，并谈谈自己的人生理想。

（2）找一找自己的优点和不足，并用"虽然我……，但是我……"的句式进行分享。

3. 与生命对话

● 播放背景音乐《雨的印迹》；

● 对自我进行检测评价，充分了解自己和家庭状况，形成总的印象。

问题探究：假如给你一次可以改变自己的机会，你最想改变的是什么？为什么？请大声说出来。（引导情绪宣泄和压力释放）

《爱心家庭》手指操体验（背景音乐《月光曲》）。

老师与学生一起完成以下体验：

● 爱之初体验。伸出双手，将中指向下弯曲，对靠在一起，将其他的4个手指分别指尖对碰，形成一个爱心。这象征我们每个人都生活在一个充满关爱的家庭里。

● 第二节，张开一对大拇指。大拇指代表我们的父母。每个生命都会生老病死，我们的父母也一样，总会慢慢老去，最终离我们而去。

● 第三节，合上大拇指，再张开食指。食指代表我们的子女，子女长大后，会有自己的家庭和孩子，也会独自去生活。

● 第四节，合上食指，再张开小拇指。小拇指代表兄弟姐妹，他们长大了，将会离开这个家。

● 第五节，合上小拇指，张开无名指。

问题探究：为什么无名指无法张开？请同学讨论交流。

无名指代表我们自己的灵魂和肉体，在它的身上承载了太多的爱，如果你硬要把它分开，这个爱心家庭就会被你撕得支离破碎。

但是，这个世界上却有一些人要亲手毁掉这个充满爱心的家庭，我们该怎么办？（发出灵魂拷问，冲击心灵）

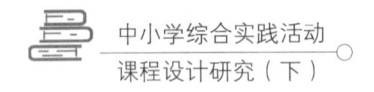

4. 珍爱生命教学

（1）反面警示：

2018年10月28日10时08分，重庆市万州区一辆22路公交车在万州长江二桥坠入江中，车上15名人员遇难，调查原因系乘客与司机激烈争执互殴致车辆失控坠江。

2021年5月9日，成都市成华区49中学发生一起在校学生高坠死亡事件，死者系林某某（男，16岁，49中学高二学生），经现场勘验、走访调查、调阅监控、电子数据勘验、提取书证、尸体检验，认定林某某系高坠死亡，排除刑事案件。

上面两起悲剧原本都不该发生。有人不守社会规则和公德，因个人原因制造恶性事件，而旁观者未及时制止，最终酿成重大人间惨剧。而花样年华的中学生，受认知或家庭等不良因素影响，自我心理封闭，身心没得到健康成长，生命意识不强，遇事不冷静，想法走极端，最终失去生命，真是可惜！人的生命是多么脆弱！生命只有一次，丢了就再也找不回来了，所以我们要珍惜生命。

（2）正面教育：

2018年5月14日，四川航空3U8633航班机组执行航班任务时，在万米高空突遇驾驶舱风挡玻璃爆裂脱落、座舱释压的极端罕见险情，生死关头，他们临危不乱、果断应对、正确处置，确保了机上全部人员的生命安全，创造了世界民航史上的奇迹。

问题探究：机组人员给你留下最深刻的印象是什么？你认为机长刘传健和机组人员是依靠什么战胜了困难，挽回上百人生命的？

通过刘传健机长和英雄机组事迹，正面感受敬畏生命、敬畏职责、敬畏规则，保障全体乘客生命安全的壮举。我们要向英雄学习，强化敬畏生命的意识，不仅要珍惜自己的生命，还要保护他人生命安全。

请同学们讲讲身边的好人好事，思考他们哪些方面值得我们学习。

（3）生命倒计时体验——撕纸条游戏：

教师指导学生将长方形纸条对折再对折，共折四次，打开后形成16个方格。

有人预测，人的寿命最高可达到160年，我们假设每个纸格代表10岁，16个方格代表160岁。同学们想想，这一生你最想要活到多少岁，把对应岁数方格留下，撕掉多余的纸格。

思考并动手操作：

● 生活中我们需要睡觉休息，这又会花去人生的多少时间？请再撕下这部分纸格。

● 平时你上网玩手机、打游戏，上课发呆、走神的有多少时间，这些时间悄悄流逝掉，请将流逝掉的时间撕下。

● 你是否有耍小性子、闹情绪，跟父母、老师和同学赌气、吵架，不吃不喝、离家出走等事情发生，请再撕下对应的时间。

问题探究：现在请同学们看看你手中的纸条还剩多少？它代表了你今后生命中的有效时间。请问你有什么感悟？

我们每个人生命的有效时间都是有限的，时间一去不复返，时间就是生命，浪费了时间也就意味着我们的生命随之缩短。请同学们一定要珍惜时间、珍爱生命，用有限的生命去做更多的事，为自己多彩的人生努力奋斗和拼搏。

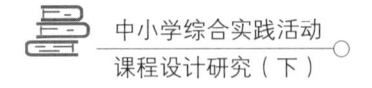

七、总结评价

（1）谈谈身边可能危及生命安全的现象。你作为一名中学生该如何进行防范呢？

（2）请为校园安全防范提一些建议，并将你的建议记录下来，跟老师与同学分享。

八、拓展延伸

课后阅读美国当代作家海伦·凯勒的《假如给我三天光明》，并写下自己的感想，谈谈你对生命的理解。

第七课 青春期心理教育

一、主题说明

初高中的学生自信程度较低，容易不相信自己，同时也往往容易被别人的意见所左右，因而不敢坚持行动方向，缺乏自主精神。

通过这节课，我们将为学生创设一个有利于树立自信、发展自信的广阔空间，使他们能够自信、健康地成长。

二、课程目标

● 价值体认：通过活动使学生认识自卑与自傲，知道其中的危害，了解成功的关键之一是自信，树立积极乐观、自信向上的正确价值观。

● 责任担当：让学生学会克服自卑心理与自傲心理，引导学生正确认识自我，学会从容面对外界的看法，培养学生自信心，让他们懂得尊重自己，尊重生命。

● 问题解决：通过讲述、讨论、交流等方式，激发学生的学习兴趣，让学生正确认识自我，保持积极乐观的生活态度，同时培养其在生活中积极对待挫折的能力。

● 创意物化：通过形成科学的生命价值观，建立良好的自信心，努力在平凡生活中书写自己的生命价值，追求生命的美好，活出生命的精彩。

三、适用学段

初中、高中。

四、实施条件

教具清单：多媒体、视频、音响、话筒、白纸、笔。

五、安全措施

● 一切行动听指挥；
● 授课过程中学生要认真听讲，不得擅自活动，有事举手；
● 课堂中不打闹、不分心、不乱跑、不大声喧哗，礼貌待人，爱护卫生。

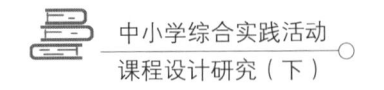

六、教学设计

（一）教学重点

感受自信，学会自信。

（二）建议课时

1课时。

（三）教学过程

1. 导入

（1）欣赏闽南歌曲《爱拼才会赢》。

（2）启发学生讨论歌曲的含义，请学生归纳主题——相信自己，敢于尝试，勇于拼搏才能赢得胜利。

（3）板书课题：我自信！我能行！

（4）谈感受：自信是开启成功大门的一把金钥匙。（激起探究自信的兴趣）

（5）质疑：自信这么重要，在人生中，你是怎样让自信伴你的成长呢？

2. 克服自卑，建立自信

（1）找出原因：

请两位同学上来表演情境剧：

● 情境一：学生小李看了一会儿机械制图题目，然后说："我头脑笨，这些图我不会画。"于是，他等着抄别人的作业。

● 情境二：上课时，老师向学生小胡提问，小胡认为自己不行，于是就低下头，搓着双手，没有认真考虑老师所提出的问题就回答说："不知道。"

看完这两幕情境剧后，请学生做心理医生，分别找出画面中两位学生所存在的问题，思考应该怎样去帮助他们。

（2）建立自信：

学生为画中人物献计献策，有的用话语鼓励，有的用榜样激发，还有的传授高招，帮助小李、小胡克服自卑，建立自信。

（3）克服自傲，明辨自信：

● 质疑（演示课件画面）：

情境：就快电工考证了，老师辅导同学们做实操。同学认为自己复习比老师辅导更好，于是不听老师的讲解和示范，狂妄自大，不把老师和同学们放在眼里。就这样，该同学的好朋友也不把他当作好朋友了。结果，该同学考试不及格，证也没拿到。

老师启发学生观察与思考：以上例子中的同学是否也有自信心？

● 讨论：

师生共同讨论后，归纳出：自信不是逞强自大，不能做自己做不到的事情；自信不是自傲，要了解自己的长处，不要处处都表现自己。处处表现自己只会费时耗神，解决不了问题，还会失去朋友，毁了自己！

3. 体验自信，尝试成功

（1）找优点：

把全班学生分成 4 个小组，大家互相指出对方的优点，注意体会被大家指出优点时的感受。

● 被大家指出优点时有何感受？

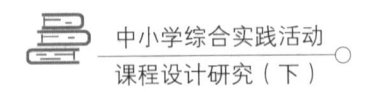

● 是否一些优点是自己以前没有意识到的？是否加强了对自身优点、长处的认识？

● 指出别人的优点时你有何感受？

（2）游戏：词语接龙。

感受自信心对个人行为的影响。

要求学生在接词之前可以在心里或大声地说出来："我能行！"

将全班学生分为 3~4 个小组。教师说出一个常见成语，让学生以组为单位派代表以这个成语的最后一个字为开头，在限定时间内说出另一个成语，请 4 名学生统计各组所接的成语数量，多者为胜，评出龙头小组，教师及时给予鼓励。

（3）小组交流：

感受主动参与带来的自信。

问题：你个人参加接龙的次数是多少？谁接得最多？

● 接龙次数多的学生谈谈自己的经验以及接龙前、接龙成功后的感受。（教师引导学生感受成功的愉快，激发自信心）

● 接龙成功次数少的学生谈谈自己失利的原因及感受。（教师同样加以鼓励）

七、总结评价

（1）说说在你以前的成长过程中，有过不自信的经历吗？你是怎么克服的呢？

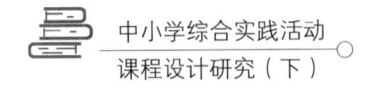

（2）学习完本节课后，跟大家分享一下你的收获与感悟吧！

八、拓展延伸

讲一讲你都知道哪些有关于建立自信的故事？跟大家分享一下，并说说故事中的人物都有哪些优点值得你学习？

第八课　模拟汽车驾驶

一、主题说明

本课程基于学校交通安全知识体系建设，通过汽车模拟驾驶机结构的认识和功能的操作要领，介绍车辆操控系统，让学生初步感知汽车模拟驾驶的乐趣，并进一步强调模拟驾驶与实际的汽车驾驶之间存在区别。

二、课程目标

● 价值体认：使学生掌握道路交通安全规则，提高安全行驶防范意识，培养学生尊重生命、积极面对生活并养成良好的驾驶习惯。

- 责任担当：了解汽车动力和传动原理，基本掌握汽车驾驶技能，提高学习者对交通及驾驶安全的重视性，培养学生对社会的责任心和使命感。
- 问题解决：熟练掌握汽车驾驶的点火、起步、停车及道路安全驾驶过程的细节。在模拟驾驶体验中学会思考，发现问题，再结合所学知识来改进实际操作中的问题。
- 创意物化：在模拟驾驶体验中，体会驾驶乐趣与职业劳动的艰辛，通过实践活动激发创新精神，并通过对知识和技术的运用，提高创意实现能力，形成积极的劳动意识。

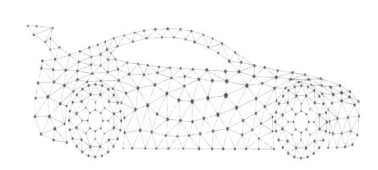

三、适用学段

高中。

四、实施条件

教具清单：两台汽车模拟驾驶器，交通安全知识图片及课件。

五、安全措施

- 每个步骤严格按教师的要求进行，注意仪器设备安全管理；
- 注意用电安全；
- 学生在进入模拟驾驶室时，保持安静。

六、教学设计

（一）教学重点

在模拟器上进行原地汽车驾驶操作的动作要领训练及科目三道路安全驾驶体验。难点在于离合器与油门的配合。

（二）建议课时

2课时。

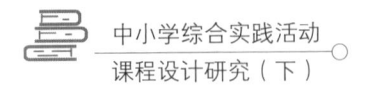

（三）教学过程

第一课时：认识汽车驾驶室功能，掌握汽车启动、行驶、停止等动作要领。

1. 创设情境，引入课题

师：今天为同学们播放一段视频，等一下说说你们都看到或听到了什么？

画面中，女孩的行走路线会给她带来哪些后果呢？是什么造成她今天的样子呢？

你们的爸爸妈妈每天把你们送到学校，除了希望你们能够学到更多的知识，更盼望你们每天都能平平安安回家。

所以我们作为行人或是驾驶员，该如何遵守交通规则？如何安全地驾驶呢？今天就让我们来一起学习汽车模拟驾驶吧！

2. 新课学习

交通安全、图标知识与道路通行一般规定：

● 交通安全图标：

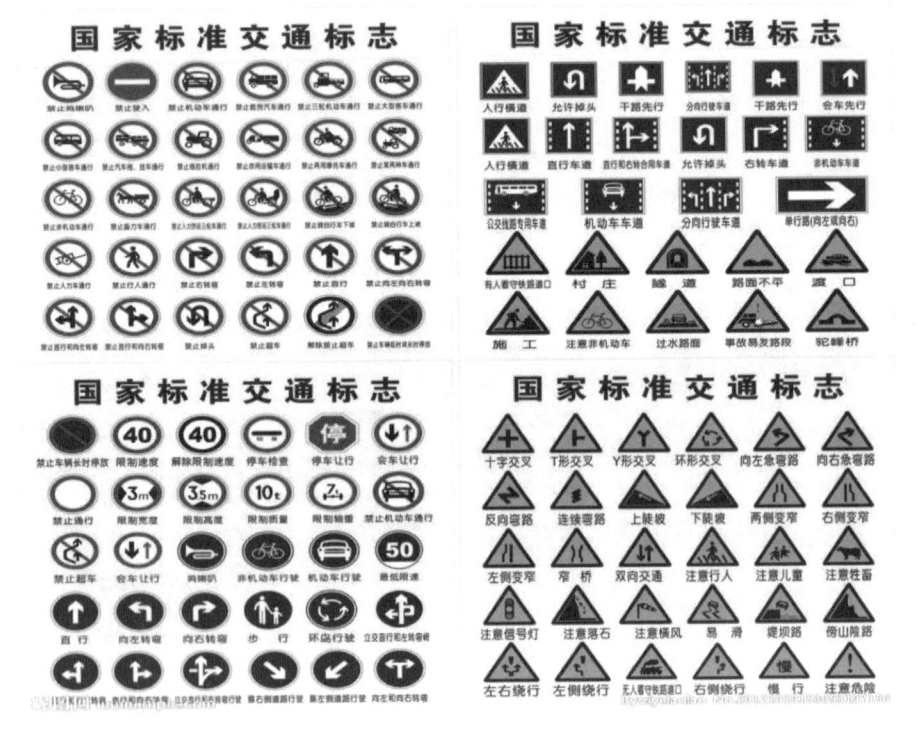

图 7-8-1　国家标准交通标志

● 道路通行一般规定：机动车、非机动车实行右侧通行。机动车驾驶员应当按照驾驶证载明的准驾车型驾驶机动车；驾驶机动车时，应当随身携带机动车驾驶证。

3. 汽车驾驶基础知识

（1）驾驶室基本部件介绍（逐个介绍，结合课件说明其用途）：方向盘、离合器、油门、换挡、手刹、制动等。

● 方向盘：控制车辆行驶过程中的方向，转弯后要回正。

● 离合器：控制"主动轮"与"从动轮"的离与合，踩下是离，松开是合，主要用于换挡。

● 油门：轻踩缓抬，控制发动机转速。

● 制动：由轻渐重，然后由重渐轻，待车辆停止瞬间，刹车力度刚好为零。

● 手刹：停车后拉上手刹，防止车的移动。

（2）学习基本技能操作，学生按模拟器图标及语音提示进行原地驾驶模拟操作练习。

● 模拟驾驶器就像玩电子游戏一样：在模拟的夜间和雨雾天气等环境，需进行起步、前进、加速、转弯、掉头、超车、会车、倒退等操作。

图 7-8-2 模拟驾驶器

● 强调说明：

左手：方向盘、转向灯开关；

右手：手制、变速器；

左脚：离合器；

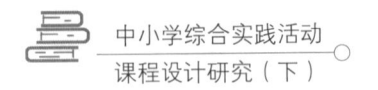

右脚：制动、油门。

注意事项：巡视、指导学生熟悉位置，及时指出不规范的操作并纠正。

4. 上车操作

（1）启动、行驶、停车。

（2）比一比：进行启动、行驶、停车动作要领比拼，看谁做得流畅并操作规范，鼓励表现好的同学。

5. 科目三道路安全驾驶体验

（1）认识科目三道路安全驾驶：科目三，包括道路驾驶技能考试和安全文明驾驶常识考试，是机动车驾驶证考核的一部分，是机动车驾驶人考试中道路驾驶技能和安全文明驾驶常识考试科目的简称，不同的准驾车型道路驾驶技能考试内容不同。

（2）科目三的道路驾驶技能考试内容一般包括：上车准备、灯光模拟考试、起步、直线行驶、加减挡位操作、变更车道、靠边停车、直行通过路口、路口左转弯、路口右转弯、通过人行横道线、通过学校区域、通过公共汽车站、会车、超车、掉头、夜间行驶。

图 7-8-3　驾驶体验

（3）安全文明驾驶常识考试内容一般包括：安全文明驾驶操作要求、恶劣气象和复杂道路条件下的安全驾驶知识、爆胎等紧急情况下的临危处置方法以及发生交通事故后的处置知识。

6. 道路安全驾驶体验

（1）学生分成两组，依次按照上面学习的操作流程，参与体验。

（2）教师在旁边进行个别指导。

（3）把操作较好的同学记录下来，后面进行比拼。

（4）比一比：两组推荐 6 名操作较好的同学进行科目三道路安全驾驶体验比赛。看谁能够安全有效、按照规定完成道路安全驾驶，获得前 3 名的同学给予奖励。

七、总结评价

我们这堂活动课即将结束，请同学们聊聊这堂课的感受和收获。

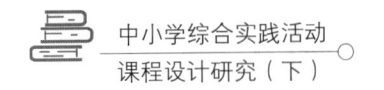

八、拓展延伸

通过本次活动，我们要掌握的重点并不是驾驶，而是对生命的敬畏。寻找生活中的交通标识并辨别，并列举生活中不遵守交通规则的危险驾驶行为，说说我们应该如何避免。

第九课 禁毒法规与案例剖析

一、主题说明

当今社会吸毒记录在册人员的数目逐年攀升，可见毒品正在不断侵蚀着人类的身心。禁毒工作在中小学工作开展中其实占有很重要的地位，因为青少年正处于懵懂阶段，对于毒品的认识不够深刻和全面，而青少年群体又具有较强的好奇心理。因此，如果在这个时期不能引导孩子们对毒品形成一个正确的认识，后果将不堪设想。

本节课将通过认识禁毒法规与案例剖析的方式，让学生认识到毒品的危害，从而抵制毒品，提高自我拒毒、防毒意识，从自身做起，远离毒品，珍爱生命。

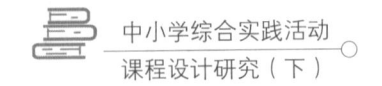

二、课程目标

- 价值体认：通过让学生了解毒品的定义和种类，认识到毒品的危害，培养学生远离毒品，热爱生命、珍惜生命的意识，树立正确的人生观、价值观。
- 责任担当：通过了解关于毒品的法律、法规，树立"珍爱生命，远离毒品"的意识，同时提高学生拒毒、防毒的意识，培养学生对社会的责任心和使命感。
- 问题解决：通过课程体验，加深学生对毒品的认知，增强其自我保护意识和防护能力。
- 创意物化：通过认识、了解毒品，体会禁毒工作者劳动的艰辛，在岗位体验中融入大胆想象，提出自己的创新思路，结合现代科技，更好地使禁毒工作得到发展。

三、适用学段

初中、高中。

四、实施条件

教具清单：多媒体、课件。

五、安全措施

认真对待学习的内容，正确看待一些敏感词汇。

六、教学设计

（一）教学重点

认识毒品及毒品的危害，了解如何远离毒品。

（二）建议课时

4课时。

（三）教学过程

1. 情景导入

播放禁毒教育的宣传片，让学生初步了解禁毒的基本知识。

2. 教师讲解

（1）宣讲禁毒的"四知道"：知道什么是毒品；知道吸毒极易成瘾，难以戒断；知道毒品的危害；知道吸毒是违法犯罪，要受到法律的制裁。

（2）展示吸毒带来危害的案例。

3. 毒品相关知识介绍

毒品的种类：常见的毒品种类有鸦片类、大麻类、可卡因类、苯丙胺类等。鸦片类毒品主要包括鸦片、吗啡、海洛因等；大麻类毒品主要包括大麻烟、大麻脂、大麻油等；可卡因类毒品主要包括古可碱、盐酸叶卡因等；苯丙胺类毒品主要是指苯丙胺类的兴奋剂。另外，还有一些其他类型的毒品。

我国2023年发布的《关于调整麻醉药品和精神药品目录》显示，我国管制品种和物质已达到449种（121种麻醉药品、154种精神药品、174种非药用类麻醉药品和精神药品）。一切列入国家管制的麻醉药品和精神药品，一旦被非法使用便是毒品。

4. 吸食毒品的方式

（1）烟吸。将毒品掺入烟丝，通过吸烟将毒品吸入体内。

（2）烫吸。将海洛因放在铝箔纸上或金属匙上，下面用火加热，毒品升华为烟雾，吸毒者用力吸吮缕缕毒烟，又称吸烫烟。

（3）鼻嗅。又称鼻吸。用小管对准鼻孔，通过鼻黏膜将毒品吸入。

（4）口服。口服多为毒品的片剂，如口服冰毒片、摇头丸等。

（5）注射。分为皮下注射、肌肉注射和静脉注射。

5. 吸食毒品的危害

（1）吸毒对社会的危害：

● 对家庭的危害：家庭中一旦出现了吸毒者，家便不成其为家了。吸毒

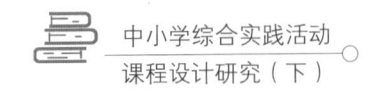

者在自我毁灭的同时，也破坏自己的家庭，使家庭陷入经济破产、亲属离散，甚至家破人亡的境地。

● 对社会生产力的巨大破坏：吸毒首先导致身体疾病，影响生产，其次是造成社会财富的巨大损失和浪费，同时毒品活动还造成环境恶化，缩小了人类的生存空间。

● 毒品活动扰乱社会治安：毒品活动加剧诱发了各种违法犯罪活动，扰乱了社会治安，给社会安定带来巨大威胁。无论用什么方式吸毒，对人体的身体都会造成极大的损害。

（2）吸毒对身心的危害：

● 身体依赖性，指由于反复用药所造成的一种强烈的依赖性。

● 毒品作用于人体，使人体体能产生适应性改变，形成在药物作用下的新的平衡状态。一旦停掉药物，生理功能就会发生紊乱，出现一系列严重反应，称为戒断反应，使人感到非常痛苦。用药者为了避免戒断反应，就必须定时用药，并且不断加大剂量，使吸毒者终日离不开毒品。

● 精神依赖性毒品进入人体后作用于人的神经系统，使吸毒者出现一种渴求用药的强烈欲望，驱使吸毒者不顾一切地寻求和使用毒品。一旦出现精神依赖后，即使经过脱毒治疗，在急性期戒断反应基本控制后，要完全康复原有生理机能往往需要数月甚至数年的时间，并且对毒品的依赖性往往难以完全消除。这是许多吸毒者在一而再、再而三地复吸的原因，也是世界医药学界尚待解决的课题。

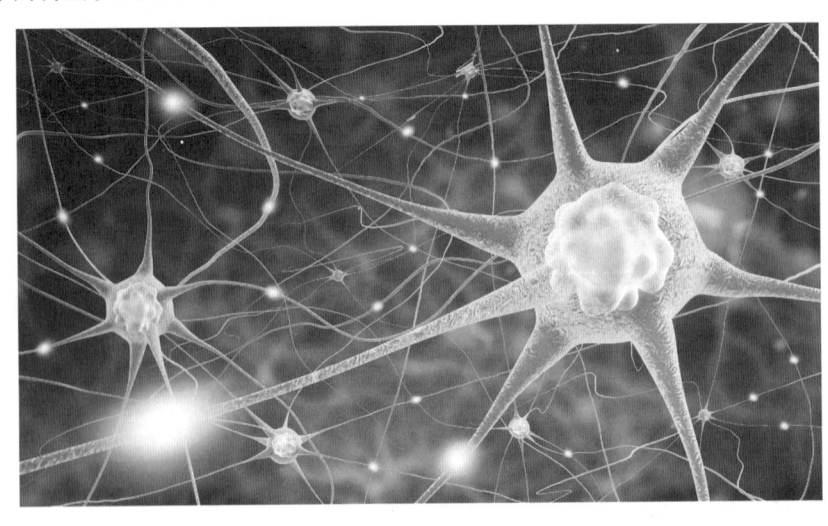

（3）毒品危害人体的机理：

我国目前流行最广、危害最严重的毒品是海洛因，海洛因属于阿片灯药物。在正常人的脑内和体内一些器官中，存在着内源性阿片肽和阿片受体。在正常情况下，内源性阿片肽作用于阿片受体，调节着人的情绪和行为。人在吸食海洛因后，抑制了内源性阿片肽的生成，逐渐形成在海洛因作用下的平衡状态，一旦停用就会出现不安、焦虑、忽冷忽热、起鸡皮疙瘩、流泪、流涕、出汗、恶心、呕吐、腹痛、腹泻等症状。这种戒断反应的痛苦，反过来又促使吸毒者为避免这种痛苦而千方百计地维持吸毒状态。此外，冰毒和摇头丸在药理作用上属中枢兴奋药，会毁坏人的神经中枢。

6. 关于毒品法律、法规的介绍

我国对吸毒作出了严密的法律规定，出台了《中华人民共和国治安管理处罚法》《中华人民共和国禁毒法》《全国人民代表大会常务委员会关于禁毒的决定》（后分别简称为《治安管理处罚法》《禁毒法》《关于禁毒的规定》）。

《治安管理处罚法》指出一般吸毒行为会被强制戒毒，处十日以上十五日以下拘留，可以并处二千元以下罚款；情节较轻的，处五日以下拘留或者五百元以下罚款。

《禁毒法》其法律对象既是违法者，也是被救助者，对于吸毒人员，应该给予更多的挽救和帮助。如果吸毒人员主动接受戒毒治疗，将不予处罚。对吸毒成瘾人员要进行戒毒治疗。

《关于禁毒的决定》中规定吸毒成瘾者要承担治安处罚、强制戒毒及劳动教养三方面的法律责任。其目的是兼顾惩罚戒毒，并将吸毒者投入劳动教养场所，使之在劳动教养过程中戒除毒瘾，从而得到身心兼治。

7. 成果展示

禁毒知识问答。

七、总结评价

在学习完本节课的知识后，试着完成下列表格吧！

学习内容	简答
毒品的种类	
吸毒的方式	
吸毒的危害	

八、拓展延伸

课后查询资料，了解更多关于毒品的危害，思考更多的禁毒宣传方式，把你想到的写在下面的框内。

第十课 模拟庭审

一、主题说明

　　法治是人类文明的重要标志，开展法治教育是落实党中央的重要任务，也是事关国家与个人命运的重大决策。少年强则国强，国家非常重视对青少年的法治教育和法律保护。教育部颁布的《未成年人学校保护规定》也从2021年9月1日起实施。

　　目前青少年犯罪现象呈现出低龄化和犯罪手段成人化的倾向，必须引起社会的关注。目前，我国制定了《中华人民共和国教育法》《中华人民共和国义务教育法》两部教育法律；国务院制定了5项教育行政法规；国家为加强保护和预防青少年犯罪也有《中华人民共和国未成年人保护法》《中华人民共和国预防未成年人犯罪法》两部姊妹法可依。

　　而模拟庭审课程正是以培育学生的法治信仰和法治思维为教学目的，在学校或其他场合设置模拟法庭现场，让学生扮演法庭审案角色并走进案例完

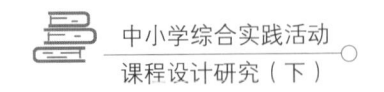

成模拟庭审基本流程的一种普法宣传行为。模拟法庭课程选取了青少年群体中易发的故意伤害他人、校园欺凌等典型案例，让同学们通过法庭调查、法庭辩论等环节，将这些违法案例的犯罪构成、案发特点、社会危害性等通过实践活动展示出来，继而获得入情入境的角色体验并在潜移默化中增强法治意识，更有利于预防青少年犯罪，传递法治正能量。

二、课程目标

- **价值体认**：通过开展模拟庭审活动，在情景中发展兴趣专长，养成法治思维，形成尊法、守法、用法、护法的意识，并形成积极的劳动观念和态度，培养职业生涯初步规划意识和能力。

- **责任担当**：了解法治中国、法治红线、法庭布置、庭审角色、庭审流程等相关知识，激发参与劳动体验的热情，形成社会公德意识，初步具备法治观念。

- **问题解决**：通过模拟庭审角色体验，感受法庭的庄严、庭审语言的严谨和庭审角色的神圣，关注社会、生活中存在的法治现象，在体验中学会思考，发现身边的法治问题，再结合所学知识解决问题。

- **创意物化**：在模拟庭审体验中，体会职业劳动的艰辛，通过实践活动激发创新精神，并通过对法治知识的学习，了解"法"的严谨，感受从业者坚守执着、精益求精的职业精神。

三、适用学段

初中、高中。

四、实施条件

教具清单：法治故事、法治案例、法治PPT图片、庭审视频、法庭桌椅、角色桌牌、服装道具、案件脚本、活动教案。

五、安全措施

- 讲安全：防受伤，防火，防电；
- 讲秩序：有序活动，不脱离团队；言行文明，按要求参加活动；
- 讲卫生：爱护设施设备，不乱涂乱画，不乱扔垃圾。

六、教学设计

（一）教学重点

引领学生参与"模拟庭审"活动，培育其法治思维；鼓励学生参与"以案说法"活动，提升其法治信仰。

（二）建议课时

3~4课时。

（三）教学过程

1. 分组约规，安全为大

（1）分组立规——有规成圆，秩序不乱。

先通过游戏活动将学生分成小组，再约定活动规矩，组织学生有序活动。

（2）文明约定——安全大于天，防患于未然。

- 讲安全：正确使用手铐、法槌等道具，不挪动攀爬设施设备和门窗护

栏，避免受伤；不带易燃物品进场馆，防火灾；不触摸电源插座，防触电。

● 讲秩序：有序活动，不脱离团队；言行文明，按要求参加活动。

● 讲卫生：爱护设施设备，不乱涂乱画，不乱扔垃圾。

2. 热身运动——亲近法治

（1）读读领导的法治寄语，体悟家国温暖。

（2）想想身边关爱、保护未成年人的相关法律法规。

（3）说说你遭遇侵害时维权的正确方法。

（4）摸摸古今中外法治文明跳动的脉搏。

（5）听听"法治小黑屋"里的故事。

（6）玩玩游戏，快乐学法，提升规则意识。

（7）踩踩"法"字，留下永久足迹。

（8）点开"心壤"，播种"法

治信仰"，少年强则国强！

3."模拟庭审"——培育观念

（1）办案流程：

办案流程三步走：

- 第一步，公安机关侦查立案——侦查、侦查、侦查！
- 第二步，检察院审查起诉——起诉、起诉、起诉！
- 第三步，人民法院开庭审判——审判、审判、审判！
- 公安机关、检察院、人民法院，侦查、起诉、审判！

（2）庭审培训：

- 我国的审判机关：

最高人民法院、地方各级人民法院、专门人民法院关系：最高人民法院设于首都北京。它是国家的最高审判机关，依法行使国家最高审判权，对全国人民代表大会和它的常务委员会负责，同时监督地方各级人民法院和人民法院的工作。

- 我国的审判制度：

公开审判的案件的特点与要求：在开庭 3 日以前先期公布案由、被告人姓名、开庭时间和地点；允许公民到法庭旁听；允许新闻记者采访和报道；定期公开宣判的应当先期公告。

不公开审理的案件的特点与要求：涉及国家机密的案件；涉及个人隐私的案件；未成年人犯罪的案件；离婚当事人和涉及商业秘密案件的当事人申请不公开审理的，可以不公开审理。

- 我国的审判组织形式：

独任庭，是由审判员一人审判简易案件的组织形式。依照法律规定，独任庭审判的案件有第一审的刑事自诉案件和其他轻微的刑事案件；基层人民法院和它派出的人民法庭审判简单的

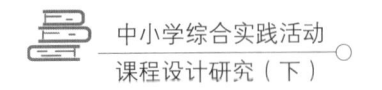

民事案件和经济纠纷案件；适用特别程序审理的案件，除选民资格案件或其他重大疑难案件由审判员组成合议庭审判外，其他案件由审判员一人独任审判。

合议庭，是由三名（必须是单数）以上审判员或者审判员和人民陪审员集体审判案件的组织形式。合议庭是人民法院审判案件的基本审判组织，其成员不是固定不变的，而是临时组成的，由院长或者庭长指定一名审判员担任审判长。院长或庭长参加审判案件的时候则自己担任审判长。合议庭评议案件时，如果意见产生分歧，应当少数服从多数，但是少数人的意见应当记入评议笔录，由合议庭的组成人员签名。

● 审判委员会：

依照人民法院组织法的规定，各级人民法院设立审判委员会。审判委员会委员由法院院长提请同级人民代表大会常务委员会任免。审判委员会由院长主持，其任务主要有三项：讨论重大的或者疑难的案件；总结审判经验；讨论其他有关审判工作的问题。

● 开庭前要做好的工作：

在法定期限内，分别向当事人送达受理案件通知书、应诉通知书和起诉状、答辩状副本；通知必须共同进行诉讼的当事人参加诉讼；告知当事人有关的诉讼权利和义务以及合议庭的组成人员；审查有关的诉讼材料，了解双方当事人争议的焦点和应当适用的有关法律以及有关专业知识；调查收集应当由人民法院调查收集的证据。

● 庭审程序：

法庭审判，一般情况下都要经历庭审准备、宣布开庭、法庭调查、法庭辩论、被告人最后陈述、休庭、合议庭评议、宣判、签字、闭庭等程序，对涉及未成年人的案例，有的还要在宣判这个环节前面加上法庭教育这个环节。

（3）审前准备：

介绍模拟法庭的区域划分，认识、分享庭审角色的职责和义务：

● 观看模拟庭审短视频，熟悉庭审程序。

● 各组按照下发案例脚本简单介绍剧情，组长根据案例剧本之需负责

庭审角色分工，未直接参与模拟审判活动的同学作为旁听人员参加庭审。

● 角色分工介绍：

法官：在不同法系的国家中法官的角色不尽相同，但都是刚正无私地根据法律判案的人员。（提示：一个法院的构成主体是法官。在个案审理中，由法官与陪审员组成合议庭，由法官担任审判长。一个法官在个案中可能是审判长，也可能是审判员。）

审判长：是法院合议庭审理案件时，负责组织审判活动的审判人员。我国人民法院组织法规定，合议庭由一名法官担任审判长。院长或者庭长参加审案时，则担任审判长。审判长不是固定的，而是在审理案件时临时指定或担任的。

审判员：指在人民法院审判案件所组成的合议庭中，负责组织审判活动的审判人员。

人民陪审员：指由法定程序产生，依法参加人民法院审判活动，并与法官享有同等权利，代表人民群众在人民法院参加合议庭审判活动的在编工作人员。人民陪审员一般是不和法院签合同的，而且自行提交申请，并由法院遴选。这是一个政府行为。人民陪审员一般没有工资，但会根据误工时间给予一定的补偿。具体标准各地没有统一规定。

书记员：书记员是负责协助完成审判和执行工作的辅助人员，开庭前要宣读法庭纪律，请出到庭人员，庭审过程中要做记录。

公诉人：公诉人是指不用当事人来直接提起诉讼，而是由国家司法机关提起诉讼，在中国主要由人民检察院的司法人员来担任，也就是说，在人民检察院担任诉讼的人。

辩护人：是指接受被追诉一方委托或者受人民法院指定，帮助犯罪嫌疑人、被告人行使辩护权以维护其合法权益的人。

原告：告状的人。

被告：被告到法院的（未成年）人。

代理人：以被代理人的名义进行诉讼活动的人。诉讼代理的目的在于维护被代理人的合法权益，因此只能以被代理人的名义进行诉讼，而不能以自己的名义进行诉讼。

法警：也叫司法警察，简称法警。包括两类：检察院法警、法院法警。

证人：是指了解案件事实并受人民法院传唤到庭作证的人。

旁听区：亲戚、朋友以及媒体人员。

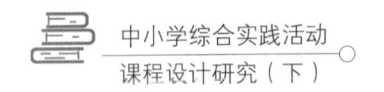

提示：角色位置因法庭大小和形状而不固定。

● 脚本一（故意伤害他人案例）：需 11 名庭审角色，小组成员自主自愿确定参演角色，组长负责纪律管理和角色活动记录。

角色：审判长 1 人、陪审员 1 人、人民陪审员 1 人、书记员 1 人、原告 1 人、被告 1 人、公诉人 1 人、辩护人 1 人、代理人 1 人、法警 2 名、其他参与人（证人、媒体人员等 3~20 人）。

● 脚本二（故意伤害他人导致防卫过当案例）：需 13 名庭审角色，学生自主自愿确定参演角色，组长负责纪律管理和角色活动记录。

角色：审判长 1 人、陪审员 1 人、人民陪审员 1 人、书记员 1 人、原告 1 人、被告 1 人、公诉人 1 人、辩护人 1 人、代理人 1 人、法警 2 名、证人 2 名、其他参与人等（3~20 人）。

（4）各小组展开庭审排练，熟悉剧情。

提示：各组案例不同，所需角色人数略有不同，排练场地不同。

（5）庭审过程（重点）：

小组成员按照法庭审案的角色服装要求统一着装，依照庭审程序，快速转换角色，走进案例脚本开始入情入境地进行模拟庭审角色体验。

● 庭审准备：

书记员宣读法庭纪律和旁听规则；

先请公诉人、原告、辩护人、代理人等入庭；

再请审判长、审判员、人民陪审员等入庭；

最后报告审判长：一切准备就绪，可以开庭。

● 宣布开庭：

审判长宣布开庭；

审判长检查当事人基本情况；

审判长宣告合议庭组成情况；

审判长告知当事人的权利与义务。

● 法庭调查：

审判长组织法庭调查：

公诉人宣读起诉书；

公诉人对被告人询问；

被告人如实回答公诉人的提问；

被告辩护人向被告人提问；

公诉人举证，证人到庭作证；

公诉人向证人发问；

公诉人宣读鉴定书继续举证，调查结束。

提示：法庭调查是法庭审判的核心阶段。在这一阶段，合议庭要在公诉人、当事人、辩护人、代理人等的参加下，通过提出证据和对证据进行质证，当庭调查证据，全面查明案件事实，为法庭作出正确的裁判提供事实根据。

● 法庭辩论：

审判长组织法庭辩论：

公诉人发表公诉词；

被告人为自己辩护；

被告辩护人为被告辩护。

● 被告人最后陈述：

审判长在宣布辩论终结后，被告人有最后陈述的权利；作为法庭审理过程的一个有机组成部分，被告人的最后陈述有助于法官发现案件真实；最后陈述程序可以突显对被告人人格尊严的尊重；被告人的最后陈述还具有一定的教育功能，即以个案的形式向旁听民众宣示法律以及劝诫民众切勿违法犯罪。

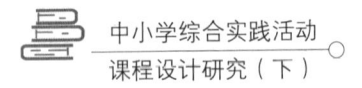

- 休庭，合议庭合议；
- 继续开庭，法庭教育；
- 审判长宣读法庭判决，当事人在庭审笔录及判决笔录上签字；
- 闭庭。

七、总结评价

（1）通过本节法治实践课活动，说说你都收获了什么呢？

（2）齐诵短诗结束活动。

学法记
深入实践，
烙"法"于心。
争做新时代法治少年，
培育法治信仰。
学法守法护法用法，
快乐无疆。
法治强则少年强，
少年强则中国强！

八、拓展延伸

（1）说说你身边还存在哪些不合法的案例，你应该怎么做呢？

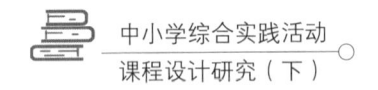

（2）针对当下餐饮浪费严重等行为，回家后选取一个方面的现象编一个庭审脚本，和同学一起开展一次课后模拟庭审吧！

第十一课 心理咨询与辅导

一、主题说明

当今社会竞争激烈，人从小时候开始就面对各种压力，以至于现在从小学开始人的心理健康就面临着巨大的压力和挑战。为了适应未来社会的快速发展，就要求人们从小学会认知、学会合作、学会生存，必须具备较强的心理素质才能有效地应对现实生活中所面临的各种压力，进行有效的情绪调节，促进全面发展。

通过本节课程活动，适时地对学生开展心理辅导与心理健康教育，能够使学生不断地正确认识自我，增强调控自我、承受挫折、适应环境的能力，培养学生健全的人格和良好的心理品质。

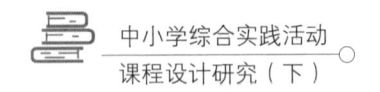

二、课程目标

- 价值体认：通过了解心理健康知识，知道什么是"情绪"，同时认识生命的意义和价值，懂得热爱生命、珍视生命，培养正确的生命观和价值观，用乐观积极的态度发现和创造生命的价值。
- 责任担当：学习心理健康知识，学会从容面对不好的情绪，养成良好的、积极健康的生活习惯，懂得生命承载的责任，尊重生命，建立和谐的生命关系。
- 问题解决：认识生命的重要性，学会分析自己的心理状况并增强自我保护意识，保持积极乐观的生活态度，同时培养解决生活问题的基本能力。
- 创意物化：通过形成科学的生命价值观，努力在平凡生活中书写自己的生命价值，追求生命的美好，活出生命的精彩。

三、适用学段

初中、高中。

四、实施条件

教具清单：多媒体、视频、音响、话筒、白纸、笔。

五、安全措施

- 一切行动听指挥；
- 授课过程中学生要认真听讲，不得擅自活动，有事举手；
- 课堂中不打闹、不分心、不乱跑、不大声喧哗，礼貌待人，爱护卫生。

六、教学设计

（一）教学重点

学生心理状况的分析；引导学生正确地认识自我。

（二）建议课时

2课时。

（三）教学过程

1. 导入：播放视频《汶川大地震》片段

由导师讲述发生在汶川大地震时的一些感人瞬间。然后在导师的带领下进入游戏环节，让同学们通过游戏认识自我的价值。

2. 优点大轰炸

所有人围成一个圈，随机抽取或自愿站起来接受夸奖。从站起来的同学左手边第一位同学开始，按照顺时针方向，每位同学轮流站起来看着那位同学的眼睛并对他说："某某，我觉得你是……样的人。"（包括性格、相貌、处事等）轮流夸奖完之后，被夸奖的同学要说出他被人称赞时的感受。

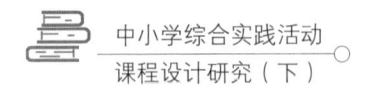

注意：

● 必须说优点，态度要真诚，努力去发现他人的长处，不能毫无根据地吹捧，因为这样反而会伤害到别人。

● 被称赞的同学要注意体验被人夸赞时的感受如何，思考怎样用心去发现他人的长处，怎样做一个乐于欣赏他人的人。

3. "我的五样"

每人发一张白纸，教师请所有同学思考生活中什么最重要，选择五样并依次写下。思考为什么这样写，并在后面写下选择每一项的理由；小组内交流分享，说说自己的选择，听听别人的选择；请同学逐一删除，每删一项，在小组内交流一遍，说说删除的原因。

注意：在删除过程中，同学可能会产生激烈的情绪，有不愿意删除，责备教师残忍或有流泪哭泣等表现，教师要细心观察，及时做出反应。

4. 我的生命线

教师请每位同学在白纸中间画一条生命线，起点标示出生，终点是期望的死亡年龄。在生命线上标示出现在的位置、半年后的位置、20岁的位置（高考后）、30岁的位置、40岁的位置及50岁的位置。思考从出生到现在最高兴的三件事和最难受的三件事，并分别写在此时间段内生命线的上下两边。此外，在之后的时间点内分别写出自己的三个计划或愿望。写完之后，组内成员分享交流，每位同学都要拿出自己的生命线给组内其他人看，边展示边说明，注意自己与他人的内心反应。

5. 生死时刻

教师模拟场景。现在全班同学闭上眼睛跟着老师的语言去想象：我们全班同学要去参加夏令营，打算乘坐飞机前往目的地，现在飞机起飞了半个多小时，突然出现强烈的颠簸和倾斜，行李箱的舱门突然打开，行李散落在机舱各处，过道的餐车也随着机身晃动，一些小孩吓得啼哭不止，其中夹杂着几声谩骂。机舱里弥漫着恐惧、失望等消极情绪。周围有一些乘客情绪崩溃，大声尖叫，惊声哭泣，甚至出现昏迷呕吐等现象，一片混乱。

处于这种情况下的我们会有什么感受？现在我们来设想一下，若飞机即将坠毁，你有什么想对家人、朋友或自己说的，写下来。自愿或者由教师抽取 2~3 位同学在全班分享，并谈谈自己在写的时候有什么感受；若飞机顺利迫降，劫后余生的你此刻最想做什么？列出你最想做的五件事，并在小组内分享作此决定的原因。教师抽取或同学自愿在全班分享进行完前面的活动后对生命的看法和感受。

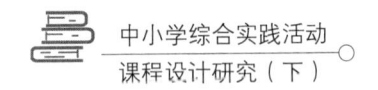

七、总结评价

（1）每个人在生活中都会有烦恼，说说通过本节课的学习，在未来的学习、生活中，如果遇见了烦恼，我们应该怎样去面对呢？

（2）说说学习了本节课后，你都有哪些收获与感悟吧！

八、拓展延伸

回想一下生活中的各种美好并记录下来,说说它们都给你带来了哪些积极的影响。

第十二课 禁毒防艾主题教育

一、主题说明

禁毒防艾工作在中小学工作开展中其实占有很重要的地位。青少年正处于懵懂阶段,对于毒品和艾滋病的认识不够深刻和全面,而青少年群体又具有较强的好奇心理。因此,如果在这个时期不能够引导孩子们对毒品、艾滋病有一个正确的认识,后果将不堪设想。

二、课程目标

● 价值体认:通过了解毒品与艾滋病的相关知识,让学生懂得珍爱生命,远离毒品,预防艾滋病,树立正确的生命观和价值观。

● 责任担当:学习毒品的种类,认清毒品的危害,学习艾滋病的相关知识,懂得如何预防艾滋病,树立与传播正确的生命观和价值观。

● 问题解决:认识毒品的危害,学会珍爱生命,远离毒品,预防艾滋病。

● 创意物化:通过了解毒品与艾滋病的危害,树立正确的价值观,追求生命的美好,远离毒品。

三、适用学段

初中、高中。

四、实施条件

（一）知识准备

通过查询，了解毒品和艾滋病的基本知识。

1. 毒品

（1）毒品的种类。

常见的毒品种类有鸦片类、大麻类、可卡因类、苯丙胺类等。鸦片类毒品主要包括鸦片、吗啡、海洛因等；大麻类毒品主要包括大麻烟、大麻脂、大麻油等；可卡因类毒品主要包括古可碱、盐酸可卡因等；苯丙胺类毒品主要是指苯丙胺类的兴奋剂。另外，还有一些其他类型的毒品。

我国 2007 年颁布的《麻醉药品和精神药品品种目录》规定，麻醉药品品种包括鸦片、海洛因、杜冷丁等 123 种，精神药品包括甲基苯丙胺、咖啡因等 132 种。一切列入国家管制的麻醉药品和精神药品，一旦被非法使用便是毒品。

（2）吸食毒品的方式。

①烟吸。将毒品掺入烟丝，通过吸烟将毒品吸入体内。

②烫吸。将海洛因放在铝箔纸上或金属匙上，下面用火加热，毒品升华为烟雾，吸毒者用力吸吮缕缕毒烟，又称为吸烫烟。

③鼻嗅。又称鼻吸。用小管对准鼻孔，通过鼻黏膜将毒品吸入。

④口服。口服多为毒品的片剂，如口服冰毒片、摇头丸等。

⑤注射。皮下注射、肌肉注射和静脉注射。

（3）吸食毒品的危害。

① 对社会的危害：

- 对家庭的危害：吸毒者在自我毁灭的同时，也破坏自己的家庭，使家庭陷入经济破产、亲属离散，甚至家破人亡的困难境地。

- 对社会生产力的巨大破坏：吸毒首先导致身体疾病，影响生产，其次是造成社会财富的巨大损失和浪费，同时毒品活动还造成环境恶化，缩小了人类的生存空间。

- 毒品活动扰乱社会治安：毒品活动加剧诱发了各种违法犯罪活动，扰乱了社会治安，给社会安定带来巨大威胁。无论用什么方式吸毒，对人体的身体都会造成极大的损害。

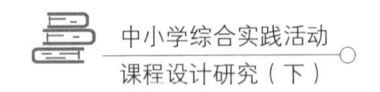

② 吸毒对身心的危害：

● 形成身体依赖性（指由于反复用药所造成的一种强烈的依赖性）。

毒品作用于人体，使人体体能产生适应性改变，形成在药物作用下的新的平衡状态。一旦停掉药物，生理功能就会发生紊乱，出现一系列严重反应，称为戒断反应，使人感到非常痛苦。用药者为了避免戒断反应，就必须定时用药，并且不断加大剂量，使吸毒者终日离不开毒品。

● 精神依赖性毒品进入人体后作用于人的神经系统，使吸毒者出现一种渴求用药的强烈欲望，驱使吸毒者不顾一切地寻求和使用毒品。一旦出现精神依赖后，即使经过脱毒治疗，在急性期戒断反应基本控制后，要完全康复原有生理机能往往需要数月甚至数年的时间。更严重的是，对毒品的依赖性难以消除。这是许多吸毒者在一而再、再而三复吸的原因，也是世界医药学界尚待解决的课题。

● 毒品危害人体的机理。我国目前流行最广、危害最严重的毒品是海洛因，海洛因属于阿片灯药物。在正常人的脑内和体内的一些器官，存在着内源性阿片肽和阿片受体。在正常情况下，内源性阿片肽作用于阿片受体，调节着人的情绪和行为。人在吸食海洛因后，抑制了内源性阿片肽的生成，逐渐形成在海洛因作用下的平衡状态，一旦停用就会出现不安、焦虑、忽冷忽热、起鸡皮疙瘩、流泪、流涕、出汗、恶心、呕吐、腹痛、腹泻等。这种戒断反应的痛苦，反过来又促使吸毒者为避免这种痛苦而千方百计地维持吸毒状态。冰毒和摇头丸在药理作用上属中枢兴奋药，毁坏人的神经中枢。

2. 艾滋病

（1）艾滋病简介。

艾滋病是一种危害性极大的传染病，由感染艾滋病病毒（HIV 病毒）引起。HIV 是一种能攻击人体免疫系统的病毒。它把人体免疫系统中最重要的 CD4T 淋巴细胞作为主要攻击目标，大量破坏该细胞，使人体丧失免疫功能。因此，人体易于感染各种疾病，并可发生恶性肿瘤，病死率较高。HIV 在人体内的潜伏期平均为 8~9 年，患艾滋病以前，可以没有任何症状地生活和工作多年。

（2）艾滋病传播方式与预防。

① 传播途径：HIV 感染者是传染源，能从血液、精液、阴道分泌液、乳汁等分离得到 HIV 病毒。握手、拥抱、接吻、游泳、共用餐具、咳嗽或打喷

嚏、日常接触等不会传播。以下介绍主要三种传播方式：

● 性接触传播：HIV 存在于感染者精液和阴道分泌物中，性行为很容易造成细微的皮肤粘膜破损，病毒即可通过破损处进入血液而感染。无论是同性还是异性之间的性接触都会导致艾滋病的传播。

● 血液传播：人体被输入含有 HIV 的血液或血液制品、静脉吸毒、移植感染者或病人的组织器官都有感染艾滋病的风险。

● 母婴传播：感染了 HIV 的妇女在妊娠及分娩过程中，也可将病毒传给胎儿，感染的产妇还可通过母乳喂养将病毒传给吃奶的孩子。

②预防措施。

● 坚持洁身自爱，不卖淫、嫖娼，避免婚前、婚外性行为。
● 严禁吸毒，不与他人共用注射器。
● 不要擅自输血和使用血制品，要在医生的指导下使用。
● 不要借用或共用牙刷、剃须刀、刮脸刀等个人用品。
● 使用安全套是性生活中最有效的预防性病和艾滋病的措施之一。
● 要避免直接与艾滋病患者的血液、精液、乳汁接触，切断其传播途径。

（二）教具清单

课件。

五、安全措施

● 认真对待学习的内容，对一些敏感词汇正确看待。

六、教学设计

（一）教学重点

认识毒品及毒品的危害，了解如何预防艾滋病。

（二）建议课时

4 课时。

（三）教学过程

1. 情景导入

播放禁毒防艾教育的宣传片，让学生初步了解禁毒防艾的基本知识。

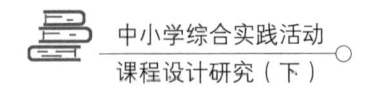

2. 教师讲解

（1）宣讲禁毒的"四知道"：知道什么是毒品；知道吸毒极易成瘾，难以戒断；知道毒品的危害；知道毒品违法犯罪要受到法律的制裁。

（2）展示吸毒带来危害的案例。

（3）艾滋病的预防。

3. 成果展示

禁毒防艾知识问答。

七、总结评价

（1）学习本节课后，试着完成下方表格。

学习内容	简答	评价
毒品的种类		
吸毒的方式		
吸毒的危害		
艾滋病的传播途径		
综合等级		

说明：A+为优秀，A为良好，B为合格，C为不合格。

（2）说说学习了本节课后，你都有哪些收获与感悟。

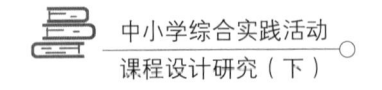

八、拓展延伸

说一说你都知道毒品有哪些危害,并阐述我们应该怎样远离毒品。

第十三课 廉洁奉公
——李榕家风馆系列体验活动

一、主题说明

通过参观李榕家风馆，了解李榕主要事迹，增强学生对家乡历史名人文化的认知；通过该课程的学习，让学生认识到廉洁奉公的意义，帮助学生"扣好人生第一粒扣子"。

二、课程目标

● 价值体认：通过参观李榕家风馆，了解李榕的主要事迹，增强学生廉洁意识和团队意识，提高抵制社会不良风气和明辨是非的能力，树立正确的价值观。

● 责任担当：通过了解李榕主要事迹，培养学生从现在做起，从自我做起，努力提高自身道德修养，增强学生对家乡历史名人文化的认知。

● 问题解决：通过了解李榕的主要事迹，引导学生做诚实守信、正直无私、自律自强的好孩子。

● 创意物化：通过了解李榕主要事迹，树立正确的价值观，追求廉洁奉公。

三、适用学段

4~6年级、初中。

四、实施条件

（一）知识准备

名人卡片、名人事迹视频。

（二）教具准备

小蜜蜂、活动道具。

五、安全措施

- 保持间距，检查场地设置，消除安全隐患。

六、教学设计

（一）教学重点

树立廉洁奉公意识，提高明辨是非能力。

（二）建议课时

1课时。

（三）教学过程

课程开展如表 7-12-1 所示。

表 7-12-1　教学流程表

教学环节	教学时间	教师活动	学生活动
实地观摩	10分钟	组织学生参观李榕家风馆	参观，了解李榕的主要事迹，切身感知廉洁奉公
启智润心	10分钟	通过发放名人卡片、播放名人视频方式讲述狄仁杰、海瑞、毛泽东、周恩来、焦裕禄、孔繁森等伟人名人廉洁奉公的故事并适时启发提问	阅读卡片、观看视频、交流讨论、回答提问
互动交流	15分钟	对秦桧、和珅等反面人物进行案例分析，指导情景剧表演	分组讨论腐败的危害，联系生活对照反省发生在身边的"微腐败"，情景表演
仙人指路	10分钟	发倡议、指方向，播放并解析歌曲《守住清廉》	赏析歌曲、学唱歌曲
课堂评价	5分钟	评价学生的表现	听讲、学生自评、小组互评

七、总结评价

（1）学习本节课后，试着完成下方的表格。

评价内容	评语	评价等级
活动纪律		
活动氛围		
活动参与度		
总评		

（2）说说学习了本节课后，你有哪些收获与感悟。

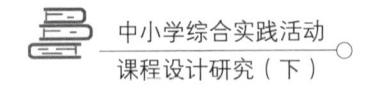

八、拓展延伸

设计制作一幅廉洁奉公主题的手抄报或漫画。

附件·课程资料来源

单元六　科学实践

观察齿轮，搭建风扇：四川省广元市示范性综合实践基地管理中心　付丽霞
科普剧——静电魔法：四川省广元市示范性综合实践基地　左自仙
热膨胀放大器：四川省广元市示范性综合实践基地管理中心　黄浩　黄开富
科学秀——编创与表演：四川省广元市示范性综合实践基地　左自仙
电磁探秘：四川省广元市示范性综合实践基地管理中心　龚青宇
奇幻的声光：四川省广元市示范性综合实践基地管理中心　龚青宇
运动与机械：四川省广元市示范性综合实践基地管理中心　龚青宇
模拟轮船驾驶：四川省广元市示范性综合实践基地管理中心　刘绍琼
神奇的遥控车：四川省广元市示范性综合实践基地管理中心　付丽霞
微视频制作：四川省广元市示范性综合实践基地管理中心　王菲
走进科学之秤杆制作：四川省广元市示范性综合实践基地管理中心　刘柳
3D装饰眼镜的制作：四川广元市示范性综合实践基地管理中心　杨春晓
趣味科技体验·3D打印：四川广元市示范性综合实践基地管理中心　向志朝

单元七　专题教育

升旗仪式：四川省广元市示范性综合实践基地管理中心　杨露兰
感恩教育：四川省广元市示范性综合实践基地管理中心　王欢
家庭保健：四川省广元市示范性综合实践基地管理中心　王彩霞
家乡美——模拟导游：四川省广元市示范性综合实践基地管理中心　陈青秀
国情省情课程设计：四川省广元市示范性综合实践基地管理中心　刘绍琼
生命的探究：四川省广元市示范性综合实践基地管理中心　徐显平
青春期心理教育：四川省广元市示范性综合实践基地管理中心　刘绍琼
模拟汽车驾驶：四川省广元市示范性综合实践基地管理中心　张军
禁毒法规与案例剖析：四川省广元市示范性综合实践基地管理中心　陈业昊

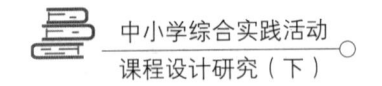

模拟庭审：四川省广元市示范性综合实践基地管理中心　王茗
心理咨询与辅导：四川省广元市示范性综合实践基地管理中心　陈青秀
禁毒防艾主题教育：四川广元市示范性综合实践基地管理中心　陈业昊
廉洁奉公·李榕家风馆系列体验活动：四川广元市示范性综合实践基地管理中心
李晓兰